高等院校品牌管理系列教材

品牌国际化管理

Brand Internationalization Management

（第二版）

张世贤 计保平◎主编

经济管理出版社
ECONOMY & MANAGEMENT PUBLISHING HOUSE

图书在版编目（CIP）数据

品牌国际化管理/张世贤，计保平主编. —2 版. —北京：经济管理出版社，2017.1
ISBN 978-7-5096-4876-6

Ⅰ.①品… Ⅱ.①张… ②计… Ⅲ.①品牌—国际化—经济管理—高等教育—自学考试—教材
Ⅳ.①F273.2

中国版本图书馆 CIP 数据核字（2016）第 323580 号

组稿编辑：勇　生
责任编辑：杨国强
责任印制：黄章平
责任校对：蒋　方

出版发行：经济管理出版社
　　　　　（北京市海淀区北蜂窝 8 号中雅大厦 A 座 11 层　100038）
网　　址：www. E-mp. com. cn
电　　话：（010）51915602
印　　刷：玉田县昊达印刷有限公司
经　　销：新华书店
开　　本：720mm×1000mm/16
印　　张：19
字　　数：341 千字
版　　次：2017 年 4 月第 2 版　2017 年 4 月第 1 次印刷
书　　号：ISBN 978-7-5096-4876-6
定　　价：38.00 元

编 委 会

专家指导委员会

主　任：金　碚　郭冬乐

副主任：杨世伟　赵宏大

委　员（按姓氏笔画排序）：

丁俊杰　中国传媒大学学术委员会副主任、国家广告研究院院长、教授、博士
　　　　生导师

丁桂兰　中南财经政法大学工商管理学院教授

万后芬　中南财经政法大学工商管理学院教授

卫军英　浙江理工大学文化传播学院教授

王方华　上海交通大学安泰管理学院院长、教授、博士生导师

王永贵　对外经济贸易大学国际商学院院长、教授、博士生导师

王淑翠　杭州师范大学副教授

王稼琼　对外经济贸易大学校长、教授、博士生导师

甘碧群　武汉大学商学院教授

白长虹　南开大学国际商学院教授

乔　均　南京财经大学营销与物流管理学院院长、教授

任兴洲　国务院发展研究中心市场经济研究所原所长、研究员

刘光明　中国社会科学院研究生院教授

吕　巍　上海交通大学教授、博士生导师

孙文清　浙江农林大学人文学院教授

庄　耀　广东物资集团公司董事长、党委书记

许敬文　香港中文大学工商管理学院教授

吴波成　浙江中国小商品城集团股份有限公司总裁

宋　华　中国人民大学商学院副院长、教授、博士生导师

宋乃娴　中房集团城市房地产投资有限公司董事长

张士传　中国国际企业合作公司副总经理

张云起　中央财经大学商学院教授

张世贤　中国社会科学院研究生院教授、博士生导师

张永平　中国铁通集团有限公司总经理

张昭珩　威海蓝星玻璃股份有限公司董事长

张树庭　中国传媒大学 MBA 学院院长，BBI 商务品牌战略研究所所长、教授

张梦霞　对外经济贸易大学国际经济贸易学院教授、博士生导师

李　飞　清华大学中国零售研究中心副主任、教授

李　蔚　四川大学工商管理学院教授

李天飞　云南红塔集团常务副总裁

李先国　中国人民大学商学院教授、管理学博士

李易洲　南京大学 MBA 导师，中国品牌营销学会副会长

李桂华　南开大学商学院教授

杨世伟　中国社会科学院工业经济研究所编审、经济学博士

杨学成　北京邮电大学经济管理学院副院长、教授

汪　涛　武汉大学经济与管理学院教授、博士生导师

沈志渔　中国社会科学院研究生院教授、博士生导师

周　赤　上海航空股份有限公司董事长、党委书记

周　南　香港城市大学商学院教授

周勇江　中国第一汽车集团公司副总工程师

周济谱　北京城乡建设集团有限责任公司董事长

周小虎　南京理工大学创业教育学院副院长、教授、博士生导师

周　云　北京农学院副教授、经济学博士

洪　涛　北京工商大学经济学院贸易系主任、教授、经济学博士

荆林波　中国社会科学院财经战略研究院副院长、研究员、博士生导师

赵顺龙　南京工业大学经济与管理学院院长、教授、博士生导师

赵　晶　中国人民大学商学院副教授、管理学博士后

徐　源　江苏小天鹅集团有限公司原副总经理

徐二明　国务院学位委员会工商管理学科评议组成员，中国人民大学研究生院
　　　　副院长、教授、博士生导师

徐从才　南京财经大学校长、教授、博士生导师

徐莉莉　中国计量学院人文社会科学学院副教授

晁钢令　上海财经大学现代市场营销研究中心教授

涂　平　北京大学光华管理学院教授

贾宝军　武汉钢铁（集团）公司总经理助理

郭国庆　中国人民大学商学院教授、博士生导师

高　闯　国务院学位委员会工商管理学科评议组成员，首都经济贸易大学校长
　　　　助理、教授、博士生导师

高德康　波司登股份有限公司董事长

黄升民　中国传媒大学广告学院教授

彭星闾　中南财经政法大学教授、博士生导师

焦树民　中国计量学院人文社会科学学院副教授

蒋青云　复旦大学管理学院市场营销系主任、教授、博士生导师

谢贵枝　香港大学商学院教授

薛　旭　北京大学经济学院教授

魏中龙　北京工商大学教授

前 言

随着经济增速的逐步下滑，中国经济进入了新常态！结构调整和产业升级成为供给侧结构性改革的主要方向。从宏观层面看，产业升级需要品牌战略的引领；从微观层面看，自主品牌成为企业获得市场竞争优势的必然选择。面对日益激烈的国内外市场竞争格局，中国企业是否拥有自主品牌已经关系到企业的生存和可持续发展。品牌越来越成为企业竞争力的集中表现。但是，目前的中国企业，绝大多数面临着有产品（服务）、没品牌，有品牌、没品牌战略，有品牌战略、没品牌管理的尴尬局面。其根源在于专业人才的匮乏！中国企业普遍存在品牌管理专业人员的巨大需求和人才匮乏的突出矛盾。从供给侧结构性改革的现实需求出发，我国急需培育出大批既懂得品牌内涵，又擅长品牌管理的专业人才，才能满足企业品牌管理和市场竞争的高端需求。

为解决这一现实中的突出矛盾，多层次、多渠道、全方位加快培养复合型品牌管理人才，促进企业健康可持续发展，中国企业管理研究会品牌专业委员会专门组织国内一流品牌专家和学者编写了这一套既符合国际品牌管理通则，又有国内特殊案例特征的大型系列教材。

本套教材不仅涵盖了品牌管理所需要的全部系统知识和理论基础，也包括了品牌管理的实际操作技能训练。其中，《品牌管理学》属于基础性通识教材；《品牌质量管理》、《品牌营销管理》、《品牌服务管理》、《品牌传播管理》属于专业性基础教材；《品牌形象与设计》、《品牌价值管理》、《品牌公共关系与法律实务》属于中高级管理人员必读教材；《品牌战略管理》、《品牌国际化管理》、《品牌危机管理》属于高级管理人员必修教材；《品牌案例实务》属于辅助教材。真正有志于品牌管理的各类人员，都应该全面学习、深入理解这些系统教材所包含的知识、理论，并掌握品牌发展的内在规律，运用相关知识和理论在实际的管理实践中不断提升自己的专业技能，使自己成为企业不可替代的品牌专家和高级管理人才。

本套教材的编写者虽然大都是在高校从事品牌教学与研究的学者，或是有

1

着丰富实战经验的企业品牌管理与咨询专家，但是由于时间仓促，难免会有诸多不妥之处，敬请读者批评指正！

杨世伟

中国企业管理研究会品牌专业委员会主任

目 录

第一章

经济全球化的现状与趋势

学习目标

知识要求 通过本章的学习，掌握：

● 经济全球化及其发展现状
● 经济全球化形成的原因及趋势
● 中国在经济全球化过程中的地位和作用

技能要求 通过本章的学习，能够：

● 识别经济全球化的主要表现形式
● 正确分析经济全球化带来的影响

学习指导

1. 本章内容包括：经济全球化的概念、特征、表现形式、发展现状、形成原因、发展趋势以及中国在经济全球化过程中的地位和作用等。

2. 学习方法：结合案例，全面掌握经济全球化的相关概念，并进行知识延伸、讨论活动等。

3. 建议学时：8 学时。

第一节 经济全球化及发展现状

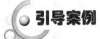 **引导案例**

全球网络化生产的组织形式创新

笔记本电脑包括微处理器（CPU）、主板、内存、硬盘驱动器、显示面板、影卡（图形晶片）、声卡等零部件，均在全球不同国家或地区生产或组装。如惠普 Pavilion zd8000 型号电脑配备的是英特尔（Intel）生产的微处理器、由 ATI Technologies Inc.设计而在中国台湾地区生产的图形晶片、韩国和中国台湾公司生产的液晶显示器以及用于临时存储数据的存储晶片（内存），而硬盘驱动器通常则来自日本。

多年来，惠普、戴尔和其他品牌公司在美国、日本和新加坡等较为发达的国家制造笔记本电脑。到 20 世纪 90 年代，为了削减成本，它们开始将生产外包给既有廉价劳动力又有自主研发和设计能力的台湾公司。通过向低成本、高质量的台湾制造商外包业务，惠普和戴尔得以成为以销售额计算的全球最大的两家个人电脑生产商。而国际商业机器公司（IBM）个人电脑业务持续亏损的主要原因就在于其只将不到一半的笔记本电脑生产外包，导致生产成本畸高。

在笔记本电脑的全球生产网络中，作为领袖公司的惠普、戴尔和其他品牌公司通常占主导地位，如惠普同时和 6 家第三方制造商合作，自行订购诸如硬盘驱动器和显示面板等核心零部件，以控制下游供应商及组装厂商。同时，惠普提供笔记本电脑的基本设计，并已在上海和台北成立设计中心与制造商展开合作。戴尔通过合同制造商（CM）生产笔记本电脑，但最后的装配工作，如加入微处理器、软件和其他核心零部件等，则由戴尔亲自在爱尔兰、马来西亚或中国的自营工厂完成。这些成品随后被运往美国由戴尔运营的分销中心，经过包装，再发送给客户。作为主要供应商的中国台湾公司，包括广达电脑（Quanta Computer Inc.）、仁宝电脑（Compal Electronic Inc.）、英业达（Inventec Corp.）和纬创资通（Wistron Corp.）及其他规模较小的台湾公司出产的笔记本电脑占全球产量的 80%。这些公司在比较优势的驱动下，逐渐将工厂从中国台湾迁移到中国大陆，他们通常将从全球其他地方采购的零部件集中起来，在中国大陆组装电脑，然后运回美国和欧洲，整个程序只需几天的时间。

从这个案例可以看到，一台现代笔记本电脑的生产流程显示出了一个极为高效的全球化网络生产的缩影，这也凸显出了全球价值链及其组织结构的高效率。

资料来源：张效东：《全球网络化生产的组织形式创新》，《经济导刊》2006年第3期。

思考题：

1. 除了笔记本电脑的生产，你还能想到其他生产国际化的现象吗？

2. 经济全球化主要包括哪些形式？

一、经济全球化的概念

问题 1：什么是经济全球化？

当肯德基、麦当劳在中国大地遍地开花，中国的传统服装、玩具以及海尔的电冰箱颇受美国民众青睐，越来越多的国家和地区加入到世界贸易组织这个"大家庭"，"以世界为工厂，以各国为车间"的各大跨国集团纷纷掀起"并购潮"时，人们似乎觉得这个世界变得越来越小了，"你中有我，我中有你"便成为当今世界经济发展趋势的一种必然。于是，世界上越来越多的民族、国家和地区的人们都逐渐认清了一个不争的事实——经济全球化。

关键术语

经济全球化

经济全球化是指在现代科学技术进步加快、社会分工和国际分工不断深化的情况下，世界经济活动超越国界，商品和各种生产要素在全球范围内大规模地流动和配置，跨越国家界限的经济活动日益增加，从而使各国各地区之间的经济活动在各个层面上相互渗透、融合和依存，全球经济日益成为紧密联系的一个整体。经济全球化是资本国际化促使国际经济关系逐步向广度和深度扩展的结果，也是当代世界经济的重要特征之一。

"经济全球化"一词，据说最早于1985年由特·莱维提出，20世纪90年代得到人们的认可，但至今为止没有一个统一的概念。

有人从生产力运动和发展的角度分析，认为经济全球化是一个历史过程。一方面，由于世界范围内商品和各种生产要素的大规模流动、配置，各国、各地区的经济相互影响、相互渗透形成了一个"全球统一市场"；另一方面，伴随着经济活动联系的加深，在世界范围内逐步建立了规范经济行为的全球规则，并以此为基础建立了经济运行的全球机制。通过全球经济机制的建立，生产要素在全球范围内自由流动和优化配置。基于这两个方面，经济全球化可以概括为：跨越国界的生产要素在全球范围内自由流动和优化配置，以促进各国、各地区相互融合、相互依赖并成为整体的历史过程。

1997 年 5 月，国际货币基金组织（IMF）在发表的一份报告中指出，"经济全球化是指跨国商品与服务贸易及资本流动规模和形式的增加，以及技术的广泛迅速传播使世界各国经济的相互依赖性增强"。而经济合作与发展组织（OECD）则认为，"经济全球化可以被看做一种过程，在这个过程中，经济、市场、技术与通讯形式都越来越具有全球特征，民族性和地方性在减少"。

理解经济全球化，主要包括三个方面：

（1）伴随着世界范围内商品和各种生产要素的大规模流动配置，世界各国经济的联系加强、依赖程度提高。

（2）世界范围内的经济规则日益趋于一致。

（3）伴随着各种多边或区域组织对世界经济的约束协调作用加强，国际经济协调机制的作用在不断强化。

总的来讲，经济全球化是以市场经济为基础，以先进科技和生产力为手段，通过分工、贸易、投资、跨国公司和要素流动等，实现各国市场分工与协作，相互融合，以最大利润和经济效益为目标的过程和达到的程度。

二、经济全球化的作用

问题 2： 经济全球化的作用是什么？

经济全球化是当今世界经济和科技发展的产物，在一定程度上适应了生产力进一步发展的要求，促进了各国经济的较快发展。经济全球化的积极作用：

1. 促进世界资源的优化配置

任何一个国家的经济发展，都要受本国资源和市场的限制。而经济全球化可以促使全球资源和市场一体化，促使各国、各地区资源的合理配置，达到世界经济发展的最优状态，提高经济效益，从而使一国经济最大限度地摆脱资源和市场的束缚。

2. 优化经济结构，提高生产力

经济全球化实现了全球范围内的科技研究和开发，并使现代科学技术在全球范围内得到迅速传播，使各国尤其是发展中国家可以利用世界先进的科学技术，调整产业结构，优化本国经济结构和促进经济发展。

3. 促进国际分工，提高国际竞争力

伴随着世界市场的不断扩大和区域统一，国际分工进一步细化和深化，各国可以充分发挥自身优势，最大限度地进行商品生产，实现生产效益。

经济全球化还可以促进产业的转移和资本、技术等生产要素的快速流动，弥补各国在资本、技术等方面的不足，促使各国积极参与国际市场竞争，不断优化和完善自己的制度和管理，提高自身的国际竞争力。

4. 推动世界经济多极化发展

经济全球化使以往的国别关系、地区关系发展成为多极关系和全球关系，国际经济关系变得更加复杂，并推动发展了国际协调和合作机制，促使产生了一系列全球性经济规则，从而促进世界经济多极化的发展。

经济全球化促进了各国经济的较快发展。但同时，世界经济的发展蕴藏着巨大的风险。如各国经济主权的独立性正面临日益严峻的考验；随着各国经济的相互依赖性空前加强，全球经济的不稳定将成为一种常态；全球范围内的贫富差距进一步扩大；等等。所以，经济全球化是一把"双刃剑"，它不仅推动了全球生产力大发展，加速了世界经济增长，为少数发展中国家追赶发达国家提供了一个难得的历史机遇，同时也加剧了国际竞争，增多了国际投机，增加了国际风险，并对国家主权和发展中国家的民族工业造成了严重冲击。

三、经济全球化的表现

问题 3： 经济全球化的表现有哪些？

如今在日常生活的各个角落，人们似乎都能嗅出全球化的气息。一台美国IBM 电脑、一架日本佳能相机、一辆德国大众汽车，你既可以说它是某个国家的产品，又可以说它不是某个国家的产品，因为它们当中可能包含着全球各地生产的零件。

经济全球化作为生产和资本的国际化高度发展的产物，从根本上而言，是一场以发达国家为主导，跨国公司为主要动力的世界范围内的产业结构调整，其现状主要表现在：生产全球化；贸易自由化；金融全球化；科技全球化；投资自由化；等等。

1. 生产全球化

生产全球化是指生产分工体系从一个国家内部转向全球范围，即全球性生产分工网络已经形成和发展。生产全球化是以跨国公司为主要载体迅速推进的，因此跨国投资是衡量生产全球化程度的主要指标。

始于 20 世纪 60 年代，并在 20 世纪 90 年代开始加速发展的生产全球化，促使世界各国和地区的生产过程日益形成环环相扣的不可分割的链条。生产全球化的发展主要基于三个方面：

（1）国际分工的细化和深化。商品的生产最初是在一国国内进行的。随着生产的扩大化，商品的国内生产已经不能满足生产者和消费者的需要。这时候生产的国际化就应运而生了。

生产的国际化促进了产品的国际分工。随着国际垄断资本和跨国公司的兴起，以及技术革命的推动，国际交往进一步扩大，国际分工也更加细化和深化。其中最典型的是企业生产零部件工艺流程和专业化分工。例如波音747飞机有400万个零部件，由分布在65个国家1500个大企业和15000多家中、小企业参加协作生产。德国拜耳公司与35000多家国内外企业建立了协作关系，拜耳向它们提供中间产品，由它们加工成各种最终产品。

（2）跨国公司成为推动生产国际化的主体力量。跨国公司主要是指发达资本主义国家的垄断企业，以本国为基地，通过对外直接投资，在世界各地设立分支机构或子公司，从事国际化生产和经营活动的垄断企业。跨国公司一般由两个或两个以上国家的经济实体所组成，并从事生产、销售和其他经营活动的国际性大型企业。

从20世纪90年代起，跨国公司得到了迅猛发展。跨国公司通过市场内部化进行全球性生产经营活动，从而将全球的生产连为一体，并且形成了生产—研发—销售全球一体化。

（3）现代通讯工具为生产全球化提供技术支持。方便快捷的现代通讯工具和运输工具为生产活动的全球化提供了先进的技术支持，从而使跨国公司可以控制遍布世界的生产经营活动和促进商品及各种生产要素的流通、配置。

2. 贸易自由化

关键术语

贸易自由化

贸易自由化是指一国对外国商品和服务的进口所采取的限制逐步减少，为进口商品和服务提供贸易优惠待遇的过程或结果。无论是以往的关税贸易总协定，还是现在的世界贸易组织，都是以贸易自由化为宗旨。贸易自由化主要体现在贸易总量和贸易金额增长、贸易种类增加和贸易范围扩大以及自由化进程的速度上。

1995年1月1日，世界贸易组织正式生效运转，并取代了1947年的关税贸易部协定。这是世界贸易自由化进程中的重要一步，也是世界贸易一体化的雏形，更是世界经济全球化加速形成的重要标志。

随着全球货物贸易、服务贸易、技术贸易的加速发展，经济全球化促进了世界多边贸易体制的形成，从而加快了国际贸易的增长速度，促进了全球贸易自由化的推进。

3. 金融全球化

金融全球化是指金融业跨国发展，金融活动按全球同一规则运行，同质的金融资产价格趋于等同，巨额国际资本通过金融中心在全球范围内迅速运转，从而形成全球一体化的趋势。金融全球化的实质是要求各国放松金融管制，形成全球统一的金融市场和运行机制，保证金融资源在全球范围内自由流动和合理配置。

金融全球化不仅是世界经济全球化发展最为关键的一个环节，同时也是最为敏感的一个环节。金融全球化促使资金在全世界范围内重新配置，一方面使欧美等国的金融中心得以蓬勃发展；另一方面也使发展中国家，特别是新兴市场经济国家获得了大量急需的经济发展启动资金。可以说，世界经济的发展离不开金融全球化的推动。

伴随着国家与国家之间经济相互依存度的提高，金融领域的跨国活动也在以汹涌澎湃之势迅猛发展。同时，不同国家金融活动和金融市场的相互影响也日益增加和明显。世界各国也先后实行了一系列的金融改革和深化措施，促使国内金融市场和国际金融市场的日益融合。

4. 科技全球化

科技全球化是指技术和技术创新能力大规模地跨国界转移，科技发展的相关要素在全球范围内进行优化配置。科技全球化的特征主要表现为：科学研究活动日趋全球化；跨国公司研究开发的全球化程度不断加深；企业间策略性技术联盟迅速发展；区域科技合作不断增强。

科技全球化是 20 世纪 90 年代以来全球化进程加快的重要标志，对发展中国家引进先进技术具有重要影响。以个人计算机行业为例，从芯片设计及制造、操作系统、主机板等这些主要硬件部件和软件到电源、连接线、鼠标这些外部辅助设备等，技术和制造的分工都已经全球化。

科技全球化是经济全球化的核心和重要组成部分，经济全球化必然要求科技全球化，而科技全球化在更深层次上推动了世界经济向全球化方向迈进。

5. 投资自由化

国际投资自由化，是指消除对资本流出入国境的限制和歧视，实现对外国投资和投资者的公平待遇和消除扭曲。国际投资自由化是从 20 世纪 80 年代开始的，进入 90 年代以来，资本项目自由化速度加快。尤其是世界贸易组织的建立，不仅标志着一个规范化、法制化的世界市场的形成，也标志着世界贸易投资自由化进程的加快，贸易投资自由化达到了一个新的发展阶段。

在经济全球化的大潮下，各国竞相开放外国投资市场，并对外资实行较为宽松的优惠政策。而发达国家为了促进直接投资及其附带的各种生产要素在国际间的流动，以便在"比较利益"基础上实现全球资源的最合理或有效的配置，积极谋求通过双边和多边努力，以实现最大限度的投资自由化和利润最大化。一些投资措施已被纳入世界贸易组织多边管制的范畴。

除了以上五种表现形式外，经济全球化还体现在促进全球产业结构的调整与变动、推动世界经济的发展等多个方面。

经济全球化已显示出强大的生命力，并对世界各国经济、政治、军事、社会、文化等所有方面，甚至包括思维方式等，都产生了重大影响。世界各国在经济上相互依存，且相互依赖越来越深，而阻碍资本、技术、人力等生产要素自由流通的壁垒不断减少，特别是在技术进步的推动下，经济全球化进程逐渐加快，已经成为世界经济发展的主流。

活动 1：调查发现你身边有哪些经济全球化的现象？

活动 2：分小组讨论，经济全球化对我们产生了什么样的影响？

考试链接

1. 经济全球化的概念。
2. 经济全球化的作用。
3. 经济全球化的表现。

第二节　经济全球化形成的原因及趋势

引导案例

世博会的百年传播

第二次世界大战后，通信技术的突飞猛进成为改变世界的主导力量。1962年西雅图世博会上，新型的拨号电话、按键电话、自动交换机、无线寻呼机带给公众新的惊喜和痴迷。1962年7月10日，美国电话电报公司、贝尔实验室、国家宇航局及英国、法国电信机构联合发射了第一颗通信卫星。这个镁和铝制成的圆球直径 88 厘米，有 72 个平面，重 77 公斤，装有 3600 个太阳能电池，沿着与赤道 45 度夹角的椭圆轨道 2 小时 37 分绕地一周。西雅图世博会上，通信卫星现场直播了各种电视新闻和文艺演出，包括费城队和芝加哥幼狮队的棒球比赛。但设在美国缅因州和英国、法国的地面接收站只能在卫星远地点 6000 公里左右的 20 分钟"窗口时间"传递信号。1963 年 7 月和 1964 年 8 月，地球同步卫星辛康 2 号、3 号发射成功。这种轨道周期与地球自转周期一致并与赤道平面重合的卫星在距离地面 36000 公里高度悬停，成为电波信号最理想的"二传手"，通信的历史揭开了"吉星高照"的新篇章。

1964 年纽约世博会"不锈钢地球"外层的三个圆环之一，便是第一颗通信卫星的轨道。而这届纽约世博会真正的精华，是 IBM 馆展出的计算机系统。观众坐在巨蛋形剧场里的"人墙"上观看 12 分钟多媒体节目，通过人脑功能演示，理解电脑功能原理。剧场底层展厅里的许多计算机终端和 150 公里外的 IBM 实验室机房连接，为参观者现场表演手迹识别，英语和俄语之间互相翻译，并能查询 1851 年以来任何一天的新闻和各种数据，打印出来作为参观纪念。1946 年，美国第一台大型计算机 ENIAC 用了 17468 个电子管，重 27 吨，体积比一间房子还大，为研制氢弹进行数据计算。IBM 公司以最大投资、冒最大风险开发的"系统 360"计算机于 1964 年纽约世博会开幕前夕宣告成功。这是集 5 种强大计算机的组合系列，在同一操作系统下运行，并使用兼容的存储器、打印机等 44 个外围设备，让每秒百万次运算成为可能。"系统 360"为阿波罗登月计划立下汗马功劳，并成为现代电脑发展的重要源头和根脉。

1970 年大阪世博会有一项隆重而浪漫的仪式，埋下两个不锈钢制作的"时间仓"，让 5000 年后的子孙解读今天的人类生活。仓里装着 2090 件体现时代面貌的物品，其中便有超小型的晶体管收音机和电视机。早在 1947 年贝尔实验室用半导体材料制成了第一只晶体管。美国德克萨斯仪器公司 1952 年便开始生产晶体管收音机。但真正靠晶体管收音机起家并最终成为龙头老大的是日本索尼公司。小巧玲珑的 TR-55 便携式晶体管收音机是索尼公司 1955 年的成名之作，是当年风靡世界的"随身听"。当芝麻大的晶体管取代了灯泡般的电子管时，耗电量千百倍下降，整个电子工业发生了脱胎换骨的革命。没有晶体管就没有大规模集成电路和 IT 产业，晶体管的价值不亚于印刷术和电报、电话的发明。

随着通信技术爆炸式的增长，信息时代来临了。光纤取代导线，数字取代模拟。从阿帕网到万维网，各种传媒被互联网所凌驾和"通吃"，"地球村"的任何地方只有一键之遥。手机越来越成为身体的"器官"，连老年人也变成了"拇指一族"。数据检索和电子商务、娱乐游戏和论坛博客，虚拟世界可以比现实世界更加真实。当代通信正在改变人类的文化理念和生存形态。而这并不是故事的结尾，也许只是新的开篇。

2010年上海世博会得风气之先，开创了实体世博会和网上世博会并存的新模式。所有展馆、展区、展品将化作一串串神奇的"比特"，在广阔的"赛伯空间"构筑起宏大的三维殿堂。让全世界都能跨越时间、距离、语言的鸿沟，从互联网上访问世博会的一端一末并及时互动。2010年上海世博会将永不落幕，必将成为现代信息技术的又一个丰碑。

资料来源：赵致真：《世博会的科学传奇——百年传播》，中国科学技术出版社，2010年6月。

思考题：

互联网让世界成为"地球村"，除了以互联网为代表的科技手段外，推动"地球村"的还有其他原因吗？

一、经济全球化形成的原因

问题4： 经济全球化是如何形成的？

当今世界正处在历史性的巨大变动之中，其中最具有决定意义的就是经济全球化趋势。经济全球化始于新航路的开辟，加速于产业革命之后。第二次世界大战后科技革命和跨国公司的大发展，使生产要素在世界范围内得到更大范围的流动，各国之间的经济贸易技术交流更为密切。而20世纪90年代以后微型计算机技术和通讯技术的革命，以及社会主义国家由计划经济体制转为市场经济体制并实行对外开放，使经济全球化进入了一个新阶段。

可以说，经济全球化是当代世界经济不可逆转的发展趋势，关系到世界各国政府的决策和普通公民的切身利益，其影响已日益为国际社会所广泛关注。因此，了解和理解影响经济全球化产生的原因显得十分必要。

1. 经济全球化是生产力发展的内在要求

工业革命极大地促进了经济的发展，而经济发展客观上要求分工的深化与市场规模的扩大。这一要求推动着生产从国内区域间分工向国际分工发展，而销售从国内市场向国际市场扩张。经济资源日益跨越国界在全球范围内自由、全面、大量、合理地流动和配置，使得世界各国经济越相互开放和融合。同时，在世界贸易组织的积极推动下，各成员的关税和非关税壁垒大幅下降，为商品在全球范围内自由流通创造了更为有利的条件，越来越多的国际金融机构、保险机构等服务性机构参与国际贸易活动，这极大地促进了国际贸易的发展。

以生产全球化为例，伴随着社会分工的加剧以及生产效率的提高，新型企业模式使生产过程突破了时空的限制并使其产品为世界范围的消费者认同。如耐克公司在美国本土没有生产厂家，只有研究开发中心和管理中心，其产品生产厂家则遍布世界上许多国家，耐克品牌具有巨大的无形资产价值并被世界各地的众多消费者所青睐。

2. 科技的进步是经济全球化的发展动力

科技发展历来是人类社会进步和世界经济发展的源泉。第二次世界大战后，第三次科技革命促进了生产力的空前提高和生产社会化的迅速发展，客观上要求在经济上打破国界和地域限制，扩大市场，发展大市场经济。

经济全球化也是科技的全球化。科技的全球化主要表现为科技活动的全球化、科技传播的全球化、科技目标的全球化和科技影响的全球化。举世瞩目的人类基因组研究计划，在全球内有 16 个实验室共 1100 位科技专家参加，涉及美、英、日、德、法和中国等国家。在科技全球化过程中，通过"市场换技术"和"技术换市场"的动因将使国际技术转移明显加快。随着信息技术的高速发展和大规模应用，经济信息得以广泛传播，资本的跨国流动速度大大加快，商品交易日益网络化、全球化。

3. 跨国公司的蓬勃发展成为推动经济全球化的关键因素

跨国公司为获取超额利润，在全球范围内进行企业内部分工，逐步形成了在全球配置资源、跨国协调其生产与经营活动的格局，形成了国际生产和营销网络，使一国的生产与多国的生产紧密相连。如一个跨国公司的销售额大约相当于一个中等发达国家的国内生产总值。跨国公司及国际金融机构的经营活动几乎涉及世界经济生产活动的所有领域，而且大约控制了世界上 80% 的新技术、新工艺专利，70% 的国际直接投资，60% 的世界贸易，30% 的国际技术转移。巨大的利润空间也加速了跨国公司的蓬勃发展，使跨国公司成为推动经济全球化的关键因素。

同时，跨国性投资、生产与贸易活动的大量增加，必然要求国际金融市场的快速发展，以保障这种跨国经济活动的高效运行。跨国公司的这种全球性经济活动，带动了贸易、资本、科技等各个领域的进一步国际化，从而推动了经济全球化的发展。

4. 国际金融的发展是经济全球化深入发展的催化剂

金融是现代经济的核心与命脉，没有金融的全球化，经济全球化就无从谈起。金融全球化的潮流促使国际金融市场大幅扩张，跨国交易品种与规模持续扩大，金融创新不断涌现，使得国际金融资本的效能大为增强，在世界范围内的资源配置方面发挥出极为重要的作用。随着国际金融机构更加现代化，相互联系更为紧密，国际金融流通速度随之加快，国际金融市场的相互依存度空前加强。

5. 和平与发展的时代主题为经济全球化创造了有利的国际环境

20 世纪 90 年代，"冷战"的结束消除了全球经济一体化的政治障碍，世界形势总体上趋向缓和与稳定。和平与发展成为时代的主题，国家之间的政治合作明显加强，从而为经济全球化提供了一个相对宽松的政治环境。各国均利用难得的和平年代大力发展经济，以增强综合国力作为战略重点，许多国家把经济安全提到了战略高度。国家之间的交流和合作日益增多，正形成一种新的互动机制，即在竞争中合作，在合作中竞争。

6. 国际协调机制的完善成为经济全球化发展的必要条件

近年来，国际货币基金组织、世界银行、世界贸易组织等国际经济协调机制日趋完善。越来越多的国家和地区形成了区域性和跨地区的国家元首或政府首脑定期或不定期会晤机制，就共同感兴趣的政治、经济和社会问题进行磋商，协调政策立场，制订行动计划，等等。

7. 各国经济体制的趋同消除了经济全球化发展的体制障碍

在今天的世界上，已经有越来越多的国家认识到，只有选择市场经济体制，才能加快本国经济发展的速度、提高本国经济的运转效率和国际竞争力。封闭经济由于缺少外部资源、信息与竞争，而呈现出经济发展的静止状态。计划经济体制则由于存在信息不完全、不充分、不对称和激励不足问题，而导致资源配置与使用的低效率。所以，由此而造成的各国在经济体制上的趋同，消除了商品、生产要素、资本以及技术在国家与国家之间进行流动的体制障碍，促进了经济全球化的发展。

8. 经济区域集团化推动了经济全球化

经济区域集团化是指若干的国家联合起来，实行比世贸组织更严格的市场纪律，相互提供更高的优惠，促使生产要素尽可能在本组织成员国地区流通，以达到加速本地区经济发展，实现成员国共同繁荣的目的。它有一定的保护倾向，但是区域化组织经常通过谈判制定相关的制度和政策，努力跳出狭小的范围，使各国经济逐渐参与并融入世界经济关系中，推动了世界范围内经济发展的进一步联系、融合，从而促使世界经济趋向全球一体化。

经济全球化是一个不以人的主观意志为转移的客观进程，在多种因素的影响和共同作用下，经济全球化已经成为一个不争的事实。所以，对于一个已经走上开放经济道路的国家来说，它所面临的问题不是要不要全球化的问题，而是如何争取在全球化的进程中获取更多的利益，并降低经济全球化进程中的成本支付。

二、经济全球化的发展趋势

问题 5：经济全球化的发展趋势是什么？

经济全球化是在科学技术和社会生产力发展到更高水平，各国经济相互依存、相互渗透的程度大为增强，阻碍生产要素在全球自由流通的各种壁垒不断削弱，经济运行的国际规则逐步形成并不断完善的条件下产生的，它对世界各国的经济、政治、文化都产生了深远的影响。

而全球性的贸易往来，科学技术革命的不断进步，交通通讯手段的改进，超越了各国的经济壁垒，使得资本、技术、信息、管理和劳动力等生产要素以空前的速度和规模在全球范围内自由流动，从而扩大了国际市场和国际分工，促使各国经济更加开放和一体化，在全球范围内形成一个相互依存、共同发展的全球化经济。经济全球化已成为不可抗拒的客观现实。

可以预料，经济全球化进程在未来将进一步加快，经济全球化的发展趋势必将对世界各国的经济发展和社会生活产生深远的影响。

1. 金融业国际化进程加快

20 世纪 80 年代以来，世界各国相继实施了金融市场开放政策和金融自由化的措施，它们是金融市场全球一体化的制度条件，也是金融全球化的重要特征之一。而金融业的不断开放和自由化也促使证券市场对全球资源配置所起的支配作用得到进一步的加强，导致财富在全球的重新分配。

伴随着国家与国家之间经济相互依存度的提高，金融活动也日益国际化，国家之间的金融活动不断增加以及各国金融市场的相互影响日益明显。金融现象的关联性也日益紧密。同时，金融信息传递的国际化与全球化既是金融全球化的表现形式，也是金融全球化的微观基础。科技革命所提供的现代化通讯手段和信息传递技术，在客观上也为金融信息的全球化提供了可能。

2. 国际贸易迅速增长

贸易自由化的范围正在迅速扩大，已经从传统的商品贸易领域扩大到技术、金融等服务领域。国际贸易对世界经济的拉动作用增强，其增长率大大高于世界经济增长率。各国越来越多地把世界市场作为促进本国经济发展的途径，主动将国际贸易与本国的改革开放和经济结构的调整密切地结合起来，以便与国际经济接轨。

另外，国际贸易和国际投资相互促进，共同推动国际分工和各国产业结构的调整、升级。这一趋势，将随着金融全球化而不断得到新的推动。

3. 跨国公司的作用将进一步增强

作为经济全球化主要载体的跨国公司数目剧增。这些跨国公司是当今世界经济中集生产、贸易、投资、金融、技术开发和转移以及其他服务于一体的经营实体。推行全球化经营战略，进行跨越国家和地区界限的生产要素组合，推动了国际企业的合作与兼并，各民族国家在经济上的相互依赖，越来越呈现出"你中有我、我中有你"的局面。同时，企业的跨国兼并也满足了优化资源配置、产业结构调整的需要，是规模经济的需要。再加上巨大的利润吸引，跨国公司将继续推动企业的跨国兼并浪潮。

4. 科学技术将极大地改变人类的生产和生活方式

哪个国家能在技术创新和制度创新方面走在世界的前列，这个国家就能在国际竞争中立于不败之地。科技的进步为国际互联网络的普及提供了加强各国经济联系的新纽带，同时国际互联网络将不断提高金融、贸易、企业全球经营的效率和质量。

5. 世界经济将呈现多极化态势

不同跨国垄断资本之间的矛盾、世界各国经济、政治发展的不平衡等，决定了经济全球化的继续发展必然表现为国家利益集团化和区域经济一体化，使世界经济呈现多极化态势。如"金砖四国"成为新兴的经济大国。另外，世界各国在应对气候变化问题上形成了不同利益的国家集团等。

6. 经济风险的全球化

经济全球化的结果就是不同区域的经济体发生了更多的经济联系，彼此相互影响，这就使一个国家或地区的经济震荡可以迅速波及全球。国际互联网络的发展，加快了这种经济风险的传播速度。另外，经济霸权主义和经济利己主义有可能使一部分经济落后的发展中国家在经济全球化进程中被"边缘化"，这也是经济全球化要面临的另一个风险。

7. 经济全球化的政治社会影响

（1）经济全球化把世界连成一个整体，将不断加深各国经济的相互依赖、相互渗透，使各国间的共同利益不断增加，这样必然有利于维护世界的和平，促进世界的发展。

（2）经济全球化使各国领导人和政府的政策选择余地缩小，各国的经济活动越来越多地遵循国际惯例和国际条约，相互协调去解决争端成为时代的主旋律。

总之，经济全球化已成为不可抗拒的客观现实，正如著名经济学家约翰·H. 邓宁所言："除非有天灾人祸，经济活动的全球化不可逆转。这是技术进步的结果，而技术进步的趋势本身不可逆转。"

活动3：以感受身边的"经济全球化"为主题，开展师生互动活动。

活动4：请同学们结合生活实际，就衣食住行方面说说你所知道的外国产品。

考试链接

1. 经济全球化形成的原因。
2. 经济全球化的发展趋势。

第三节　中国在经济全球化过程中的地位和作用

 **引导案例**

中国的 WTO 新征程

历经15年艰苦谈判，中国终于于2001年成为世界贸易组织的正式成员，这是中国改革开放进程中具有历史意义的一件大事。加入世界贸易组织的10年来，中国坚定不移地坚持改革开放，主动地抓住经济全球化的历史机遇，积极利用世界贸易组织多边贸易体制框架，与世界各国发展经贸关系，经济社会发展取得了巨大成就，经济指标年年都有新突破。1978~2008年，中国经济年均增长9.8%。国际金融危机发生以来，中国全面实施并不断丰富完善应对国际金融危机冲击的一揽子计划和政策措施，2009年中国经济增长8.7%，为地区和世界经济复苏做出了自己的贡献。

加入世界贸易组织的10年来，多边贸易体制所倡导的理念在中国已逐渐为人们所了解，"透明度"和"非歧视"等世界贸易组织原则已成为中国立法的原则依据；全球视野、创新眼光、竞争意识、发展意识、法治观念、知识产权观念正在深入人心；逐步建立了现代企业制度和会计制度；企业素质与国民素质得到了更深层次和更具普遍意义的提升。

加入世界贸易组织以来，中国切实履行承诺，认真行使权利，积极参与世界贸易组织各项活动，发挥了建设性作用。截至2010年，中国加入世界贸易组织的所有承诺已全部履行完毕，建立起了符合规则要求的经济贸易体制，成为全球最开放的市场之一。

在货物贸易领域，按照承诺逐步削减关税水平，关税平均水平从加入前的15.3%降低到2009年的9.8%。其中，农产品平均关税为15.2%，工业品平均关税为8.9%。中国还按所承诺的时间表全部取消了进口配额和进口许可证等非关税措施，彻底放开对外贸易经营权。

在服务贸易领域，在按世界贸易组织规则分类的160多个服务贸易部门中，中国已经开放了100个，涉及银行、保险、电信、分销、会计、教育等重要服务部门，为外国服务提供者提供了广阔的市场准入机会。

在知识产权领域，中国高度重视知识产权保护工作。完成了相关法律法规的修改，使其与世界贸易组织《与贸易有关的知识产权协定》以及其他保护知识产权的国际规则相一致，不断加大知识产权保护力度，提高全社会的知识产权保护意识。

中国已建立符合世界贸易组织要求的法律体系，制定了3000多部法律、法规和规章，对贸易体制和政策进行了全面的调整，使中国的对外经贸体系与世界贸易组织的规则和我们的承诺相一致。中国的贸易体制和环境更加稳定，更具可预见性。

在2008年次贷危机中，中国作为贸易大国，一方面，采取了以扩大内需为重点的举措，积极应对危机；另一方面，继续保持市场开放，以实际行动反对各种形式的保护主义，没有采取任何保护主义措施。2009年，中国进口增长2.8%，是主要经济体中唯一进口呈现正增长的国家，支撑了不少受危机困扰的国家的出口，创造了就业，为全球经济复苏做出了重要贡献。

中国始终积极推动多哈谈判，与世界贸易组织所有成员一道，密切合作，推动谈判取得公平、平衡的结果，实现发展目标。中国积极参与了世界贸易组织部长级和高官级的谈判和磋商，举办了2005年大连世界贸易组织小型部长会，在同年12月香港举行的世界贸易组织第六届部长会上发挥了桥梁作用。在2008年7月小型部长会上，中国受邀参与"七方"（G7）部长小范围磋商，首次进入多边贸易谈判核心决策圈。

中国全面参与各个领域的谈判，提交了100多份提案，在技术层面为推动谈判作出了实质性贡献，并作出了实质性的关税削减承诺。按照目前谈判达成的结果，中国的农业和工业品的关税将削减30%左右；中国的服务业部门也做出了一些新的开放承诺。

中国还积极支持世界贸易组织机制建设，先后向世界贸易组织推荐了上诉机构成员人选以及相关委员会主席人选，支持世界贸易组织能力建设活动，多次为促贸援助捐款，支持最不发达国家提高参与多边贸易体制的能力，还为越南、老挝、白俄罗斯等正在加入世界贸易组织的国家提供了官员培训等。

资料来源：商务部：《中国加入世界贸易组织所有承诺全部履行完毕》，新浪财经频道，2010 年 7 月，节选。

➡ **思考题：**

1. 世界贸易组织给中国带来了什么？
2. 中国在世界贸易组织中发挥了怎样的作用？

一、经济全球化对中国的影响

问题 6：经济全球化对中国的影响有哪些？

20 世纪 90 年代以来，经济全球化以锐不可当之势向前发展。特别是中国加入世界贸易组织之后，在实现经济全球化的过程中，各大区域的经济得到了快速发展，人民生活水平得到了进一步的提升。然而，经济全球化所带来的风险也不容忽视。因此对经济全球化应有正确的认识，经济全球化是一把双刃剑，既是机遇，也是挑战。

经济全球化为中国的发展提供了很多的机遇，主要体现在四个方面：

1. 促进我国经济的发展

在全球经济的推动下，新一轮世界制造业资本不断向中国转移，为中国带来了较高技术水平的现代劳动密集型产业和较为成熟的技术、知识密集型产业，如信息技术、微电子、通讯等。跨国公司的业务转移涉及产品的制造、研发、设计、采购、销售及售后服务等多个环节，巩固了中国"世界工厂"的地位。

2. 为企业的海外投资和跨国经营提供机遇

在经济全球化的浪潮下，我国企业加快实施"走出去"战略。通过绿地投资、重组联合、股权投资和跨国并购等多种方式，充分利用国际资源和市场，实现专业化、集约化和规模化的国际化经营，增强我国企业的国际竞争力，同时积极培育具有国际知名度的企业及产品的品牌。

而长期以来，我国稳定的政策环境，特别是加入世界贸易组织后，经济规则更加透明、更加规范，中国已成为外国投资者的天堂。在华外企不仅在制造业获得了巨大利润，扩大了业务范围，在流通和服务等领域也开拓了广阔空间。

3. 多极化的各种矛盾为我国开拓国际市场提供了回旋余地

当今世界的整体发展和全球性问题的解决，离不开发展中国家的参与。特别是在经济全球化进程中出现的各种全球性问题，只有各国联合起来共同行动才能解决。在围绕一些全球性问题上，中国与其他发展中国家拥有利益共同点，即便发生贸易摩擦和经贸纠纷，也易于避开碳排放和绿色贸易壁垒等方面的敏感问题，易于在反对绿色贸易保护主义方面找到共同语言。这对我国在实现 2020 年减排目标的过渡时期提供了很大的回旋空间。

4. 经济全球化进程有助于人们开阔眼界、更新观念

从一定意义上说，牢牢抓住经济全球化给我国带来的历史机遇，会大大有利于实现中国经济的迅速发展。

经济全球化在给中国带来机遇的同时，也给中国带来了巨大的挑战。中国作为一个发展中国家，面临着和其他发展中国家一样的挑战。

1. 冲击国内产品

随着外国商品的大量涌入，中国的国内产业将面临外国竞争力的冲击。《中国产业地图》显示，在中国对外开放的 28 个主要产业中，外资在 21 个产业中拥有多数资产控制权。如中国的感光材料和数码冲印市场基本上被柯达公司垄断，CPU 市场已基本上被英特尔公司垄断，计算机操作系统市场基本上被微软公司垄断。

2. 资源消耗迅速上升，环境污染不断加剧

跨国公司利用我国的劳动力优势，在全球范围内配置生产要素资源的同时，将资源消耗高、环境污染严重的产业转移到我国部分地区，不利于我国经济的可持续发展。

3. 经济安全与经济主权受到空前的压力与挑战

伴随着国际贸易和投资的加剧以及国与国之间联系的加深，我国的国际安全和经济主权面临着空前的压力和挑战。

4. 经济全球化容易导致两极分化进一步加剧，贫困人口呈上升趋势

面对经济全球化，任何一个国家既无法反对，也无法回避。唯一的办法是努力去适应它。一方面，要积极参与经济全球化进程，在历史大潮中接受检验。我们应根据自己的情况制定政策，采取有力的措施，扬长避短，迎接挑战，趋利避害，变负面影响为正面影响，抓住经济全球化带来的机遇，保持经济的健康发展。在参与经济全球化中求得本国利益的最大化，深化改革，调整经济结构和政策，努力提高经济竞争力。另一方面，在国际社会改革不合理的国际旧秩序，倡导建立国际新秩序，使之有利于世界经济的增长，实现各国经济的共同发展。

二、中国在经济全球化中扮演的角色

问题 7：中国在经济全球化中扮演了什么角色？

中国是经济全球化的积极参与者。近年来，随着中国经济的发展，中国在经济全球化中发挥的作用也越来越大。

经过 15 年"复关"和"入世"的谈判，中国于 2001 年终于加入世界贸易组织，成为世界大家庭中的一员。加入世界贸易组织是中国积极参与国际分工和适应经济全球化趋势的必然选择，中国加入世界贸易组织推动了世界经济贸易的良性循环，给包括中国在内的世界各国带来了利益。

"入世"后，中国经济与世界经济逐渐融合。中国有着巨大的市场，加上中国的"入世"并实行更加开放的政策，对国际资本产生极大的吸引力。20 世纪 90 年代以来中国已经连续数年成为吸收外国投资（特别是直接投资）最多的发展中国家。全球几乎所有的大型跨国企业都已在中国投资建厂，其中有许多公司还把其总部搬到了中国，中国已成为名副其实的"世界加工厂"。在继续积极"引进来"的同时，中国正在加快实施"走出去"战略，推动中国在更大范围内和更深程度上参与国际经济事务，为中国现代化建设营造更加有利的国际环境。

中国的发展也为优化世界经济格局做出了积极贡献。一是从整体上提升了发展中国家在世界经济格局中的地位；二是使亚太地区成为世界经济的重要增长点；三是为全球产业结构的优化拓展了空间。由于中国处在国际分工链条的低端，处在低附加值的制造环节，这在客观上推动了其他国家向更高技术含量、更高附加值的产业升级。

参与经济全球化的过程中，中国对外进一步扩大了开放的领域，对内则继续坚持扩大内需的方针和实施积极的财政政策、稳健的货币政策，中国经济得到了飞速发展。同时，中国不断扩大国际市场运行机制对国内市场的影响，完善市场机制和培育市场体系，从而更加有效地配置社会资源，实现商品和生产要素的合理流动。中国作为最大的发展中国家，在世界经济中的地位和作用也日趋显著。

综上所述，中国经济得到了高速、稳定的增长，取得了举世瞩目的成就。尤其是在"入世"之后，中国与世界其他各国的经贸关系日益密切。可以说，中国以发展中大国的身份逐渐融入了世界经济，并将发挥着越来越重要的作用。

三、经济全球化中中国面临的挑战

问题 8： 经济全球化中中国面临什么样的挑战？

面对经济全球化的趋势，我们既要有积极的态度，又要保持清醒的头脑，权衡利弊得失，采取合作与斗争并重的策略。在扩大开放和加强经济交往的同时，尽量避免它可能给我们带来的负面影响，真正做到妥善应对，趋利避害。

1. 积极参与全球化进程

经济全球化是不可逆转的潮流，我们必须积极参与。在相关规则下，积极与发展中国家合作，必须按国际上共同的规则来办事；进一步完善市场成熟度，包括法律框架与市场规则等方面进一步与国际接轨，促进企业改革进取，不断提高竞争力。

2. 坚持科教兴国的战略方针

要抓住科学技术是第一生产力这个决定性因素不放，把加快科技进步放在经济社会发展的关键地位，使经济建设真正转到依靠科技进步和提高劳动者素质上来。运用现代科技手段科技兴贸，不断提高中国对外经济贸易的科技含量和国际竞争能力，参与经济全球化的发展。强化国家对研发产业的支持，大力发展教育，注意在高度重视普及教育的同时，加强专科和大学教育，培养更多的高质量的大学毕业生等。

3. 进一步深化改革和扩大开放

改革开放是我国经济和社会发展的强大动力。中国 30 多年来取得的经济建设的巨大成就，说到底是不断改革开放的结果。我们要想按照既定目标进一步发展下去，关键在于继续深化改革和扩大开放。经济全球化是真正的市场经济，我们必须切实健全社会主义市场经济体制，改革原有的不适应市场经济的体制性弊端，真正把企业推向市场，使它们树立国际意识、竞争意识和创新意识。

4. 积极参与经济区域化和集团化

由于地区经济一体化到目前为止还是以民族、国家为核心，因而具备包括利益分配在内的明确的游戏规则，有较完善的监督和协调机制，因而发展中国家的利益能得到相对较好的保证。我国应积极参与地区经济一体化组织，为应对经济全球化积累经验。

经济全球化是当今世界经济和科技发展的产物，它是一个全方位的历史过程。在这一进程中，全球性与民族性是一对矛盾的统一体，是一个合理的悖论。对广大的发展中国家来说，经济全球化则是一柄"双刃剑"，它既为其加速发展提供了新的机遇，也带来了新的挑战和风险。对于我国亦是如此，只有把握积极审慎、趋利避害的原则，在参与的过程中不断增强自身的竞争力，才是唯一正确的抉择。

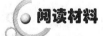 **活动5：** 分小组探讨，经济全球化对我们的生活带来了哪些影响？

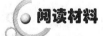 **活动6：** 我们应该怎么正确看待经济全球化现象？

阅读材料

经济全球化给发展中国家带来福音

经济全球化是一股不可阻挡的潮流，因为它确实给世界经济的发展增添了活力和动力，也使全世界的资源能够更加合理地被利用和创造出更多的物质财富。关于经济全球化的好处，我想在这里不用具体论述了。但对于发展中国家来说，经济全球化有利于这些国家的经济和产业结构的调整，并使这些国家能够在最短的时间内进行技术的革新和完成技术的现代化，并为技术的创新提供了坚实的基础。利用国外资本来完成国内产业和企业的现代化改造，缓解这些国家劳动力就业问题，有利于本国资源能够得到高效率的应用。同样也使本国的公司更好地利用国际资源参与世界竞争，有利于本国公司的不断强大，并发展成为属于自己的品牌公司和跨国公司！

资料来源：《〈关天茶舍〉论经济全球化》，天涯社区网，2003年10月。

 考试链接

1. 经济全球化对中国的影响。
2. 中国在经济全球化中扮演的角色。
3. 经济全球化中中国面临的挑战。

案例分析

佰草集：家门口的全球化"师夷长技以制夷"

2008年，上海家化旗下品牌"佰草集"以一身中国传统扮相现身于全球最大化妆品零售商丝芙兰（Sephora）的新品发布会上。作为第一个进入国内一线百货公司开设化妆品专柜、第一个在法国丝芙兰连锁门店内进入销售前十名并实现赢利的中国化妆品品牌，佰草集无疑是一次成功的品牌实践。

一、家门口的全球化

是否应当参与全球化竞争，是否应当进入高端化妆品市场，这两个问题对于上海家化而言，是一枚硬币的两面。

中国的日化和化妆品产业是最早开始向跨国公司开放的领域之一，不管情愿与否，中国本土日化公司早已被动地参与竞争，上海家化也不例外。它旗下有两个事业部，第一事业部负责以超市为主的大流通渠道品牌，包括六神、美加净、家安等；第二事业部则负责以专卖店专柜为主的化妆品品牌，包括佰草集、高夫、清妃，以及新推出的高端品牌双妹等。上海家化旗下几乎所有品牌（除了以中医药面膜为特色的可采）都直接面对着来自宝洁、联合利华、欧莱雅和资生堂等跨国公司的竞争。

这些跨国日化集团大多拥有健全的金字塔形品牌组合，覆盖了从十几元到上千元几乎所有细分市场空间，不仅300元以上的中高端化妆品市场百分之百被国外品牌占据，就连100~300元这个中低端市场区间，郑明明、自然美等中国本土品牌也节节败退，一线城市百货公司专柜中几乎没有本土品牌的身影。而这种中高端由国外品牌垄断、本土品牌固守低端市场的格局，也未必能持续太久。对中国市场越来越熟稔的跨国公司们开始从品牌到渠道双重下力，国内品牌已经无法再依靠在国外品牌看不上的市场缝隙中生存。

无论是否走出去，面对的都是全球竞争。而要在全球竞争中生存下来，搭建一个纵向覆盖高中低端、横向占领多个细分市场的强势品牌组合，是上海家化的发展战略。1995年，为了完善品牌结构布局，上海家化决定推出一个中高端品牌——佰草集。

佰草集最为人所称许的莫过于其定位：它是第一家主打中医药概念的中高端护肤品。与国内其他中国元素概念的化妆品品牌相比，它的运作完全遵循国际中高端品牌的成熟方式。而与国外中高端品牌相比，它的中国风格又极其鲜明独特，将原本是"负资产"的中国出身转化为一道文化门槛。

1995年12月，上海家化成立佰草集品牌小组，花费3年时间对产品定位、研发和营销进行了全面研究，最终形成了一个清晰的目标：佰草集必须是一个全球运营的品牌。因此，佰草集在10年中做的所有事情都是为了将来能够在国际市场上生存，它的整体战略可以概括为"中体西用"——品牌内涵主打中国元素，运营方式对照欧美品牌。

二、忘记产品，制造时尚

虽然佰草集的海外征程波折不断，然而来自欧洲市场的挫折和挑战却成为佰草集持续改进、向高端市场攀升的动力。在佰草集顺利跻身中高端化妆品之列，并连续3年保持100%的增长之后，它在丝芙兰苛刻的审视中，意识到自身品牌的差异性仍然不够清晰，作为一个时尚品牌，在品牌形象的文化韵味、传达有效性和完整性上，仍旧存在有待完善的空间。

为了了解欧洲消费者对于东方文化的解读方式，佰草集特意找到法国一家具有东西方文化背景的专业咨询公司，对"表达系统"进行了全面梳理，最终选择用西方消费者熟悉的中国字眼如"太极"、"阴阳"，将佰草集的品牌和产品理念从西方文化角度重新阐释。在国内市场，有一款黑白两色的面膜是佰草集最畅销的产品之一，它所蕴涵的"先清后补"的中医理念对于中国消费者来说不难理解，但在法国市场，佰草集干脆形象地以黑白双色映射中国文化中广为人知的"太极"概念，营造一种东方神秘主义的品牌联想。

在法国香榭丽舍大街的丝芙兰旗舰店里，这款售价 49 欧元的太极泥面膜上市不到一个月的时间便脱销，在包括香奈尔、迪奥等法国大品牌在内的 2300 个护肤品中销售量名列前五名，而佰草集全系列产品的总销售量，也进入了全店护肤品的前十位。这样的好成绩让丝芙兰将佰草集视为新的业绩增长点，主动推动佰草集进入荷兰等其他欧洲市场。

在上海家化向时尚产业转型的过程中，佰草集是最有机会也最适合承担起探路之责的品牌，或许可以如此评价——佰草集品牌打造的成功是上海家化向"全球化时尚品牌制造机器"转型过程中的一次成功试车。

资料来源：苏醒：《佰草集：家门口的全球化"师夷长技以制夷"》，中国时尚品牌网，2010 年 1 月 23 日，有删节。

问题讨论：

佰草集成功打入全球市场最值得我们借鉴的地方在哪里？

本章小结

经济全球化可以概括为跨越国界的生产要素在全球范围内自由流动和优化配置，以促进各国、各地区相互融合、相互依赖并成为整体的历史过程，主要表现在生产全球化、贸易自由化、金融全球化、科技全球化、投资自由化等方面。

经济全球化是在多种因素的综合作用下产生的，应该正确看待经济全球化的发展趋势。

中国在经济全球化过程中发挥了重要的作用。面对经济全球化这把"双刃剑"，我们要抓住机遇，迎接挑战。

深入学习与考试预备知识
★★★★

经济全球化是一把"双刃剑"

经济全球化是一把"双刃剑"。如果单纯从人类社会进步和科技发展的角度、从提高生产力的标准来看，经济全球化的确能够促进经济效益的提高以及世界产业规模的扩大，还会引起生产与消费从结构到地点上的变化，会刺激各种新技术的研究与开发。

同样，经济全球化可使世界范围内的资金、技术、产品、市场、资源、劳动力进行有效合理的配置。经济全球化在有效促进国际合作的同时，也加剧了各国间的竞争。竞争的原因，经济上是由于世界资源的有限性和资本的扩张性；政治上则是由于国家的存在，各国都试图通过增强自身的实力来实现别国对自己的依赖，从而较多地获取收益，较少地付出成本。

资料来源：陈军：《经济全球化的利弊分析》，《国际市场》2010 年第 8 期。

知识拓展

★★★★

跨国公司投资中国更有信心

中国有巨大的市场、完善的设施、完备的配套政策措施和稳定的环境，正吸引着越来越多的跨国企业到中国投资兴业。

1. 看重日益成熟的市场

经济的高速增长使中国竞争力指数排名不断上升，中国的投资环境也有了新变化。本届达沃斯论坛开幕第一天，跨国公司的高管对"跨国公司在中国的未来之路"展开了热烈的讨论。

通用电气国际总裁兼首席执行官费尔迪南多·法尔克表示，通用电气在中国的投资信心更坚定，中国的投资环境没有恶化，只是在部分领域竞争加剧，这是正常状况。通用电气看重中国日益成熟的市场和创新的技术，中国未来将成为一个技术的发展基地和技术创新的摇篮。

可口可乐公司计划在 2009~2011 年在中国投资 20 亿美元。可口可乐太平洋集团总裁耿卓栋在论坛上表示，中国的市场对于任何一个跨国公司来说都变得越来越重要，正是这些大量的新进入者使得中国的市场竞争变得更加激烈。有些跨国公司片面地认为投资中国的成本会上升，投资环境不如以前好。这是不准确的，中国的市场是随着经济发展而不断演变的。随着市场的成熟，成本上升很自然。

2. 竞争优势不容忽视

过去两年，全球金融危机困扰着世界各国，尤其是发达国家。中国在世界率先实现经济回升向好，保持经济平稳较快发展。论坛上，外交部副部长崔天凯在谈及全球经济治理时表示，全球经济中心正向亚洲转移。中国在亚洲经济中的地位举足轻重，中国这个大市场是跨国公司不愿失去的。

在"中国的竞争优势"的讨论中，与会的跨国公司管理者一致认为，中国的市场充满活力，有美好的前景。中国已经完成了经济发展的一个 30 年，下一个 30 年，中国经济应该继续保持高增长。

雀巢中国公司董事长鲍尔谈及中国的竞争优势表示，业绩说明一切。在全球经济状况堪忧的这两年，雀巢公司在中国的业绩依旧保持增长，2009 年，雀巢还在上海投资建立了新工厂。这些是中国的竞争优势所在。

30 年的经济发展过程中，中国学习借鉴了西方的经验，建立了运行良好的金融市场，社会保障体系也逐步完善，这些都是中国的财富。一步一个脚印，中国让世界注目，是世界经济复苏的引擎，是跨国公司投资的热土。

资料来源：王丕屹：《跨国公司投资中国更有信心》，《人民日报》（海外版）2010 年 9 月 15 日，摘选。

答案

第一节：

1. 略（本题为开放性题目，答案无限制，要求每个学生都能提出自己的一些思考）。

2. 生产全球化——国际分工的细化和深化、跨国公司成为推动生产国际化的主体力量、现代通讯工具为生产全球化提供技术支持；贸易自由化；金融全球化；科技全球化；投资自由化。

第二节：

略（本题为开放性题目，答案无限制，要求每个学生都能提出自己的一些思考）。

第三节：

1. 略（本题为开放性题目，答案无限制，要求每个学生都能提出自己的一些思考）。

2. 略（本题为开放性题目，答案无限制，要求每个学生都能提出自己的一些思考）。

案例分析：

略（本题为开放性题目，本道题目是开放性答案，学生可以自行调研得出结论，证据充足，言之有理即可）。

第二章

跨国公司品牌全球化的扩张

学习目标

★★★★

知识要求 通过本章的学习，掌握：

● 跨国公司对经济全球化产生的影响
● 跨国公司的品牌扩张实力
● 跨国公司的品牌扩张策略

技能要求 通过本章的学习，能够：

● 识别跨国公司是怎样进行品牌扩张的
● 正确分析跨国公司的品牌扩张带来的影响

27

学习指导

★★★★

1.本章内容包括：跨国公司的概念、特征，跨国公司对经济全球化的推动，跨国公司的品牌扩张实力以及扩张策略等。

2.学习方法：结合案例，全面掌握跨国品牌扩张的相关概念和策略，并进行知识延伸、讨论活动等。

3.建议学时：8学时。

第一节 跨国公司在经济全球化中的推动作用

跨国公司：经济全球化之舟

1905 年，瑞士人亨利·内斯特莱创办的雀巢公司与英瑞浓缩奶公司合并，把厂房搬到了英国、德国、西班牙和大洋彼岸的美国。这在当时是一件了不起的大事，可内斯特莱恐怕不会想到，将近一个世纪之后，雀巢公司在全球已有 509 家工厂，雀巢的产品几乎遍布世界的各个角落。

如今，人们游走于超市，把雀巢咖啡放进购物车时，想到的可能只是咖啡的浓香，而未必会意识到自己正在采撷经济全球化大潮的浪花。

从表面上看，经济全球化似乎是一个抽象的概念。而实际上，它就悄然发生在人们的衣食住行中。商店里的耐克运动服其实不一定产于美国；一台康柏电脑的部件很可能来自美国、中国和新加坡。一部诺基亚全球通手机，已经同时在另一种意义上把世界各地的人连在一起。

回首即将逝去的 20 世纪，世界经济中最引人注目的特点之一是近 10 年的滚滚而来的全球化浪潮。而像雀巢这样的跨国公司作为经济全球化中最重要的基础和载体，把这一浪潮推向了世界各地。

跨国公司既对经济全球化大潮起到了推波助澜的作用，同时也依仗全球化进程使本身得到了迅速发展。

不少经济界人士认为，冷战结束后，特别是 20 世纪 90 年代中期以来，"经济全球化"一词开始大量出现在媒体报道中，而跨国公司也正是在此期间形成前所未有的扩展热潮。

世界经济全球化的利与弊是经济界近年来一直在讨论的一个重要话题。在全球化加快发展的当今，世界各国的经济联系越来越密切，经济增长速度有所加快，但世界的贫富悬殊也在扩大。这就是全球化浪潮的"双刃剑"作用，而跨国公司则是挥舞这把"双刃剑"的剑客。

首先，跨国公司推动生产要素在全球范围内的流动，有利于加速世界经济的发展。尽管追求利润最大化是跨国公司的唯一目的，但这种全球化的经营方式不可避免地促进了资金、技术和先进管理方式在全球范围的流动，带动了相对落后国家和地区的经济发展。

其次，跨国公司促进科学技术的不断创新和推广。当前高新科技不断涌现，特别是信息技术的飞速发展，对世界经济起到了巨大的推动作用。近年来，为了加强本身的竞争能力，跨国公司投入巨资进行科技研究和开发。美国大公司普遍以销售额10%以上的资金投入科研；一些大医药公司这方面的比例则高达30%以上。跨国公司将包含这些研发成果的产品投入市场，在其全球性经营活动中实现高新技术的产业化。

最后，跨国公司的发展促进了世界产业结构的调整。跨国公司分布于各行各业，其经营活动中的科技含量不断加大。传统产业中的一些跨国公司，如汽车制造公司，也在向生产高新技术产品方向发展。从另一角度来看，经济全球化的弊端是拉大了贫富国家之间的差距，一些最不发达国家甚至被全球化浪潮抛在一边。在这方面，跨国公司难辞其咎。

由于跨国公司对利益的追求，它们的全球化经营必定集中在对它们最有商业利益的地区，其资金和技术也只能流向最能使它们获利的地区。多数落后国家基本得不到外国投资，经济发展因此也更加落后。

资料来源：王振华：《跨国公司：经济全球化之舟》，《人民日报》（海外版）2000年12月8日第7版。

思考题：

1. 除了雀巢外，你还知道哪些跨国公司？
2. 跨国公司对经济全球化的发展产生了怎样的影响？

一、跨国公司的概念

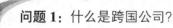

问题1：什么是跨国公司？

日本生产的计算机，电子芯片来自美国，外壳来自印度，在新加坡或印度尼西亚组装，然后在横滨或神户印上"日本制造"的牌子。

美国奥蒂斯电梯公司生产的411型多门电梯，总机系统由康涅狄格州泛明屯市生产，平滑机在日本生产，新颖电梯门为法国生产，电子设备为德国生产，辅助工程设备则在西班牙生产，最后由奥蒂斯公司总部负责最终的组装，然后贴上"美国制造"标签，行销世界。

关键术语

跨国公司

跨国公司就是指具有全球性经营动机和一体化的经营战略，在多个国家拥有从事生产经营活动的分支机构，并将它们置于统一的全球性经营计划之下的大型企业。

环顾当今世界，国际性的综合产品越来越多，世界范围内的经济技术交流与合作日益深化，伴随而来的经济全球化竞争也给世界各国带来广泛而深刻的影响。在这场竞争中，具有强大竞争力的跨国公司居于十分重要的地位。

跨国公司是第二次世界大战后迅速发展起来的一种国际企业的组织形式，是垄断资本主义高度发展的产物，它的出现与资本输出密切相关。19世纪末20世纪初，资本主义进入垄断阶段，资本输出大大发展起来，这时才开始出现少数跨国公司。当时，发达资本主义国家的某些大型企业通过对外直接投资，在海外设立分支机构和子公司，开始跨国性经营。例如美国的胜家缝纫机器公司、威斯汀豪斯电气公司、爱迪生电器公司，英国的帝国化学公司等都先后在国外活动。在两次世界大战期间，跨国公司在数量上和规模上都有所发展，尤其是第二次世界大战以后，跨国公司得到迅速发展。

在世界经济文献中，跨国公司又称多国公司、国际公司、超国家公司和宇宙公司等。伴随着跨国公司在世界经济中扮演的角色越来越重要，联合国经济及社会理事会组成了由知名人士参加的小组，较为全面地考察了跨国公司的各种准则和定义后，于1974年做出决议，一致同意采用"跨国公司"这一名称。

在会议上，知名人士还指出"跨国公司是指在国外拥有或者控制着生产和服务设施的企业，它们不一定是股份公司或私人企业，也可能是合作企业或国有企业"。而在1978年联合国秘书处准备的一份研究报告中，跨国公司被定义为："凡是在两个或两个以上国家里控制有工厂、矿山、销售机构等类似财产的所有企业。"可以看出，这两个定义并没有对跨国公司的特征做出相应的界定。

虽然对跨国公司的定义存在着争议，但是1983年在联合国跨国公司中心发表的第三次调查报告《世界发展中的跨国公司》中，世界各国对跨国公司定义的三个基本要素取得了广泛的认可。联合国跨国公司委员会认为跨国公司应具备以下三要素：

（1）跨国公司是指一个工商企业，组成这个企业的实体在两个或两个以上的国家内经营业务，而不论其采取何种法律形式经营，也不论其在哪一经济部门经营。

（2）企业有一个中央决策体系，因而具有共同的政策，这些政策可能反映企业的全球战略目标。

（3）企业的各个实体分享资源、信息以及分担责任。

1986年，联合国《跨国公司行为守则》中又对跨国公司做了如下定义："本守则中使用的跨国公司一词系指在两国或更多国家之间组成的公营、私营或混合所有制的企业实体，不论此等实体的法律形式和活动领域如何；该企业在一个决策体系下运营，通过一个或一个以上的决策中心使企业内部协调一致的政策和共同的战略得以实现；该企业中各个实体通过所有权或其他方式组合在一起，从而使其中的一个或多个实体得以对其他实体的活动施行有效的影响，特别是与别的实体分享知识、资源和分担责任。"

二、跨国公司的经营特征

问题 2： 跨国公司有哪些经营特征？

跨国性是跨国公司不同于单国公司之处。跨国公司以母国为基地，将其实体分布于不同的国家或地区，在多国从事投资活动，由一国的某一大型企业为其控制、管理和指挥中心。跨国公司经营特征主要体现在六个方面：

1. 战略目标全球性

跨国公司的战略目标是以国际市场为导向，并追求实现全球利润最大化。作为在国内外拥有较多分支机构、从事全球性生产经营活动的跨国公司，它主要是通过控股的方式对国外的企业在资本、商品、人才、技术、管理和信息等方面实行控制，并且这种"一揽子"活动必须符合公司总体战略目标而处于母公司控制之下。

2. 经营方式多元化

为了增强垄断企业总的经济实力，提高各种生产要素和副产品的利用率，促进资金的合理流动和分配，确保实现跨国公司的全球战略目标，跨国公司多采用多样化的经营方式，包括进出口、许可证、技术转让、合作经营、管理合同和在海外建立子公司等。其中，尤以在海外建立子公司为主要形式开展和扩大其全球性业务。

为了增强竞争能力，跨国公司在很大程度上通过企业兼并的方式，从外部来扩大资本实力，兼并也使跨国公司日益向综合性多种经营发展。

3. 高度重视新技术

跨国公司往往都具有较大的规模优势、资金优势，也具有先进的管理优势、人才优势、知识创新优势，可以凭借其强大的竞争优势，获取较强的科研力量和创新的资源，因此也相应具有生产的技术优势和竞争优势，甚至达到了对技术垄断的程度。为了保持其在技术领域的领先优势，跨国公司会投入巨额的资金进行技术的创新和改造升级。

4. 充分利用非价格竞争

在国际贸易中，非价格竞争已成为当代跨国公司垄断和争夺市场的主要手段。非价格竞争是指通过提高产品质量和性能，增加花色品种，改进商品包装装潢及规格，改善售前售后服务，提供优惠的支付条件，更新商标牌号，加强广告宣传和保证及时交货等手段，提高产品的素质、信誉和知名度，以增强商品的竞争能力，扩大商品的销路。

5. 依仗资本经营扩大经营规模

跨国公司海外投资活动的最根本目的是最大限度地获取利润，而利润的最终实现还是要靠市场。跨国公司根据全球战略部署，通过海外直接投资设厂，就地生产，就地销售或出口，既绕过了东道国的贸易壁垒，又实现了对市场的占领。

6. 提高跨国化指数

企业国际化的深度不仅反映在组织形式的变化上，也必然表现在经济指标上。跨国化指数是指反映跨国公司海外经营活动的经济强度，也是衡量海外业务在公司整体业务中地位的重要指标，它反映了跨国公司海外经营活动的经济强度，是衡量海外业务在公司整体业务地位的重要指标。

总之，跨国公司是跨国化经营的企业组织，它把高度统一的经营管理、多样化经营方式和先进的技术等有机结合起来，力图实现经济利益的最大化。

三、跨国公司在经济全球化中的推动作用

32

问题 3： 跨国公司在经济全球化中有哪些推动作用？

自从地理大发现以来，人类开始了全球化的历史进程。今天全球化已经成为重要的时代特征，业务全球化、雇员全球化、资本全球化的跨国公司是全球化最主要的推动者，对全球经济发展、科技进步、产业调整、文化交流、政治外交都产生了深刻的影响，极大地改变了世界的面貌，跨国公司已成为推动经济全球化的特殊力量。跨国公司对经济全球化发展的推动主要体现在四个方面：

1. 经营战略全球化是加快经济全球化进程的重要基础

为了实现全球化的经营战略，跨国公司根据市场的变化和竞争的需要，把本国的跨国公司变为世界范围的总公司，在全球范围内设置生产基地和销售机构，建立国际商务信息网络，构建全球研究开发体系，积极参与国际经济合作与竞争。同时他们积极开展本地化策略，把别国的市场和资源纳入其全球性的安排之中。跨国公司还大力推进研究开发国际化，在国外设立研究开发基地，聘用国外科技人才，与国外科研机构合作，在当地把生产和科研结合起来。

事实表明，跨国公司的全球性经营战略，实质上就是经济全球化战略，跨

国公司担当了推行经济全球化战略的重要角色。

2. 投资全球化是加快经济全球化进程的有利条件

随着世界经济的加快发展，跨国公司已成为国际性投资的主要载体。一些大型跨国公司纷纷向国外开展大规模、系统化投资，在国外设立投资性控股公司，统一管理投资企业。跨国公司的大规模投资，大大促进了国际资本流动，为各国吸引外资创造了条件，把各国经济越来越紧密地联系起来。

随着投资规模不断扩大，跨国公司的全球贸易对全球性影响已经涉及经济、社会、政治以及自然环境等诸多方面。

3. 跨国兼并和收购是加快经济全球化进程的有效手段

进入 21 世纪以来，跨国公司加速发展，其在全球范围内兼并重组，极大地推动了全球的产业化升级和结构调整。通过兼并、收购，使被兼并、收购的企业的法人地位、治理结构、文化理念和管理机制、业务方向等都发生了根本性变化。

如 GE 公司，在杰克韦尔奇时代他们并购了很多家公司，市值从 130 亿美元上升到 5600 亿美元，波音公司也是通过大量的并购，形成了空间融合、军民融合、产研融合的大型企业集团。实际上这样的企业基本上在世界各地都遍布着他们的身影。

4. 国际贸易是加快经济全球化进程的强大动力

跨国公司促进了世界经济的发展，充当着全球产业组织的角色，他们在世界范围内优化配置资源，组织研发制造和销售，推动国际贸易和均等体系的蓬勃发展。据不完全统计，目前世界有 6.5 万家的跨国公司创造了全球 60% 以上的贸易额，有 80% 以上的投资额和 30%~40% 的 GDP 来自于跨国公司。

跨国公司实行的全球贸易策略，既拓展了自己的发展空间，又有力地促进了全球市场体系的形成，推动了经济全球化发展。

由此可见，跨国公司已成为经济全球化中的主角。正如 1992 年联合国《1992 年世界投资报告》中阐明的那样，"跨国公司"是"世界经济增长的引擎"。

活动 1：举例说明你认为成功的跨国公司有哪些，他们都拥有哪些特点？

活动 2：四个同学一组，调查一下你所在地区有哪些跨国公司的所属机构？

第二章 跨国公司品牌全球化的扩张

考试链接

1. 跨国公司的概念。

2. 跨国公司的经营特征。

3. 跨国公司在经济全球化中的推动作用。

第二节　跨国公司的品牌扩张实力

引导案例

宝洁凶猛：本土品牌淡出舞台　占据市场半壁江山

随着宝洁投资 8000 万美元的全球研发中心在北京落成，进入中国 22 年后，宝洁终于将中国打造成其核心市场。

赛迪顾问研究调查的数据表明，2006 年，宝洁旗下的洗发水占据 60% 多的中国市场份额，而宝洁在中国的野心还不止于此。

未来 5 年，宝洁 CEO 麦睿博还有两个计划：宝洁将在中国继续投入至少10 亿美元；在全球新增 10 亿用户，其中大部分将来自中国。

1. 宝洁式登顶

1837 年诞生在辛辛那提的宝洁，到 1988 年进入中国时，已经是个饱经风霜的 150 岁的巨人了。凭借强大的广告宣传，宝洁旗下的海飞丝迅速家喻户晓。

在这之后，宝洁一路领先。它促发了国人用香波的习惯，也引领了日化行业的新时代。

在宝洁的刺激下，一些本土日化品牌应运而生，竞争随之而来。1999 年，宝洁陷入国外其他竞争对手以及中国本土大小品牌的围攻。

打价格战、收购竞争对手、再实现独资，宝洁使出了浑身解数。

2001 年，罗宏斐出任宝洁中国公司总裁。他在任期间，宝洁频繁使用"价格武器"。2003 年，宝洁的玉兰油、舒肤佳、激爽平均分别降价 20%、25%、30%。洗衣粉领域，汰渍一度降到 3.5 元的底线，竞争对手雕牌和奇强等品牌遭遇重压。在洗发水市场，宝洁推出了 9.9 元的飘柔洗发水。

宝洁的价格战收效甚佳。据报道，宝洁中国 2001~2003 年连续三年销售增长率超过了 25%，利润以平均每年 140% 的速度增长。其三大品牌——飘柔、

海飞丝和潘婷收复了失地，重新占据市场的大半江山。

除了价格战，宝洁更擅长收购战，宝洁的主流产品，只有少数系自己研发，大多来自并购：2001年底，宝洁以49.5亿美元收购伊卡璐；2003年，收购欧洲威娜，进入欧洲美发市场；2005年，以570亿美元天价换股收购吉列（Gillette），创下当时全球最大并购案。

宝洁甚至有个"一站式销售"梦想：一位家庭主妇站在卖场的宝洁专区里，一站式购齐洗发水、护发素、沐浴露甚至牙膏和牙刷，让人们的购物从选产品变为选品牌。

对于中国消费者印象最深的，当属宝洁收购本土日化品牌"熊猫"。北京日化二厂的洗衣粉熊猫品牌在20世纪90年代初就享有盛名，但和宝洁合资6年后，熊猫洗衣粉几乎告别市场，宝洁给国人留下了收购竞争对手然后消灭它们的印象。

就连福建著名的电池品牌南孚电池，在经过长期而复杂的资本运作后，也成为宝洁旗下的资产，和吉列旗下的金霸王电池一起，构成宝洁的电池业务。但在南孚电池标签上，人们看不到"P&G"标志。

2. 消失的对手

凭借强大的研发实力、充分的市场经验和长久的品牌积淀以及与终端卖场良好的合作关系，以宝洁为头的外资日化总能把一些本土日化品牌打得落花流水：小护士被欧莱雅收购；大宝加入强生阵营；中华牙膏被联合利华收购；中国的霞飞、百雀羚等品牌已从我们身边消失。

宝洁前CEO雷富礼曾表示："在很多产品类别中，我们最大的对手就是中国本土厂商，为了让人们知道我们的产品，我们让消费者了解我们的优势。但我相信消费者的消费能力变得越来越强大，每一次竞争激烈的时候，就是敦促我们改变和进步的时候。"

不断地收购、兼并让宝洁的版图越来越大，难免让竞争对手心存忌惮，即便按照旗下各个品牌将宝洁拆分为十数家公司，这些公司依然是营业额高达十亿元级别的大公司，因此宝洁屡受《反垄断法》"关照"。1952年，美国司法部将宝洁告上法庭，1961年才撤诉；1957年宝洁对克朗拉斯的收购遭遇诉讼，10年后宝洁败诉，不得不从克朗拉斯撤资；此后宝洁对Flogers咖啡的收购也受到苛刻限制……而美国历史上对微软和AT&T的拆分先例诉讼，也给拆分宝洁的猜想提供了支持。

资料来源：孙中元、明鹏：《宝洁凶猛：本土品牌淡出舞台 占据市场半壁江山》，《时代周报》2010年8月19日，有删改。

思考题：

1. 宝洁公司是如何一步步实现品牌扩张的？

2. 本土品牌该如何应对跨国公司迅猛的扩张势头？

一、跨国公司品牌扩张的模式

问题 4： 跨国公司采用哪些模式进行品牌扩张？

现在，全世界的消费者都可以吸万宝路香烟，用派克笔写字，看索尼电视，开宝马汽车，消费者可以在巴黎、纽约或北京的麦当劳品尝汉堡，用运通信用卡消费等。品牌国际化呈现出显著增长的现象，这也是跨国公司品牌扩张的趋势所向。

品牌扩张是跨国公司实现其市场扩张和利润增长的"高速路"。跨国公司各大国际品牌为了增强消费者对其的认同感，往往通过名人广告、赞助体育活动、利用国家的重大事件等加速品牌的扩张进程，以吸引消费者的注意，从而推广品牌、培养消费者对品牌的偏好。

跨国公司品牌扩张通常采用八种模式：

1. 品牌移植模式

品牌直接移植模式是指跨国公司通过向东道国市场投放全球统一的产品和服务，以现有产品进军新市场，依靠企业的强势品牌，结合目标市场的消费观念进行产品推广活动，使顾客在短期内消除对新产品的排斥、疑虑心理进而以较短的时间接受产品，提高企业产品的市场占有率的方式来实现品牌扩张目的的战略模式。如可口可乐公司，在全球范围内使用统一的品牌名、标志和较为统一的管理模式，成为跨国品牌直接移植成功典范。

2. 本土化品牌扩张模式

本土化品牌扩张模式是与跨国品牌直接移植模式相对应的一种做法，它提倡跨国品牌在不同区域市场的差异化命名和经营，以适应和符合区域市场的本土化要求。这种模式的主要做法：跨国公司与国内企业通力合作，开发符合东道国市场需求的本地化品牌，并按照东道国市场的文化、习惯等特点合力进行推广。

3. 特许经营模式

这种模式又称为跨国品牌授权联盟，是指特许人向受许人提供统一的品牌、技术、管理经验等，受许人要向特许人支付一定费用，而作为受许人的国内公司借助同一品牌在相同经营模式下运作品牌。

特许经营模式进行品牌扩张所承担的风险较小，便于跨国公司利用被授权公司的各种有利条件进一步巩固跨国品牌的市场知名度，是很多大型跨国公司所采取品牌运作方式。

4. 过河拆桥型品牌扩张模式

跨国公司利用其品牌所有权优势，选择东道国商标知名度高、有实力的企业进行合作，将其品牌、声誉等无形资产作为投资额进行合资或并购；而后凭借自己的资金和技术优势掌握合资企业的控股权，利用国内企业的知名度、销售渠道，以东道国品牌为跳板，逐步将跨国公司自己的品牌打入东道国市场；在时机成熟时，以自己的品牌取代当地品牌。

5. 借鸡生蛋型品牌扩张模式

借鸡生蛋型品牌扩张模式与过河拆桥型品牌扩张模式相似，是指跨国公司与国内企业合作，利用国内企业的优势品牌进行自有品牌的市场开拓。或者借机造势，以东道国的品牌作为跳板，逐步将跨国公司自己的品牌打入市场的品牌扩张模式。所不同的是在时机成熟时，跨国公司不会冷冻当地品牌，而是保留所购买的当地品牌，将其化为己有，成为跨国公司自身品牌组合中的一环。如联合利华通过与上海牙膏厂合资建厂并控股，取得了"中华"和"美加净"两个品牌的租赁方式就是地道的"借鸡生蛋"的手法。

6. 联合品牌扩张模式

联合品牌是指分属不同跨国公司的两个或多个品牌进行合作的一种形式，这些品牌在消费者心目中具有较高的认知度，而它们各自的品牌名称又都保留在联合品牌之中。

7. 品牌虚拟经营扩张模式

品牌虚拟经营是一种将品牌运营与产品生产相分离的品牌扩张模式，即跨国公司不一定在东道国国内投资建厂，而是根据整个公司的全球战略，在全球范围内，统一部署自己的资源。如在移动电话行业，许多大型跨国公司，如爱立信、诺基亚、摩托罗拉等都在尝试品牌虚拟经营战略。

8. 网络化品牌扩张模式

网络化品牌扩张是利用网络等无形媒体向东道国市场进行宣传，推广其产品和品牌，而表面上国外资本和跨国品牌并不进入目标市场的模式。如 DELL 公司长期以来一直以其网络或人员直销的方式在 IT 行业保持了强大的竞争优势。

二、跨国公司的品牌扩张蓝图

问题 5：跨国公司的品牌扩张趋势表现在哪些方面？

作为世界第一品牌，"可口可乐"巧妙地通过特许装瓶系统将品牌扩张和企业扩张结合在一起，别出心裁地营造出了一个世界级的可口可乐"红色世界"。

类似于可口可乐这样的跨国公司，在全球进行品牌扩张的时候，以控制东道国的市场和消费者的心智资源为战略，通过多种途径逐步构建其品牌扩张的蓝图。跨国公司的品牌扩张趋势表现在五个方面：

1. 增强对投资企业的控制力

跨国公司刚进入目标市场的时候，由于受到市场经验的制约以及政策的限制，他们多采取试探性的投资，所建立的企业组织以合资形式为主。但是随着东道国政策的放开以及对东道国了解的加深，跨国公司开始出现独资化或者增资扩股趋势，加强了对合资企业的控制。

2. 投资本地化倾向明显

跨国公司通过建立研究中心，加强对东道国市场的了解，使其生产的产品更加本土化，更加契合消费者的心智。如上海通用汽车公司根据中国的路况、汽油质量和消费者习惯，对原车型进行了100多项当地化设计。

跨国公司投资本地化也体现在人员、管理的本地化。跨国公司的一项十分重要的策略是重用东道国精英，特别是具有东道国背景的海外留学人员，促使其管理理念更加本土化。

3. 投资集群化与垄断化趋势加强

跨国公司大多把投资目标定位在高利润行业，如交通运输设备制造、电气、电子、仪器等加工工业；金融、服务、物流等领域。这些行业资本劳动比率和人均资本比较高，集中度和规模效应也比较高，很容易出现群集和垄断局面。

4. 研发活动进一步趋于国际化

相对于研发来说，生产、销售和其他功能的国际化程度速度要迅速得多。而目前，跨国公司研发的比重不断上升，发展中国家逐渐成为跨国公司海外研发投资的目标国，这一趋势在各国的统计数据和跨国公司调查以及案例研究说中可以得到证实。而且跨国公司在发展中国家从事的研发活动的类型已经发生改变，由传统的为适应当地需求而进行的产品或工艺的改进，转变为跨国公司全球研发体系的关键节点。

5. 加快扩展前沿领域与行业

跨国公司通过购买国有股、与目标国企业共同进入新开放的市场、游说政府进入新领域等方式，加快对目标国家前沿领域与行业的控制。如跨国公司通过政治行为对中国政府决策实施影响，要求中国对外资直销企业开放等。

三、跨国公司的扩张对本土品牌的影响

问题6：跨国公司的扩张对本土品牌有什么影响？

在当今弱肉强食的国际市场，诸多跨国公司依仗其雄厚的资金技术实力和品牌优势横行无忌，不断将自己的势力扩张到其他国家和地区。跨国品牌的扩张对本土品牌产生了多方面影响。

跨国公司的扩张为本土品牌带来了机遇。如在与本土品牌合作方面，美宝莲就是一个典型的案例。1996年2月，欧莱雅集团收购了美国大众彩妆品牌——美宝莲。美宝莲在美国的影响力非常大，收购美宝莲有利于欧莱雅将整个化妆品市场的高、中、低档市场覆盖得严严实实、滴水不漏。而且在欧莱雅集团的影响下，美宝莲已成为世界著名的彩妆品牌之一，市场占有率仍然很高。

但是凶猛的扩张劲头也严重冲击了东道国的本土品牌，甚至造成本土品牌阵地失守的局面。外资企业在进入东道国后，并不是想把本土品牌做强做大，而是把本土品牌视为一种障碍。他们要么是将自身品牌强加于本土品牌，要么将本土品牌冷藏起来。这些都是跨国公司进入他国市场的缓兵之计和障眼法，在不知不觉中渗入自己的力量，可谓"随风潜入夜，润物细无声"。

以我国品牌为例，有关数据显示，随着外国产品与合资品牌涌入我国市场，已有70%的我国传统本土品牌消失。目前，胶卷和相纸市场被柯达、富士占领；日化方面，小护士、大宝、美加净等纷纷被国际性大品牌收购；南孚电池、活力28洗衣粉等许多本土品牌都在外资进攻下丢掉了阵地。

本土品牌失守其实是一个大趋势，也是一个危险的信号。本土品牌反映了国家经济的一个方面，如果一个国家所涌现的品牌都是国外品牌在唱大戏，本土品牌在当配角的话，国家以后的经济发展恐怕会掌握在别人手里，恐怕于民于国都会不利。所以应该防止"本土品牌的杀手"利用资本的手段来达到他们的目的。发展经济是不容置疑的，而本土品牌何去何从、本土品牌的阵地还需不需要坚守，这是仍需严肃对待并深思的问题。

活动3：四个同学一组，在附近的超市或者卖场，调查一下宝洁公司或欧莱雅公司等下属的品牌有哪些？

活动4：和同学探讨一下自己使用产品中，哪些是已经消失的国产品牌？并分析其消失的原因。

 考试链接

1. 跨国公司品牌扩张的模式。

2. 跨国公司的品牌扩张蓝图。

3. 跨国公司的扩张对本土品牌的影响。

第三节 跨国公司的品牌扩张策略

 **引导案例**

松下公司的品牌国际化战略

松下自1918年创业以来，经过半个多世纪的发展，经营范围几乎囊括所有的家电产品，已成为世界级知名品牌。松下在全球45个国家和地区设有228家企业，其中132家在亚洲地区。在全球范围内从事销售的企业有49家，其中在中国4家。

松下在品牌国际化战略中，始终保持清醒的意识，即要在世界各地的分公司或子公司内推行该公司创始人松下幸之助的经营理念，倡导"自来水哲学"，面对大众市场，为广大消费者创造价值。无论在哪一个国家，其基本方针都保持一致性，贯彻6条基本方针：

（1）开展受到该国消费者欢迎的事业。

（2）在开展国际业务之际，遵守该国的方针政策，同时也努力使该国的员工理解松下公司的经营理念和经营方针。

（3）在全球积极进行技术转移，进行积极的技术交流。

（4）在品质、性能、成本等方面，向顾客提供更高的价值。

（5）在实践自主经营的基础上；自己解决持续发展资金问题。

（6）和当地员工一起经营，积极录用当地的员工、培养本土化的管理人才。

在品牌国际化战略的实施过程中，品牌管理始终是松下的一个重要课题。松下的品牌商标发展沿革可以概述为：

1926年，创建National品牌，并进行商标注册（当时松下幸之助有国际化的意识，曾想把品牌名称改为International）。

1926年首次使用Panasonic品牌，对美市场出口带有高保真扬声器的收音

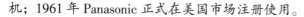
机；1961年Panasonic正式在美国市场注册使用。

1971年推出Technics商标，主要针对欧洲市场出口高级音响。

1974年，追加Guasar商标，当时并购摩托罗拉公司的电视机部门，使用了原摩托罗拉公司的品牌出口。

可以看到，在松下的品牌发展史上，曾经使用了两大基本品牌：National和Panasonic。20世纪60年代以后，松下向海外出口的产品中，白色家电统一采用National，黑色家电则采用Panasonic的新品牌。到了1961年，松下决定在美国销售的所有产品都统一采用Panasonic商标，以突出本企业的品牌。而在其他国家和地区National品牌商标仍然继续使用着。

近年来，随着国际竞争的加剧，松下决定对旗下业务和经营策略做一系列的重大调整。2003年4月中旬，松下正式对外宣布将在海外市场放弃National商标，集中精力打造Panasonic品牌。松下认为，Panasonic品牌自1961年面向北美洲使用以来，品牌价值在国内和海外得到了很大的提高，这次改革把Panasonic品牌定位为全球性的品牌，旨在提高全球市场竞争力和品牌价值。由于在日本国内，使用National和Panasonic两种商标的松下产品各占半壁江山，因此松下决定在日本国内继续使用National商标。

松下在国际市场上使用单一品牌的策略，不仅是为了压缩其经营成本，加强品牌管理，同时也是为了提高其品牌价值，强化其品牌知名度，重塑全球品牌形象，巩固其在国际市场中的竞争地位的一个重要举措。

41

资料来源：韩中和：《品牌国际化战略》，复旦大学出版社，2003年9月，有删改。

➡ **思考题：**

1. 案例中，松下是如何成功地实施其品牌全球化战略目标的？

2. 分析松下的品牌全球化战略给企业带来了哪些启示？

一、跨国公司品牌扩张采取的策略

问题7： 跨国公司品牌扩张的策略有哪些？

在市场经济不断发展的今天，品牌代表着企业拥有的市场，也代表着企业的实力。当企业发展到一定规模之后，企业的领导人就要考虑采取怎样的策略进行品牌扩张。跨国公司的品牌扩张主要包括品牌规模化战略、多品牌战略以及品牌本土化战略。

1. 品牌规模化战略

品牌规模化战略是企业的品牌在规模经济理论指导下与品牌发展等级战略相结合而实现品牌的规模化。品牌规模化战略和跨国企业的生产规模、产品产量紧密相关。

品牌规模化战略有两种表现形式：

（1）品牌纵向扩展，是将原品牌产品通过资本积累或资本运营，在目标市场不断扩大生产和市场占有率，而不改变其产品线的宽度。如山西东湖集团是一家著名的生产醋的企业，企业围绕醋做文章。在山西久负盛名的"老陈醋"这一产品下，公司进行产品项目扩张，又开发出饺子醋、面食醋、姜味醋、保健醋等多种产品，使"东湖"这一品牌在同一产品线内进行着强势扩张。

（2）品牌横向延伸，是指企业将其某一种著名品牌或某一具有市场影响力的成功品牌扩展使用到新产品或改良产品上，从而期望减少新产品进入市场的风险，以更少的营销成本获得更大的市场回报。实行该品牌扩张策略较为成功的典型例子是菲利浦公司，该公司生产的音响、电视、灯壶、手机等产品，都冠以同一品牌。结果菲利浦公司的成功经营使"菲利浦"畅销全球。

2. 多品牌战略

随着消费需求的多元化，一个消费群体会分离成不同偏好的几个群体，单一品牌策略往往不能迎合偏好的多元化，且容易造成品牌个性不明显及品牌形象混乱，而多品牌策略正好解决这一问题。

多品牌策略，是指一种产品赋予其一个品牌，不同产品品牌有不同的品牌扩张策略，一个品牌只适合于一种产品，一个市场定位，最大限度地显示品牌的差异化与个性。多品牌策略强调品牌的特色，并使这些特色伴随品牌深深地植入消费者的记忆中。

有很多跨国公司都采用了这一品牌策略，如宝洁。宝洁公司的产品有洗衣粉、香皂、洗发水等，其不同的产品线及不同的产品项目使用不同的品牌。其洗衣粉、香皂、洗发水品牌各不相同，洗衣粉中又有汰渍、碧浪等品牌，香皂品牌有舒肤佳，洗发水品牌有飘柔、潘婷、海飞丝等。

3. 品牌本土化战略

品牌本土化是跨国公司品牌战略中非常重要的也是利用率最高的一种手段。品牌本土化是指跨国公司以消费者为核心，将自己的品牌观念与当地社会文化融合，以减少当地社会对外来品牌的抵制情绪。实施正确的本土化品牌战略已成为跨国公司在东道国市场取得成功的关键。

跨国品牌战略伴随着国际营销的诞生而出现。随着全球经济一体化以及跨国公司的发展和壮大，开展品牌国际化营销是跨国公司谋求生存和发展的重要途径，也是其实现市场扩张和利润增长的有效途径。总之，品牌作为跨国企业最宝贵的无形资产在国际市场竞争中发挥了巨大的作用。

二、跨国品牌扩张对我国企业的启示

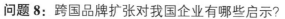 **问题8：** 跨国品牌扩张对我国企业有哪些启示？

随着跨国公司品牌全球化扩张的潮流，以及国内市场供求格局的变化，国内企业已经开始从质量竞争步入到品牌竞争的阶段。越来越多的国内企业将品牌战略运用于企业经营之中，并且涌现了一批像海尔、长虹、雅戈尔等强势的民族品牌。但国内企业在品牌上与跨国公司相比存在很大差距，如缺少国际知名品牌、品牌竞争力弱、品牌价值低、几乎不拥有核心技术或自主知识产权等。

我国企业要想在与跨国公司的竞争中占有一席之地，必须积极应对跨国公司的品牌扩张战略，同时还要努力发展我国企业自己的国际化品牌。具体而言，主要应做到六点：

1. 注重品牌质量，充分发展自己的国际化品牌

尽管吸引外资从总体上看有利于中国的经济发展，但是在中国投资的外国跨国公司以市场整合型的占多数，而且目前中国市场上产品的品牌以国外品牌为主。为了保持中国本国企业的产品的市场份额，需要提高企业所生产的产品的科技附加值，以质量创品牌。

另外，在跨国公司品牌扩张的巨大攻势下，国内企业应该充分利用跨国公司带来的资金和技术，大力提高科技创新能力和研发水平，创建属于我国企业的品牌。

2. 增强品牌实力，主动参与竞争

在和跨国公司的知名国际品牌竞争中，国内企业并非全无优势可言，正如著名经济学家樊纲所指出的，本土企业面对强大的国际品牌时，一定要考虑自身的优势在哪里，例如比较优势、后发优势、本土市场优势等。

我国企业应当有效发掘和利用分布在全球的各种资源，并在全球范围内合理地进行资源配置，主动走出国门，参与国际竞争。

3. 注重消费心理和文化传统，增加品牌的认同感

很多跨国公司在进入一个目标市场的时候，往往对该国的法律制度、市场环境、文化历史、人文背景、消费习惯等进行了解，然后轻车熟路地去发挥自身优势，培育和发展为国内消费者认同的品牌。但国内企业普遍存在着对消费者的漠视，甚至一些知名公司也不例外。因此如何洞察消费者的真实需求，成为本土品牌所缺的必修课。

4. 注重品牌形象，创造品牌的联想效应

品牌往往能体现一个企业的价值观和精神。跨国公司非常注重名牌形象和企业形象的统一，他们珍视自己的品牌形象，不断巩固消费者对品牌的忠诚。我国有很多的具有高知名度的品牌，但也仅仅只是一个品牌的资产，缺乏相应的质量和售后服务，不注重企业形象，结果当品牌产品退出市场后，企业也跟着消失了。

5. 积极宣传品牌，培养品牌亲和力

品牌亲和力是消费者对某种品牌的感情量度，是指消费者对于某品牌所产生的亲近感，并愿意购买使用的一种感情量度。培养品牌亲和力是吸引新用户，留住老用户的一个重要手段。

跨国公司懂得应用品牌的亲和力，他们根据不同的文化环境采用不同的宣传方式，使消费者觉得他们是自己人，能够与之亲近。与跨国公司品牌传播相比，国内很多企业的营销经营战略较为缺乏清晰的经营思路与战略规划，尤其是在品牌建设上，不能持续地、递进地朝着一个明确的目标前进。很多品牌有能力在短期内取得一定的知名度，却没有能力在消费者之间产生长期的亲和力。

6. 适度扩张品牌，注重品牌的优先效应

当品牌具有一定的市场影响力时，企业可以适当地扩张品牌，加深品牌在消费者心中的印象和影响，使消费者认为这个品牌就是某类产品的替代物或代名词。但是如果品牌扩张战线拉得过长、过宽，将会削弱品牌的内涵，并且丧失品牌的优先效应，结果会危及品牌自身。如海尔曾在"多元化扩张阶段"，海尔的品牌范围涵盖了"海尔家电"、"海尔通讯"、"海尔电子"、"海尔家居"、"海尔生物"、"海尔金融"、"海尔软件"、"海尔物流"、"海尔旅游"、"海尔地产"、"海尔数字家庭"、"海尔医疗设备"和"海尔电器部品"等多个产业和行业，海尔的品牌价值也就不知不觉地被稀释了。

品牌战略是一把"双刃剑"，它为企业带来可观利润的同时也能带来许多风险。由于多数国内企业还处于品牌战略初始阶段，不可避免地在运用中会出现一系列的问题。跨国公司对华品牌战略为中国企业的品牌战略提供了学习和参考的机会。国内企业应该借鉴跨国公司经验，不断提高自身的管理水平，促进产品质量的提高，创建中国的知名品牌。

活动5： 和同学探讨麦当劳是怎样进行品牌扩张的？

活动6： 在不久的将来，你也会拥有自己的公司。请你现在着手设计一

下自己的公司会进行怎样的品牌扩张。

 **阅读材料**

华人跨国公司将引领世界百强榜

跨国公司在 19 世纪末发迹于美国和西欧；第二次世界大战后，日本的跨国公司逐渐发展起来，直至鼎立一方；20 世纪 60 年代以来发展中国家的跨国公司开始发展；进入 20 世纪 90 年代，华人跨国公司逐渐引起工商界和媒体的注意。不但英国的《经济学家》杂志谈论他们，连世界级的管理学大师德鲁克（P·Drucker）都已经专门拿出时间来考察这一新生事物。联合国跨国公司与投资署在《1995 年世界投资报告》中首次按海外资产额（1993 年）排列了全球发展中国家与地区最大的 50 家跨国公司，其中华人跨国公司占了 17 家，而 2003 年起则占到 28 家。

据公开资料显示，联合国从 1990 年起每年发布"世界最大的 100 家跨国公司"，中国香港的和记黄埔公司（Hutchison Whampoa Ltd.）1999 年首次进入世界 100 大跨国公司行列，排名第 48 位。2004 年，第三家华人跨国公司中信集团（CITIC Group）登上榜，排名 94 位。由此，华人跨国公司开始进入世界级行列。

到 2012 年，在全球发展中国家与地区最大的 50 家跨国公司榜中，华人跨国公司将达 70%左右，中国大陆的跨国公司将达 10 个左右；全球最大的 100 家跨国公司榜中，中国跨国公司将达到 5 个。届时，华人跨国公司将完成 100 亿美元的并购项目；华人跨国公司在全球电讯行业将占有一流地位。

资料来源：康荣平：《华人跨国公司将引领世界百强榜》，《中国经济周刊》2007 年第 23 期。

 考试链接

1. 跨国公司品牌扩张采取的策略。
2. 跨国品牌扩张对我国企业的启示。

 **案例分析**

沃尔玛的全球化品牌策略

沃尔玛自 1991 年开始从美国向海外拓展以来，一直大力推行全球化。

总结沃尔玛成功拓展海外市场的经验，就是其将全球化管理体系与本土化运营体系有效地结合在一起。其主要做法如下：

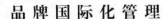

（1）选择产品。选择一个或少量的产品系列作为全球化的先头部队。

（2）选择市场。通过认真分析，挑选适合进入的市场。

（3）选择打入市场的方式。选定目标市场后，确定出口产品与当地生产的比例。

（4）移植企业文化与经验。把企业的经营模式带入目标市场。

（5）赢得当地市场。对当地客户、竞争对于和所在国政府的要求与行动进行预估并做出相应的调整与反应。

（6）取得霸主地位。最终以绝对的优势实施同业购并，而且是低成本的且无讨价还价余地的购并。

对沃尔玛来说，赢得当地市场需要两个步骤：了解当地情况，确定需要进行本地化调整的规模与内容；要对当地竞争对手的行动与反应做出应变。

要想在新打入的市场立足，企业首先必须了解当地市场的特殊性，这样才能确定企业的经营模式中有哪些部分可以原封不动地保持下来，哪些需要进行本地化，还有哪些必须彻底改变。沃尔玛进入中国市场的经历就是一个明证。

本土化是沃尔玛国际化的保障，它在中国的做法最好地验证了这一策略。

1. 管理团队本土化

沃尔玛明白，要真正实现其全球扩张的战略，在中国扎下根，就必须坚决地实行本土化战略。沃尔玛公司一直以其良好的团队建设及对员工的有效培训著称。1996 年在中国开设第一家商店之前，沃尔玛曾花了整整 8 个月的时间对其主管级以上的管理层进行系统的培训。尽管到目前为止，沃尔玛的决策层基本上仍然是美国人，但它希望在今后几年，创建基本上能够自治的、由本地人员管理的团队，这些本地管理人员将负责当地的人力资源、财务及运营。人才的本地化是沃尔玛的管理基础。本地员工对当地的文化、生活习惯比较了解。在运作时，还懂得节约成本，所以人员和管理的本地化能增强企业竞争力。目前，沃尔玛中国总部的管理人员正在向本地化发展。公司根据其业务发展趋向，加大专业培训力度，委派当地有才华的商业管理人员进行管理。

2. 采购本土化

"采购中国"是沃尔玛中国发展战略的一部分。本土化采购不仅可以有效地节约成本，而且还能促进与当地政府、商界的关系，可谓一举两得。沃尔玛中国公司经营的商品有 95% 以上是由中国生产的。2009 年，沃尔玛在中国直接采购和通过供应商间接采购的中国产品总额，超过了任何一家外贸出口企业的业绩。

3. 经营方式本土化

沃尔玛在中国的本土化战略已取得阶段性成效。这几年，沃尔玛除了在中

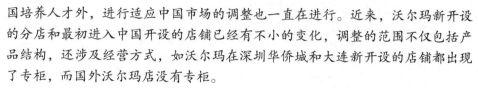

国培养人才外，进行适应中国市场的调整也一直在进行。近来，沃尔玛新开设的分店和最初进入中国开设的店铺已经有不小的变化，调整的范围不仅包括产品结构，还涉及经营方式，如沃尔玛在深圳华侨城和大连新开设的店铺都出现了专柜，而国外沃尔玛店没有专柜。

任何一个企业在进入一个新的外国市场时，不仅要面临当地竞争对手的竞争，还要防备那些已经打入这一市场的跨国企业的威胁。要想在当地市场上站稳脚跟，就必须对这些竞争对手的威胁进行有效的预估与应对。沃尔玛应付当地竞争对手的方式则根据市场的具体情况而各不相同，有时是收购一家相对弱小的企业，有时是收购一家经营成功的企业，而有时则是向当地市场上的领先者直接发起正面攻击。

沃尔玛的本地化策略正是它全球化扩张的一部分。只有充分地本地化才能连接成为国际化经营的跨国企业，这才是沃尔玛的过人之处。

资料来源：张明立、冯宁：《品牌管理》，清华大学出版社，2010 年 5 月。

问题讨论：

1. 沃尔玛全球化战略最值得我们借鉴的地方在哪里？
2. 沃尔玛是如何实现本土化战略的？

本章小结

跨国公司是第二次世界大战后迅速发展起来的一种国际企业的组织形式，以最大化的利益为目标。跨国公司在业务全球化、雇员全球化、资本全球化等方面对全球经济发展、科技进步、产业调整、文化交流、政治外交都产生了深刻的影响。

品牌扩张是跨国公司实现其市场扩张和利润增长的"高速路"。跨国公司品牌的扩张通常采用品牌直接移植模式、当地化品牌扩张模式、特许经营模式、过河拆桥型品牌扩张模式、借鸡生蛋型品牌扩张模式、联合品牌扩张模式、品牌虚拟经营扩张模式、网络化品牌扩张模式等一步步实现品牌扩张蓝图。其品牌扩张对东道国的本土品牌带来了机遇和挑战。

跨国公司的品牌扩张战略主要包括品牌规模化战略、品牌多样化战略以及品牌本土化战略。我国企业要想在与跨国公司的竞争中占有一席之地，必须积极应对跨国公司的品牌扩张战略，同时还要努力发展自己的国际化品牌。

深入学习与考试预备知识
★★★★

中国企业的跨国程度低

中国企业的海外拓展有两种不同模式：一种是渐进式；一种是集群式。渐进式是指民营企业可以选择以贸易为先导，再分阶段、分步骤将企业的生产经营环节向目标市场拓展。集群式是指以产业链为单位，上下游企业集群走出去，增加抗御风险能力，这样能在国际谈判中提高话语权，从对方政府那里拿到政策优惠也会相对容易。

2010年联合国发布了新的世界投资报告，指出有100个最大的发展中国家的跨国公司，其中有12家中国公司。这些公司的跨国指数，只有两家超过50%。中石油的跨国程度只有2.7%。跨国程度低意味着中国企业多数情况下还只是在本土的市场上，用中国自己的资源挣中国人自己的钱。与全球公司比，中国企业在战略上差很大一个等级。

资料来源：王志乐、辜胜阻：《中国需要自己的跨国公司》，新华网，2010年9月13日。

知识拓展
★★★★

跨国文化"跨"什么

随着国内公司越来越多的国际化，文化交融成为一道难题，而一些企业往往把收购不成功归咎为文化的不交融。

跨国公司首先是以赢利为目的的，而文化的因素只是管理的问题。在我们传统观念中，企业的发展都是管理出成绩，而很少认为文化是一种障碍。国内企业管理中的人情关系，往往是我们最擅长的方面，而面对国际性的文化交往似乎成为一些企业的绊脚石。

这种软实力的培养无非是三点：

（1）渗透性。海尔公司狠狠地做了八年电冰箱，然后开始扩张到洗衣机。被海尔引以为豪的就是：他们只要安排几个电冰箱厂的骨干就可以搞定洗衣机厂。跨国文化的相互影响也应该如此。这其中最关键的就是不能有偏见或者民族情绪，以免影响员工的心理。有成见是一定的，释怀也是可以做到包容的。

（2）平等原则。公司不是民族的代表，而是一些人为了共同的目标走到一起来的。联想为了联想这个品牌能够扬名世界，不惜把总部搬到美国。这就是主动要求平等合作的办法。各种文化虽然不同，除了相互尊重就是要求平等。这种平等性是世界通用的，混血儿不是更健康、更有活力吗？

（3）融入性。我们知道，很多外国企业到中国来，都喜欢用本地化的做法。我们出去也是一样，要有适应当地文化的能力和信心。海尔美国公司为了形成鼓励、批评机制，不得不用动物来代表你干得好还是坏，这就是适应当地文化的做法。同样还有一个例子就是：海尔的标志一个是中国孩子，一个是外国的孩子，到了中东国家遭到批评，因为他们两个小孩没有穿衣服，这违背当地的习俗。改了就是了。

文化是一个国家的代表，文化融入产品能够给产品以内涵。而不同的文化则需要不同的内涵，这就是全球化的产品竞争的软实力培育点。只有结合不同的文化、制造有不同文化先进性的产品，才能满足人们的物质和文化需要。这也是营销的本质所在。

资料来源：张海勤：《跨国文化"跨"什么？》，价值中国网，2010 年 12 月 14 日。

答案

第一节：

1. 略（本道题目是开放性答案，学生可以自行调研得出结论，证据充足，言之有理即可）。

2. 经营战略全球化是加快经济全球化进程的重要基础；投资全球化是加快经济全球化进程的有利条件；跨国兼并和收购是加快经济全球化进程的有效手段；国际贸易是加快经济全球化进程的强大动力。

第二节：

1. 品牌移植模式；当地化品牌扩张模式；特许经营模式；过河拆桥型品牌扩张模式；借鸡生蛋型品牌扩张模式；联合品牌扩张模式；品牌虚拟经营扩张模式。

2. 略（本道题目是开放性答案，学生可以自行调研得出结论，证据充足，言之有理即可）。

第三节：

1. 品牌规模化战略；多品牌战略；品牌本土化战略。

2. 注重品牌质量，充分发展自己的国际化品牌；增强品牌实力，主动参与竞争；注重消费心理和文化传统，增加品牌的认同感；注重品牌形象，创造品牌的联想效应积极宣传品牌，培养品牌亲和力；适度扩张品牌，注重品牌的优先效应。

案例分析：

1.略（本题为开放性题目，本道题目是开放性答案，学生可以自行调研得出结论，证据充足，言之有理即可）。

2.管理团队本土化，采购本土化，经营方式本土化，是沃尔玛本土化战略的基本措施。

第三章
中国工业在全球化过程中的地位和困境

学习目标

知识要求 通过本章的学习，掌握：

- "中国制造"与"世界工厂"的由来
- 中国工业面临的环境条件约束
- OEM 向自主品牌转化的趋势

技能要求 通过本章的学习，能够：

- 结合品牌的案例，理解 OEM 向自主品牌迈进的趋势
- 中国 OEM 向自主品牌迈进的方法

51

学习指导

1. 本章内容包括："中国制造"和"世界工厂"的由来、"世界工厂"应具备的要素、OEM 的概念、制约中国工业发展的条件因素、中国工业存在的问题以及中国工业突破条件约束的途径和方法等。

2. 学习方法：结合中国工业的现状，全面掌握中国工业在全球化过程中的地位和困境，并进行知识延伸、讨论活动等。

3. 建议学时：8 学时。

第一节 "中国制造"与"世界工厂"的由来

"中国制造"——新"世界工厂"正在崛起

2004 年 12 月，住在美国路易斯安那州巴顿鲁治的女性专栏记者萨拉·邦焦尔尼在过圣诞节的时候忽然发现，39 件圣诞礼物中，竟有 25 件是"中国制造"，而且家里的 DVD、鞋、袜子、玩具、台灯也统统产自中国。萨拉不禁想到：如果没有中国产品，美国人还能否生存下去？于是她突发奇想，决定从 2005 年 1 月 1 日起，全家人在一年之内不买任何中国产品。

萨拉没有想到，此后全家人的生活出现了意想不到的麻烦，过去看起来很简单的事情都变成了令人痛苦的事情：服装、鞋子、玩具几乎都是"中国制造"，想要全部替换这些，就需要相当不菲的花费；而家居用品出了问题则无法修理，因为那些配件几乎也都是"中国制造"；查看产品的标签和说明也花费了她大量的精力，购物成了让她精疲力竭的一件事。"有很多东西，你以为产自美国或欧洲，"她说，"其实都产自中国"。萨拉所在报社的老板对她说："中国制造的产品已经无处不在，不管你多么努力，你都不可能躲开它们，因为这是完全不可能的。"一年之后，萨拉的"抵制"运动宣告结束，她也因此感到了解脱。

一年的体验让她更深切地认识到美国和中国以及世界是如此紧密地联系在一起，这是必须接受的事实。这段生活经历，后来被她写成了风靡一时的畅销书——《没有"中国制造"的一年》，她在书中写道："经过一年的实验，我的结论是：我们的生活已经与中国密切相关。"

资料来源：高先民、张凯华：《中国凭什么影响世界：中国改变世界的六大符号》，四川教育出版社，2010 年 10 月。

→ **思考题：**

1. 萨拉·邦焦尔尼"抵制""中国制造"运动的失败说明了什么？

2. "中国制造"转换成"中国智造"还需要做出哪些努力？

一、"中国制造"的概念

 问题 1: 什么是"中国制造"?

关键术语
"中国制造"

"中国制造"是一个全方位的商品，它不仅包括物质成分，也包括文化成分和人文内涵。"中国制造"在进行物质产品出口的同时，也将中国的人文文化和国内的商业文明连带出口到国外。

随着贴着"中国制造"标签的产品源源不断地输出，"中国制造"越来越响亮，"中国制造"正成为世界许多国家的生产者、商家、消费者每天都离不开的商品。据统计，世界上出售的照相机有 50%以上在中国生产，30%以上的空调和电视机，25%以上的洗衣机和近 20%的电冰箱也在中国生产。有人说中国已成为一个巨大的制造中心和采购中心。

从 2007 年开始，中国经济界就开始面对一个进入世界竞争范围之内的"中国制造"。"中国制造"概念在全球范围之内和全球经济实体中唱响。

"中国制造"是一种精神，是中国融入世界趋势的一个代名词。"中国制造"不单单指一个产品的现实性制造，更多的是包含"中国制造"的理念和精神。它不仅包括物质成分，也包括文化成分和人文内涵。中国制造在进行物质产品出口的同时，也将中国的人文文化和国内的商业文明连带出口到国外。

"中国制造"之前是"日本制造"，并不代表某个具体产品是日本人生产的，而是日本的产业文化和经济渗透能力进入世界之后彰显的一种表现，而现在的"中国制造"正在承担和继承这样一个地位。然而在很多人的印象中，"中国制造"等于廉价的商品。一谈起"中国制造"，他们就会认为是做杯子的、做床垫的，高级点的说是做电子产品的，再高级点的说是做汽车的。

"中国制造"给世界做出了巨大贡献。据美国方面的测算，廉价的"中国制造"近几年里为美国的消费者减少了 7000 亿美元的支出，但是也有更多的问题伴随着"中国制造"四个字而来。在对国际市场产生冲击的同时，"中国制造"以破坏国内环境和资源为代价的廉价生产对国内的生态环境和自然资源也造成了巨大的冲击和破坏。

为了使"中国制造"向中国创造升级转型，中国的很多企业已经开始了自己的努力。像新月工艺品厂和药明康德这样的企业，已经不再停留在制造环

53

节，而是向设计、研发这样的"微笑曲线"两端延伸，他们已经跨越了生存阶段进入了发展阶段，尽管离真正的"中国创造"还有距离，但他们已经把主动权掌握在了自己手中。

二、"世界工厂"的由来

问题 2："世界工厂"是如何由来的？

关键术语
"世界工厂"

在经济学文献中，对"世界工厂"还没有确切的定义，但是在经济学界有一个比较主流的观点认为，所谓"世界工厂"，简而言之，就是为世界市场大规模地提供工业品的生产制造基地。

从世界经济和工业发展的历史进程看，关于"世界工厂"的定义有很多。不过，大致可以分为全球化前的"世界工厂"和全球化后的"世界工厂"，或者是大国经济的"世界工厂"和小国经济的"世界工厂"。

从历史上看，英国、美国与日本以其强大的创新与制造能力，先后扮演了"世界工厂"的角色。英国于19世纪中期成为"世界工厂"。作为"世界工厂"，英国创立了以蒸汽机为动力、分工合作与规模生产的近代工厂，成为国际分工的高地，是全球的制造中心，也是全球经济中心与财富集散中心。

类似英国，美国也是通过新一轮的工业革命而成为"世界工厂"的。19世纪后期到20世纪中叶，美国成为世界工业强国，在钢铁、汽车、化工、机器设备、飞机制造、电气产品、医药以及军事装备等制造业的各个领域，其生产规模和出口份额都位居世界前列，成为世界工业品出口的重要基地。

20世纪60年代到80年代，日本工业从以出口重化工业产品为主导逐步转向以出口附加价值高的机械电子产品为主导，成为机电设备、汽车、家用电器、半导体等技术密集型产品的生产和出口大国。第一次石油危机后，日本转变经济发展战略，提出"技术立国"（1975~1990年）新思维，不断实现技术突破与革新，大规模生产世界最精细又不失价格优势的产品。作为新兴的"世界工厂"，日本不仅实现了企业生产方式的革命，而且还实现了资本主义组织方式的革命，即所谓"日本式经营"为世界经济与人类社会的发展做出杰出贡献。

根据对英国、美国、日本分别扮演的"世界工厂"的角色，可以发现，一国经济要融于"世界"经济，参与国际分工并扮演"世界工厂"的角色，突出表现为三个"领先"：

1. 份额领先

在一段时期内，该国的制造业生产相对其他国家具有比较优势，生产规模和进出口规模领先于世界其他国家。

2. 产业领先

充当"世界工厂"的国家，一般都很好地利用了世界技术革命和新产业发展的机会，在新兴产业上具有世界领先性。

3. 产品和技术领先

成为"世界工厂"，还必须有领导世界制造业潮流的创新产品和技术，乃至创新的生产组织管理等，能够带动该国制造业生产力水平不断提高，从而带来价格的下降和国际竞争力的上升。

成为"世界工厂"一般还需要具备五个要件：

1. 充足的生产要素

工厂离不开劳动力和资本：相对廉价而且富余的劳动力；先进的技术及高素质的人力资源；能够源源不断地提供生产所需的原材料。其中，充足的资本对成为"世界工厂"至关重要。

2. 开放的市场环境

国际贸易是经济增长的发动机。贸易带来开放，开放带来资本、技术的自由流动，而资本、技术正是成为"世界工厂"必不可少的条件。而只有开放的原材料市场、工业品市场，甚至技术市场才能保证"世界工厂"的正常运行。

3. 强大的金融实力

金融是社会得以发展的重要的推进器。只有在强大金融力量的支持下，本国和本地区经济才能顺利发展，也便于资本、技术、人才的引进。

4. 持续的技术创新能力

科学技术是第一生产力。英国、美国、日本相继成为"世界工厂"充分印证了一点：必须有技术创新的能力，有效地将技术转化为现实生产力。

5. 有效的政府政策

鼓励生产，扩大对外贸易，进行产业扶助等政策有助于确立"世界工厂"地位。英国、美国和日本宽松的市场环境就证明了政策对"世界工厂"起到了举足轻重的作用。

三、中国从"世界加工厂"到"世界工厂"的转型

问题 3：中国是如何从"世界加工厂"转变为"世界工厂"的？

对于中国能否成为"世界工厂"的问题，在国内经济学界似乎都有现成的说法。他们认为中国制造业是世界制造生产链中的重要一环，但中国只是一个"车间"，还远未成为"世界工厂"。与英、美、日这些昔日"世界工厂"相比，中国的"世界工厂"无论是量还是质，都存在极大差距。

根据"世界工厂"的要件，我们可以分析中国距离"世界工厂"还有多远：

（1）从充足的生产要素方面讲，中国拥有丰富的人力资源且相对廉价，但是随着薪资上涨增加了制造商的成本，以及汇率波动可能将制造商的微薄利润化为乌有，中国正在丧失其作为制造业出口基地的最大优势。而且我国劳动生产率低下，劳动者素质整体不高，高素质人力资源仍有待培育。

（2）在开放的市场环境方面，虽然我国在加入世界贸易组织后，加快了经济全球化的进程，开放程度也逐步深化，但是作为发展中国家，我国经济要完全融入世界还需要一定的时间。

（3）在金融实力方面，虽然我国每年 GDP 增长保持在 8%~9%，但是资本市场发育程度对经济增长的贡献非常少，我国金融市场还需要整治，对外资开放还要一个渐进的过程。

（4）在技术创新方面，在世界领域，我国并没有掌握太多的核心技术，我国还要加快技术结构升级，发挥后发优势，促进技术的跨越式发展。

（5）在政策方面，政府一直在致力于良好的市场环境，但是在促进企业发展和创新方面还不尽如人意，尚需努力。

可见，我国有成为"世界工厂"的潜力，但仍需要一段时间的积累，把潜力转化为实力，才可能真正成为"世界工厂"。

然而，西方国家在谈论"中国制造"时，一般都称中国即将成为"世界工厂"，或已经成为"世界工厂"。美国《华尔街日报》在一篇评论中认为，中国成为"世界工厂"是迟早要发生的事，但没料到会这么快。

诚然，中国的快速崛起导致全球经济出现深刻的变化。中国一方面为世界贡献了大量便宜的商品；另一方面全球面临重新调整经济的挑战，这些挑战取决于能否适应中国经济的崛起，或者能否与之竞争。

一些专家认为，现在的"世界工厂"和工业化时代的"世界工厂"虽然在延伸和拓展方面相互关联，但是在特征上已有所区别。现在的"世界工厂"是信息技术革命引起的，基于信息化时代的新理解。中国在向"世界工厂"迈进

的过程中，有条件成为"二元世界工厂"，一方面，在传统的制造行业方面中国表现突出；另一方面，在信息技术等高科技产品制造方面也发展迅速。

不过，需要明确的是，"中国制造"这一传统模式并不是中国发展的终极目标。在全球化时代，作为影响力不断提升的大国，中国的制造业必须走出一条依托自主创新和产业结构升级的光明大道。

 活动1：和同学们探讨一下"中国制造"在你心中的印象。

 活动2：从"中国制造"到"中国创造"，作为学生的你需要做哪些方面的努力？

考试链接

1. "中国制造"的概念。
2. "世界工厂"的由来。
3. 简述中国从"世界加工厂"到"世界工厂"的转型。

第二节 中国工业面临的环境条件约束

 **引导案例**

国产玩具何时"玩转"国际市场

我国是世界上最大的玩具制造国和出口国，全球每年70%左右的玩具都是在我国境内制造的。但同时，在我国的玩具企业中，70%以上的还处于来料、来样加工的最低端发展水平，自主开发和创新能力的不足及依附式发展方式等严重制约了我国玩具行业的发展。面对发展困境，许多玩具企业正在积极寻求突破。

一、独辟蹊径打造自有品牌

玩具和服装、鞋帽等同属劳动密集型产业，利润低、产品竞争力差、抵御外部冲击能力弱等是我国玩具企业共同面临的问题，不仅利润被严重压榨，也制约了我国玩具自主品牌的创新和成长。"只有坚持自主创新，建设自有品牌，提升玩具企业的核心竞争力才是我国玩具产业走出困境的唯一出路。"魔卡童公司总经理潘荣华在接受中国知识产权报记者采访时表示，要想改变我国玩具质量低、科技含量低、高污染、高耗能的现状，就要摆脱欧盟、美国等西方国家的贸易壁垒，产业的转型升级刻不容缓。

二、融入高科技突破传统局限

据中国社会调查事务所日前公布的一项中国玩具产业调查结果显示，我国玩具消费正以每年 30%~40% 的速度增长，2010 年玩具领域消费总额将超过 1000 亿元。庞大的市场潜藏着巨大的商机，能否开发出适应市场需求、满足不同阶层人群需要的产品将是玩具企业未来博弈市场的重要砝码。

一位业内人士对记者分析，智能化将成为玩具产业发展的新趋势。高科技的智能玩具不仅能够满足儿童的好奇心，同时寓教于乐的形式也将激发孩子们的求知欲。该人士指出，玩具企业今后可考虑把电子、通讯等先进技术融入到普通玩具中，突破传统玩具的局限性，赋予玩具"听"、"说"的互动功能。

此外，不少玩具企业正在探索将声、光、电技术广泛地运用到传统玩具中，加强玩具的科感和趣味性，延长传统玩具的生命力。玩具的出路在于创新，在于研发，在于智能化和销售平台的建立，只有拥有了完全的自主知识产权和自己的销售渠道，才能把命运真正地掌握在自己手里。

资料来源：王康：《国产玩具何时"玩转"国际市场》，《知识产权报》2011 年 2 月 14 日，有删改。

思考题：

1. 我国的玩具市场面临着怎样的问题？
2. 中国玩具行业怎样才能突破这一"瓶颈"？

一、制约中国工业发展的条件因素

问题 4：什么因素制约着中国工业发展？

在经济学中，工业化一般被定义为制造业或第二产业产值在国民经济总产值中比重不断上升的过程，以及工业就业人数在总就业人数中比重不断上升的过程。同时，工业化不仅是工业发展的过程，也是传统农业社会向现代化工业社会转变的过程。

环境因素是工业化发展的重要禀赋条件，工业的发展、社会的转型都离不开环境的支持，可以说环境条件是工业化发展的基础。据预测，中国在 2020 年前后将基本实现工业化。因此，当前推进工业化的主要任务是如何从一个工业大国转变为工业强国。但是由于环境条件的压力，推进工业化发展仍然面临着严峻的挑战。

1. 自然环境

（1）资源和环境约束压力加大。工业化的发展离不开资源环境，资源环境是工业化的起点。中国的工业化道路是成本推进型和粗放式的工业化，而且中国并不具有特别的资源环境丰度优势，人口众多、人均资源相对不足是一个基本国情。因此，中国的工业化发展道路所受到的资源和环境约束比世界上其他国家更为显著。

当前，我国正进入工业化中期阶段，这是资源需求量上升最快的时期。从"十五"时期以来，我国的工业化就面临着能源和其他重要资源的约束。另外粗放的工业化方式造成资源利用率不高，资源浪费严重，石油、铁矿石等重要资源严重依赖进口，我国的资源供需矛盾越来越尖锐。

（2）环境破坏约束增强。作为现代环境问题的主要内容的环境污染几乎是工业化的直接产物。工业生产在消耗自然资源的同时还会产生各种工业废物，对环境产生影响。过度消费资源和破坏环境不仅使工业生产无法持续进行，而且将破坏人类赖以生存的基本条件。中国工业化的具体特点使得其对环境的破坏更为剧烈。

作为"世界加工厂"的中国，对环境的消耗和浪费还体现在加工上。中国的电脑生产厂家表示，中国制造的每台电脑，只能赚几个苹果的钱，但却耗费了大量资源与环境。同样，中国生产1亿条裤子才能换到1架波音飞机，这里不仅是明摆着天文数字的收益差距，而且潜藏着巨大的环境成本。生产1亿条裤子比制造1架波音飞机的环境损失要大得多，因为印染业是一个污染十分严重的行业。

当今中国，1/5 的城市空气污染严重，1/3 的国土面积受到酸雨影响，90%以上的天然草原退化，3 亿人喝不上安全饮用水。地区经济发达程度大致与污染成正比，而且环境恶化依旧日趋严重。中国的人口资源环境结构比欧美差得太多，人均资源占有量和环境容量只有欧美国家的几分之一到几十分之一。面对全球低碳经济转型的背景，我国推进工业化面临空前的环境挑战。

2. 社会环境

（1）产能过剩。目前，不仅钢铁、水泥、造船等产能过剩的传统产业仍在盲目扩张，风电设备、多晶硅等新兴产业也出现了盲目投资重复建设倾向，必须加快产业结构调整和转型升级。

（2）制度障碍。我国推进工业化受到中央政府与地方政府双重控制。中央政府与地方政府由于产权控制、目标差异导致了产业趋同与重复建设，甚至国内市场的分割；较长时期以来，由于体制改革相对滞后，地方为了追求地方短期 GDP 和财政收入的增长，不少地方政府通过降低税收、扭曲劳动力价格和土地价格，吸引外资，导致各地产业结构雷同，相同制造业供给过剩，没有形成差异化分工，市场分割，限制了要素的流动和分工的聚集。

（3）工业增加值率不高。我国工业增加值率（增加值占总产值比例）仅为26.5%，而发达国家一般在35%以上，美国、德国等先进国家超过了40%。这就意味着：①基本完成了工业数量扩张的任务后，实现工业质量提升，成为世界制造业强国是这个阶段工业化的核心任务；②现代服务业将成为提升制造业水平、推进城市化和吸收农业剩余劳动力的主要途径，需要快速发展。

（4）消费对经济增长带动性不够。2009年以来，在国家鼓励消费政策的引导下，社会消费品零售总额保持了15.5%的较快增长，但消费对经济增长的带动性依然不够。改革收入分配制度、增加居民收入，需要一个较长的过程，短期内进一步释放消费潜力的难度也较大。必须注重以品种质量引领和促进消费升级，通过创新品种、提高质量、创建品牌、改善服务，引领消费、培育市场，增强消费对经济的拉动作用。

（5）国际竞争格局的深刻变化。全球经济结构的调整为中国企业利用国际创新资源、参与国际兼并重组，扩展国内市场发展创造了条件。但是中国面临着生产要素综合成本上升、资源环境约束增强等情况。

目前，作为"世界加工厂"的中国，不仅需要"瞻前"，而且还要"顾后"——前面有发达国家的贸易壁垒与技术鸿沟，后面则有印度、墨西哥与东欧等"成本追兵"。中国工业必须思变，摆脱困局，由"中国制造"上升到"中国智造"，从"世界加工厂"转变为"世界创造基地"。

二、中国工业突破条件约束的途径

问题5：中国工业通过什么途径才能突破条件约束？

进入21世纪以来，中国经济持续高速增长，同时，环境条件的压力也日益增强，已成为中国经济和社会发展的一个重要制约因素。在这种背景下，中国工业继续走中国特色的新型工业化道路，要实现"工业大国"到"工业强国"的转变是这个阶段的根本任务，选择中国工业发展的正确路径就成为一个十分重要和紧迫的问题。为此，需要我们在发展战略、产业升级、创新能力和制度创新等方面下工夫。

1. 转变传统发展战略

资源和环境约束增强是中国工业的基本国情之一，在一个较长的时期内不会改变。因此，节约资源、治理污染、保护生态平衡是长期的战略任务，是新工业发展模式的前提条件和战略基点，而不是权宜之计。

所以在工业发展过程中，不能单纯追求经济数量的扩张，而要把数量和质量、速度和效益有机地统一起来，实现从粗放型增长向集约型增长的转化，发展低消耗、低排放、高产出、高效率的资源节约型、环境友好型工业。

2. 加快产业升级

一般来说，产业升级有三种形式：①产品技术的换代升级。②在产业链上向技术含量高、附加值高的领域延伸。③创建新兴产业。

传统的工业化模式依靠大量消费资源，推动了中国经济的高速增长，但也使得中国经济的增长越来越接近资源和环境条件的约束边界。因此，在"十二五"时期，加快产业升级势在必行。一方面必须使我国的制造业从简单的加工装备向现代装备转变，延伸制造业的价值链，如开发设计、供应链管理、售后服务和金融服务；另一方面，培育我国战略性新兴产业。

2010 年 9 月，国务院审议并原则通过了《国务院关于加快培育和发展战略性新兴产业的决定》。目前已经确定七大产业：节能环保、新一代信息技术、生物、高端装备制造、新能源、新材料、新能源汽车。加快产业升级、促进产学研结合，既有利于经济快速增长，又能协调自然、社会和人全面发展的中国特色工业化道路，也能增强中国新时期的国际竞争力，有利于资源节约型、环境友好型社会的建立。

3. 培育技术创新能力

创新是中国工业能否真正"后来居上"的关键和决定性因素。在实际中，往往因为技术水平低，使得在生产过程中大量消耗资源和能源，投入高、产出低、经济效益差；同样，也正是由于技术水平低，才使大量的资源未能得到充分利用，而以废弃物的形式排放到大自然中，造成严重的环境污染和资源浪费。所以，必须紧紧抓住技术进步这个"牛鼻子"。因此要着力自主创新，加快技术升级，研制开发符合循环经济发展要求的国民经济各行业的低消耗、低排污、高效率的新设备、新工艺，尽快淘汰落后技术、工艺和装备，为降低能耗、物耗和减少污染提供技术支撑。

我国在"十二五"时期，应尽快落实《国家中长期科学和技术发展规划纲要（2006~2020）》；加快制定技术创新各项政策的实施细则；加快金融与技术创新的紧密联系，为企业创新成果转化并赢得市场创造条件。

4. 创新宏观管理模式

在管理模式上要把"看得见的手"和"看不见的手"结合起来。

（1）完善市场经济体制，充分发挥市场在配置资源中的基础性作用，建立以生态法则为导向的现代市场制度。如建立现代市场制度包括建立现代产权制度、价格信号制度、市场规则制度、市场法律制度、社会保障制度、市场道德规范制度、信用管理体系等。坚持以生态法则为导向，逐步完善自然资源产权制度和政府调控市场、市场引导企业的资源环境运转机制；探索建立生态环境恢复的经济补偿机制，建立以环境税费为主的"绿色税收"体系和环境使用权的交易制度，从而形成有利于资源节约和环境保护的市场运行机制。

（2）要有效发挥政府作用，增强宏观调控能力。首先，要明确政府在工业化进程中的定位，转变政府职能，建立有效政府，调整政府、市场和企业三者之间的关系，将由政府主导的经济增长模式转换为政府调控、市场主导、企业创造经济增长的模式。其次，政府应该着眼全局、长远和公众利益，制定有利于产业结构优化升级和技术进步的政策和完善资源节约、环境保护的立法，通过有效发挥市场的激励作用，促进企业建立可持续的发展模式。

在经济全球化的浪潮中，中国的工业经济增长模式、企业竞争方式、经济管理体制等各个方面都将发生重大变化，经济和社会发展的基本观念和价值取向也将发生显著变化。而"树立科学发展观"和"走新型工业化道路"，是其正式的政策表达，也是中国进入 21 世纪后的正确战略选择。

活动 3： 四个人一小组，针对本节学习的内容，以"中国工业面临的环境条件约束"为主题，展开讨论。

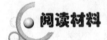 **阅读材料**

世界工厂

19 世纪后期到 20 世纪中叶，美国取代了英国，成为世界工业强国，在钢铁、汽车、化工、机器设备、飞机制造、电气产品、医药以及军事装备等制造业的各个领域，其生产规模和出口份额，都位居世界前列，成为世界工业品出口的重要基地。

20 世纪 60~80 年代，日本工业从以出口重化工业产品为主导逐步转向以出口附加价值高的机械电子产品为主导，成为机电设备、汽车、家用电器、半导体等技术密集型产品的生产和出口大国。

根据对英国、美国和日本工业发展的历史考察，要成为"世界工厂"，必须是该国的工业有一系列重要生产部门的生产能力及其在世界市场上的份额位居前列，有一大批工业企业成为世界制造业领域的排头兵，它们的生产经营活动对世界市场的供求关系和发展趋势能够产生重大影响。

资料来源：《世界工厂》，百度百科，2011 年 5 月 3 日。

 **考试链接**

1. 制约中国工业发展的条件因素。

2. 中国工业突破条件约束的途径。

第三节　OEM 向自主品牌转化的趋势

引导案例

化解"贴牌"依赖　宁波制造向"自主品牌"要出路

走在纽约、东京、米兰或者柏林这样的国际时尚之都，琳琅满目的国际知名服装品牌令人眼花缭乱。但很少有人意识到，在这些品牌的背后，有相当一部分产品却是地地道道的"宁波制造"。这曾经一度是"宁波制造"引以为傲的"贴牌"生产方式。

与中国其他以出口加工贸易为支柱的城市一样，宁波服装出口量巨大，却仍以贴牌加工为主，自主品牌出口的交货值只占出口额的1%。随着原材料价格上涨、人力成本剧增、人民币汇率变动压力与日俱增，对于宁波大多数以贴牌生产为生的出口企业而言，凭借低成本竞争的时代已经一去不复返，而缺乏核心技术和自主品牌的贴牌企业也开始面临一系列的生存危机。

变，或者亡，是大多数宁波纺织服装企业不得不思考的问题。向内销市场要增长，以自主品牌打天下，成为部分宁波纺织企业寻求突破的方向。

20世纪80~90年代，国外大型跨国公司纷纷把低端加工环节转移到我国长三角和珠三角地区，宁波本土企业通过承接外国公司的贴牌订单进行生产，这种模式最终促成了"宁波制造"。

然而为国外品牌打工，OEM 成就了"宁波制造"的同时，却也给生产商带来了隐痛。

国际高端客户以 Polo、CK、Burberry 等为例，因品牌附加值较高，原材料成本在总成本中占比仅30%左右。"当原材料成本上涨一倍，我们的提价也仅是原来价格的30%。然而一些低端产品的原材料成本占比过高，能达到60%，一旦原材料成本翻倍，那就必须提价60%。"雅戈尔日中纺织印染有限公司副总经理虞黎达指出。

由于外贸订单数量比较大，而且每年都有稳定的订单，"工厂要比较平稳地运作，就要有这样的常规订单。订单可以保证工厂的运行。"然而在虞黎达眼中，内销市场的利润和外销市场的利润已不可同日而语。"对于工厂而言，外销订单使工厂效率提高，从整体上降低成本；而内销订单则是葡萄蛋糕上的葡萄干，保证了工厂的利润。内外结合，相互平衡才会比较容易渡过难关。"

雅戈尔有自己的品牌，出口比例在50%左右。"现在唯一在增长的市场就是内需市场。雅戈尔每年保持20%~30%的增长速度，内销市场消费者接受涨价能力比欧美市场要强。"虞黎达表示，"不论欧美出口市场是否萎缩，雅戈尔已经开始主动压缩欧美市场订单，把产能留给内销市场。而这一结构化的调整从2007年已经开始。"

"'三高'经济确实有影响，但是企业要考虑的问题是要比竞争对手跑得更快。"虞黎达认为。同时，虞黎达指出，做内销的方法有很多种，在细分领域中做好，增加研发力量，市场会愿意购买这种有知识产权的产品。

资料来源：郑佩珊：《化解"贴牌"依赖 宁波制造向"自主品牌"要出路》，《每日经济新闻》2011年2月14日，有删改。

➡ 思考题：
1. 中国纺织业面临着怎样的问题？
2. 贴牌生产带来了哪些隐痛？

一、OEM 的概念

问题6：什么是 OEM？

关键术语

OEM

OEM（Original Equipment Manufactures）起源于欧美的服装行业，原意为"原始设备制造商"，指由采购方提供设备和技术，由制造方提供人力和场地，采购方负责销售，制造方负责生产的一种现代流行的生产方式。但是，目前大多采用由采购方提供品牌和授权，由制造方生产贴有该品牌产品的方式。

OEM 是社会化大生产、大协作趋势下的一种必由之路，也是资源合理化的有效途径之一，是社会化大生产的结果。在20世纪60年代，欧洲就已建立有OEM 性质的行业协会。OEM 以其可实现低成本扩大、专业化制作、专业化营销、资源优化组合、产销平衡等优势已成为现代工业生产的重要组成部分。在亚洲，日本企业最早采用了国际 OEM 的生产贸易形式，为日本的崛起发挥了重要作用。印度也是通过 OEM 方式成为世界最大的计算机软件出口国的。

美国耐克公司，其年销售收入高达20亿美元，自己却没有一家生产工厂，只专注研究、设计及营销，产品全部采用 OEM 方式，成为目前世界上 OEM 经营的成功典范。但是随着经济全球化发展趋势的进一步加快，OEM 需求商有可能在更大范围内挑选 OEM 供应商，特别是向加工制造成本低廉的国家和地区转移。

OEM 模式在中国制造业的快速成长过程中显示了重要的作用。目前中国许多出口市场也都是以 OEM 进行外贸出口的。在美国商场里，诸如纺织品、玩具、电话机等几乎一半以上是贴着外国商标的中国制造。

二、OEM 促进国际贸易发展的原因

问题 7：OEM 促进国际贸易发展的原因是什么？

OEM 促进了国际贸易的飞速发展，主要有四个方面的原因：

1. 适应新技术的需要

在新技术层出不穷的电子信息时代，企业经营者为了获取竞争优势而竞相加大了对新产品的研究开发的投资力度，并且为了尽快将研究成果转化为商品并占领市场，许多大企业将关键性部件自己生产，而将辅件以 OEM 方式承包出去，让其他企业生产。如据全球权威的统计机构 IDG（International Data Group）统计，全球个人计算机厂商所使用的硬盘 95%以上是由 Seagate、Quantum 及 West Digital 这三家大的硬盘供应商，且以 OEM 方式提供的。

2. 适应品牌国际化发展的需要

在经济竞争中人们越来越认识到品牌和渠道的重要性，而 OEM 方式也适应了世界级品牌的发展需要。通过 OEM 方式，企业可以利用其他企业和营销渠道，有效地绕开贸易壁垒，尤其是知识产权方面的壁垒，实现规模扩大。同时，OEM 使制造业接触到国际通行的游戏规矩，增进了国内制造业 OEM 经营的规范化，并且赢得了更多的营销渠道，因此许多经营业绩良好的跨国公司一直注重品牌形象及营销渠道的建设。

3. 适应客户解决方案的需要

在信息经济时代，行业分工越来越细，新产品层出不穷，高科技含量逐渐提高。以 OEM 方式进行经营，可以在施展比较优势的同时，通过学习效应获得国外先进 OEM 企业管理经验。同时利用外包方的生产优势和研发优势，加强了自身品牌的影响力，为客户提供适合各自需求的解决方案。

4. 适应激烈竞争的需要

伴随着全球化经济的浪潮，竞争与合作已成为现代企业发展的两大动力。在发挥自身优势的基础上，使用竞争对手的 OEM 产品可使自己的优势更突出，

同时竞争对手也有了新的发展空间，竞争变成了合作，可以帮助制造业消化过剩 OEM 能力和闲置资源，降低沉没成本和机会成本；解决了设备闲置和员工就业问题，为制造业带来了利润。

随着经济全球化进程的不断加快，一方面，拥有品牌并掌握先进技术的国家或地区由于劳动力资源的稀缺或生产成本较高，无法在短期内大量制造具有竞争力的产品以达到占领目标市场的目的；另一方面，一些拥有设备及充足劳动力的国家或地区，由于缺乏核心技术、知名品牌或由于销售渠道不畅，难以进入国际市场参与竞争。这就形成了 OEM 向加工制造成本低廉的国家或地区转移并延伸的根本原因。

三、我国 OEM 存在的问题及对策

问题 8： OEM 在我国存在的问题和对策是什么？

改革开放以来，越来越多的世界 500 强制造业将 OEM 转移到中国，使得中国正在成为"世界工厂"。从 GE 到 LG，从松下到东芝，从西门子到伊莱克斯，从飞利浦到惠而浦……当今世界几乎所有的家电名牌在中国都有 OEM 市场。

但是正是由于长期奉行"造船不如买船，买船不如租船"的政策，中国在诸多领域、诸多行业基本放弃了研发，如此导致现如今中国对外技术的依存度高达 50%，出口商品中 90% 是贴牌产品。

在"世界工厂"备受争议的形势下，中国一些企业开始了从 OEM 到自主品牌的发展。

1. 制定适应企业长远发展的战略

企业在国际化过程中，通过制定长远的发展战略，把研究与开发的投入放到首要位置，充分利用 OEM 方式将企业的生产结构转化成能对市场态势发展做出快速反应的弹性结构，从而有利于其在竞争中取得优势。

但是还有一些国内企业会选择 OEM 和自主品牌模式兼顾的方式，如漫步者在海外市场就以自主品牌 Edifier 为主，在欧洲、南美、东南亚等国家的音箱市场上有着较高的认知，而在韩国则采用与当地品牌合资合作的方式共同开拓市场。

2. 利用品牌经营机会

企业通过做 OEM 出口，走品牌经营之路。即出口企业根据生产动向，向生产企业提出产品制造要求，由生产企业设计、开发制造，再由出口企业以自己的品牌向外出口。出口企业的销售渠道优势、品牌优势和生产企业的研究一

开发—制造优势，一起构成了产品的整体竞争优势，如威丝曼女装。最初威丝曼采取的就是"贴牌加工"。在 1997 年，威丝曼女装决定从 OEM 向品牌经营转型。1998 年成立了威丝曼服饰公司，正式进入品牌经营、网络开拓建设以及终端零售管理的品牌战略阶段。凭借着 OEM 时期积累的经验与资源，威丝曼品牌迅速在 3 年时间内做到了 1 亿元的年销售额，营销网络也遍及了国内的100 多个大中城市。

3. 充分挖掘外部渠道资源

企业的经营者充分挖掘国内、国际两个资源，利用 OEM 方式将自身的经营重点从产品生产等可控因素上转移到对渠道建设及对信息的综合利用等不可控因素上来。另外，品牌租赁是 OEM 企业拓展市场销售渠道的另外一种行之有效的方法。OEM 企业缺乏对国际流行趋势的把握和品牌运作的管理能力，一方面，可以通过品牌租赁，学习和积累跨国公司的品牌运作经验，拓展企业的出口业务，增加利润；另一方面，还可以建立自己的国际销售渠道，为自主品牌走上国际市场铺平道路。品牌是重要的竞争资产，公司可据此获得显著的经济租。

4. 以产品供给者身份进入国际市场

在满足 OEM 产品订单的同时，条件成熟的企业也可以直接以产品供给者的身份外销。如在 PC 领域，鸿海精密集中发展和戴尔、惠普及宏碁等大企业的关系。在手机领域，富士康（隶属于鸿海精密）则通过并购摩托罗拉的墨西哥分厂和诺基亚的芬兰机壳厂，取得了两者的代工订单，并打出自己的品牌。

5. 为消费者提供集成化的解决方案

企业应将产品与全系列的服务融合在一起，充分利用 OEM 方式为最终消费者提供系统的集成化的解决方案，从而赢得消费者。如鸿海精密，该公司非常重视利用自己的全球布局优势，为客户提供增值的物流服务。在欧洲，根据当地企业的习惯，富士康特别设立了一个交货管制中心，其重要任务是把客户预测、订单、管理中心控制起来，及时回复客户关于货物的信息。

美国哥伦比亚大学教授，1999 年诺贝尔经济学奖得主罗伯特·蒙代尔说："中国企业现在正准备走出国门，开始在国外推广他们的品牌，在国外建立其品牌工厂。中国现在已经有一些大品牌，但是从全球制造业中中国占有的份额来看，相比其他国家——日本、美国、德国、法国、英国甚至韩国，他们所占的比例相当小。中国企业应该建立自己的国际品牌并进行公关。应该让企业全球化，因为全球化就意味着建立有国际影响力的品牌。"

近年来，国内 OEM 类企业创建自主品牌风起云涌，相信随着自主品牌日益壮大，中国市场上必将生出更多的著名品牌，中国民族品牌的国际化道路会越来越顺利。

活动 4： 根据中国 OEM 的发展现状，组织一次关于"OEM"到"ODM"再到"OBM"突围的探讨活动。

活动 5： 结合中国某代工企业的现状，为其设计一条向自主品牌转化的道路。

考试链接

1. OEM 的概念。
2. OEM 促进国际贸易发展的原因。
3. 我国 OEM 存在的问题及对策。

案例分析

突围：从 OEM 到 ODM，再到 OBM

比亚迪作为全球电池市场中的后来者，要从电池巨头手里抢到订单，必须要在技术上有所创新突破。

68

1995 年，王传福创办比亚迪的时候，因为没有钱与过多的技术积累，他并没有带领比亚迪进入一个更冒险的领地——自主品牌研发领域，而是选择了更为妥当的代工领域。当时，王传福看到国际市场上应急灯、无线电钻、电锯等产品对镍镉电池的需求量很大，于是，他率领比亚迪进入镍镉电池的代工领域。

正因为进入 OEM 市场门槛较低，而且，中国具有得天独厚的人力资源优势，这些都注定了让中国成为全球最重要的 OEM 生产基地。但是，比亚迪的成长过程却打破了代工企业的一般发展路径。

比亚迪在代工镍镉电池领域站住脚后，王传福并没有满足于此，而是积极进入具有更高科技含量的镍氢、锂电池市场。通过开发锂电池技术，比亚迪不仅拥有了和全球电池巨头索尼、三洋等企业同台竞争的机会，同时，它还得到了摩托罗拉、诺基亚、爱立信等大客户的订单，使比亚迪开始为全球知名企业代工。

得到像摩托罗拉、诺基亚等大客户的订单只是王传福带领比亚迪走出代工的第一步。一开始，比亚迪只是代工诺基亚和摩托罗拉的锂电池业务。但是，当摩托罗拉、诺基亚加大手机研发和生产力度，抢占市场的时候，比亚迪并没有"坐山观虎斗"，而是成为双方的合作伙伴，从手机电池领域延伸到手机组装和设计环节。现在，像诺基亚这样的客户只需要提出要求，比亚迪就能提供出从设计方案到最终生产的一站式ODM服务（ODM：原始设备制造商，它可以为客户提供产品研发、设计制造到后期服务的全部服务。客户只需要向ODM服务商提供生产产品的功能、性能，甚至只需要提供一种构想）。对此，王传福曾骄傲地说："代工只是我们的一种服务，背后我们卖的是我们的零部件，卖的是我们的技术。"

而且，比亚迪作为全球电池市场中的后来者，必须要在技术上有所创新突破，才能从电池巨头手里抢到订单。就像王传福说的："走别人的路再和别人竞争是没法竞争的。关键是怎么想，包括后面的汽车，你和别人一模一样的打法，你凭什么打赢？"王传福的言外之意似乎在说，比亚迪之所以能成为全球电池大王，当然有自己独特的后发优势。

在成为全球电池大王后，王传福并没有满足于此。因为王传福清楚，当今企业间的竞争已经进入品牌力的竞争时代，而自主品牌才是衡量企业自主创新的重要标准。他说："为什么培育自主品牌是衡量企业自主创新的重要标准呢？因为品牌竞争力已成为国家竞争力的重要体现。能否培育拥有自主知识产权的自主品牌，并使之成长为世界名牌，进而以此为基础使企业成长为世界级公司，已成为衡量我国企业是否具有核心竞争力、能否实现持续发展的重要标志。努力创造拥有自主知识产权的自主品牌并形成自主品牌体系，应该成为我国企业创新发展的目标。"

于是，王传福带领比亚迪进入汽车行业。当时，他的行为几乎遭到了所有人的反对，但王传福却说："当我发现比亚迪也有做汽车的市场机会时，我冲上去都嫌慢，我要扑过去。"王传福的话，曾经被很多人认为是"头脑发热"。可是，出人意料的是，短短的几年时间内比亚迪就开创了自己的汽车品牌，实现了比亚迪从OEM到ODM再到OBM（原始品牌制造）的突围。

资料来源：王静：《巴菲特为什么看中王传福》，江苏人民出版社，2010年6月，有删节。

⊙ **问题讨论：**

王传福是怎样带领公司实现从OEM到ODM，再到OBM突围的？

本章小结

"中国制造"是一种精神，是中国融入世界趋势的一个代名词。伴随着贴着"中国制造"标签的产品源源不断地输出，"中国制造"正成为世界许多国家的生产者、商家、消费者每天都离不开的商品。中国正在把潜力转化为实力，朝着"世界工厂"的方向迈进。

环境因素是工业化发展的重要禀赋条件和基础。进入21世纪以来，中国经济持续高速增长，同时，环境条件的压力也日益增强，中国的工业化仍然面临严峻挑战。为了实现中国特色新型工业化道路，实现"工业大国"到"工业强国"的转变，需要我们在发展战略、产业升级、创新能力和制度创新等方面下工夫。

OEM 是社会化大生产、大协作趋势下的一种必由之路，也是资源合理化的有效途径之一，更是社会化大生产的结果。但是正是由于我国长期奉行"造船不如买船，买船不如租船"的政策，中国在诸多领域、诸多行业基本放弃了研发，中国一些企业开始了从 OEM 到自主品牌的发展。

深入学习与考试预备知识

"世界工厂"的180度大转身

服务业发展水平是衡量一个地区现代化水平的重要指标。近年来，苏州工业园区积极推动"工业经济"向"服务经济"、"劳力经济"向"智力经济"、"世界工厂"向"世界办公室"三大转型。在这个经济社会结构的"180度"大转身中，商务旅游产业无疑是园区浓墨重彩的大手笔。

商务旅游是近年来发展最快的旅游项目之一，被誉为后工业时代的"财富金矿"。对园区来说，首届金鸡湖商务旅游节的成功举办，只是开启了"财富金矿"的大门。更重要的标杆意义在于，这是园区产业结构实现华丽转身的一大标志和见证。

统计数据显示，近日落下帷幕的首届金鸡湖商务旅游节产生了强大的吸附效应：五一小长假期间，金鸡湖景区共接待游客约 70 万人次，跟 2010 年同比翻了一番，增长幅度位列全市 4A 级旅游景区之首。

资料来源：琳达：《"世界工厂"的180度大转身》，中国苏州网，2011年5月9日。

知识拓展

国际代工——到成本更低的地方去

随着经济全球化发展趋势的进一步加快，代工需求商有可能在更大范围内挑选代工供应商，特别是向低成本的国家和地区转移。

"世界工厂"在19世纪曾经是赞誉，但在现在，它并不是个褒义词。

19世纪是工业大生产时代，具有最强工业生产能力的国家就是当时最强大的国家，所以当年的"世界工厂"也是"日不落帝国"。然而在21世纪，世界经济已经不再是工业为王的时代，中国的"世界工厂"名号只是"代工厂"的另一种说法，是低附加值的代名词，而绝非强国的标志，但这却是必由之路。

1. 代工是社会化大生产和分工的产物

在农业时代，是手工业生产模式，产、供、销均由个体或家庭完成。进入工业化时代后，工艺可以"物化"在机器设备上，社会分工进一步细化，出现了流水线生产模式。最初，欧美企业是以设计、制造、封装融为一体的垂直生产模式。随着市场需求的变化和科学技术的进步，一部分企业为满足多品种、小批量产品的需求，开始寻求生产模式的改变，出现了设计、制造、封装三业分立的局面，代工业应运而生。

代工是按照外国跨国公司提出的确切规格生产产品，产品由跨国公司收购并以自己的品牌向市场销售。是社会化大生产的结果，是社会化大生产、大协作趋势下的一种必由之路，同时也是资源合理化的有效途径之一。

2. 发达国家劳动密集型产业向外转移

20世纪六七十年代，发达国家的经济结构由劳动力密集型和资金密集型转为技术密集型，这些劳动力密集型和资金密集型企业转向周边国家和地区进行发展，许多国家和地区（如"亚洲四小龙"、南美洲的巴西和阿根廷）从中获得了巨大的利益，出口导向型的制造业被转移到了劳动力成本更低的地区。

3. 东亚崛起与国际代工密不可分

在亚洲，日本企业为吸引资本和技术，迅速占领市场，是最早采用国际代工的生产贸易形式。"亚洲四小龙"的腾飞亦与代工有密不可分的关联。其中，台湾早已成为全球PC机最大的代工基地，印度亦是通过代工的方式成为世界最大的计算机软件出口国的。

美国耐克公司，自己没有一家生产工厂，只专注研究、设计及行销，其年销售收入高达20亿美元，产品全部采用代工方式，其代工工厂多设在东亚。

资料来源：谢云巍：《国际代工——到成本更低的地方去》，网易新闻网，2010年5月24日。

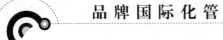

答案

第一节：

1. 略（本道题目是开放性答案，学生可以自行调研得出结论，证据充足，言之有理即可）。

2. 第一，从充足的生产要素方面讲，中国拥有丰富的人力资源且相对廉价，但是随着薪资上涨增加了制造商的成本，以及汇率波动可能将制造商的微薄利润化为乌有，中国正在丧失其作为制造业出口基地的最大优势。而且我国劳动生产率低下，劳动者素质整体不高，高素质人力资源仍有待培育。

第二，在开放的市场环境方面，虽然我国在加入世界贸易组织后，加快了经济全球化的进程，开放程度也逐步深化，但是作为发展中国家，我国经济要完全融入世界还需要一定的时间。

第三，在金融实力方面，虽然我们每年GDP保持在8%~9%的增长，但是资本市场发育程度对经济增长的贡献非常少。我国金融市场还需要整治，对外资开放还要一个渐进的过程。

第四，在技术创新方面，在世界领域，我国并没有掌握太多的核心技术，我国还要加快技术结构升级，发挥后发优势，促进技术的跨越式发展。

第五，在政策方面，政府一直在致力于良好的市场环境，但是在促进企业发展和创新方面还不尽如人意，尚需努力。

可见，我国有成为"世界工厂"的潜力，但仍需要一段时间的积累，把潜力转化为实力，才可能真正成为"世界工厂"。

然而，西方国家在谈论"中国制造"时，一般都称中国即将成为"世界工厂"，或已经成为"世界工厂"。美国《华尔街日报》在一篇评论中认为，中国成为"世界工厂"是迟早要发生的事，但没料到会这么快。

诚然，中国的快速崛起导致全球经济出现深刻的变化，中国一方面为世界贡献了大量便宜的商品，另一方面全球面临重新调整经济的挑战，这些挑战取决于能否适应中国经济的崛起，或者能否与之竞争。

一些专家认为，现在的"世界工厂"和工业化时代的"世界工厂"虽然在延伸和拓展方面相互关联，但是在特征上已有所区别。现在的"世界工厂"是信息技术革命引起的，基于信息化时代的新理解。中国在向"世界工厂"迈进的过程中，有条件成为"二元世界工厂"，一方面，在传统的制造行业方面中国表现突出；另一方面，在信息技术等高科技产品制造方面也发展迅速。

不过，需要明确的是，"中国制造"这一传统模式并不是中国发展的终极目标。在全球化时代，作为影响力不断提升的大国，中国的制造业必须走出一条依托自主创新和产业结构升级的光明大道。

第二节：

1. 略（本道题目是开放性答案，学生可以自行调研得出结论，证据充足，言之有理即可）。

2. 转变传统发展战略；加快产业升级；培育技术创新能力；创新宏观管理模式。

第三节：

1. 略（本道题目是开放性答案，学生可以自行调研得出结论，证据充足，言之有理即可）。

2. 略（本道题目是开放性答案，学生可以自行调研得出结论，证据充足，言之有理即可）。

案例分析：

略（本题为开放性题目，本道题目是开放性答案，学生可以自行调研得出结论，证据充足，言之有理即可）。

第四章

品牌超越地理文化边界的能力

学习目标

知识要求 通过本章的学习，掌握:

● 品牌的民族文化血统

● 品牌跨国延伸的地理文化障碍

● 如何培养品牌超越地理文化边界的能力

技能要求 通过本章的学习，能够:

● 正确对待跨国品牌的地理文化冲突

● 掌握培养品牌超越地理文化边界能力的途径和方法

学习指导

1. 本章内容包括: 品牌民族文化血统的概念、作用、特点，培养品牌民族文化血统的方法，以及影响跨国品牌延伸的地理文化要素和如何培养品牌超越地理文化边界的能力等。

2. 学习方法: 结合案例，全面掌握品牌在国际化传播中遇到的地理文化障碍以及如何培养品牌超越地理文化边界的能力，并进行知识延伸、讨论活动等。

3. 建议学时: 8 学时。

第一节 品牌的民族文化血统

汇源风波：要"钱"还是要"品牌"

2008年9月3日，可口可乐与汇源果汁联合发布公告称，可口可乐旗下全资子公司将以179.2亿港元（约合23亿美元）收购中国汇源果汁集团有限公司。消息一出，顿时在舆论中掀起一场论战。支持者认为收购案属"纯商业行为"；而反对者认为，汇源果汁是国内果汁行业的领头羊，"为了套现出卖民族品牌"是没有品牌意识的"短视行为"。

1. 品牌，该不该当"猪"卖

两倍于市值的溢价，很多创业者可能会怦然心动，但为何八成网民对此却投反对票？

卖掉一个企业本是企业经营者自己的事情，可如今，可口可乐收购事件却引发了一场不小的争论，数十万网民在网络中发表了自己的观点。这些足以证明了大众消费者对汇源品牌的高度关注。同时也表明汇源品牌在社会中的历史使命，它更好似一个备受关注的民族"英雄"。消费者敏感地认为，丢失一个具有浓厚民族感情的品牌企业，给国家和消费者都会带来无形的伤害。

品牌价值的体现在于品牌是具有归属特性的存在。汇源品牌今天的价值是与中国消费者密不可分的。它能够成为中国果汁饮品行业的领军者，并成为中国民族品牌的代表，是中国消费者的期望。

2. 中国企业，现在需不需要品牌

品牌究竟是纯粹的商业概念，还是附加了民族概念？现阶段的中国企业，钱和品牌哪个更重要？

品牌战略定位模糊的企业常常会忘记自身品牌的使命和企业的终极目标。抓眼前利益而放弃了品牌企业的长久增长价值。大宝、活力28等企业的失败案例足以说明中国企业在品牌经营与管理品牌方面的缺失。

品牌和资本向来是矛盾的统一体。品牌本身都是从无到有的，品牌的成长离不开资本之水的浇灌。品牌的市场影响力是一个国家经济实力的象征。正因为如此，大家看到中国品牌跻身世界500强都会情不自禁地高兴起来，而看到有影响的品牌被并购就像宝玉看到探春远嫁似的心里难受。但是，从理性的角度分析，品牌的成长壮大、并购生死其实是一种品牌生态的自然现象。

品牌的民族性更多地体现为品牌的文化血统。花1000亿美元把麦当劳或迪斯尼收购了，那它就变成中国品牌了？恐怕人们还是认为它是美国品牌，因为它具有美国文化血统。这种品牌的民族文化基因是改变不了的。为什么外国资本收购中国品牌后往往弃用呢？除了要扩大自己的市场范围，更多的是它难以改变品牌的民族文化基因，这不是资本所能够改变得了的。

资料来源：李萌、聂继军、张世贤：《汇源风波：要"钱"还是要"品牌"》，《中国经济周刊》2008年9月，有删节。

⇨ 思考题：

1. 可口可乐收购汇源果汁品牌本来是一个正常的产业并购案，为什么各种议论却沸反盈天？

2. 如何看待汇源老总朱新礼的"卖猪理论"？

一、品牌民族文化血统的概念

问题1：什么是品牌民族文化血统？

品牌的民族文化血统是指一个品牌保持着纯正的品牌血统，不受外来文化的干扰和稀释。它同时是一种市场权利，一种收获品牌高附加值的权利。

品牌的民族文化血统包括两个方面：品牌的稀缺价值和品牌产地。它们是衡量一个品牌血统的重要元素。

品牌稀缺价值是指一个品牌特有的而其他品牌没有的特质。品牌稀缺价值使一品牌的气质性表现为"唯一"。

品牌原产地是指一个品牌鲜明的"地理符号"或"民族文化特质"。品牌学上有品牌"原产地形象"。原产地形象是指某国或某地的品牌通过营销、品牌塑造，在消费者心目中形成牢固的品牌产地价值认知。品牌"原产地形象"的建立，有人为塑造因素，更多的是地理历史文化的积淀。

品牌血统和原产地有密切的关联，尤其是一些历史较长的品牌，其品牌文化和个性特征已深深地烙上了原产地的"地理烙印"。

二、品牌民族文化血统的作用

问题2：品牌民族文化血统有什么作用？

很多跨国公司在进行品牌推广的时候，往往会将品牌的"血统"作为发力点，从而赢得消费者的喜爱。主要的原因有两个方面：

1. 快速定位

出生在香奈儿"血统"家族的香水，很快便被自然而然地赋予简洁、浪漫、时尚的元素；而宾利汽车从一生产就承蒙了"速度与豪华"梦想极致的光环。这种血统的特质使其区别于其他产品，而作为一种印象在人们的心中渐渐加深。尤其是奢侈品牌，它非常讲究血统的纯正。

2. 为客户感知

对于跨国品牌来讲，品牌的血统可以帮助品牌运作者在推出新品牌的同时，借助血统的特质，快速形成定位和客户感知，获得品牌的无形价值。

在做营销的时候，是否将"血统"的元素注入品牌中是品牌运作者需要注意的问题。因为"血统"同样也可能带来一些杀伤力，这时还需要注意以下两点：

（1）在"血统"的特质和子品牌的定位不一致的情况下不宜使用"血统"。

（2）"血统"的伤会波及子品牌，给子品牌带来不利。

正是出于这些风险的考虑，很多跨国大品牌选择放弃了血统论。如雅诗兰黛，它更多地保留了各个品牌自己的特性，而对雅诗兰黛的血统淡然处之。

三、品牌民族文化血统的特征

问题 3：品牌民族文化血统有什么特征？

在这个处处呐喊品牌为王的年代，其产品也难免被打上了血统的烙印，血统的概念虽然已经泛化，但是血统支撑的价值却显得纯真起来。

那么，品牌的民族文化血统有哪些特征呢？

1. 原产地形象突出

品牌原产地是一个品牌鲜明的"地理符号"或"民族文化特质"，它的形象是指某国或某地的品牌通过营销、品牌塑造，而使这种品牌产地价值认知在消费者心目中形成牢固的印象。

2. 经过漫长的时间形成

"日子有功"，每个民族血统都是经过漫长的历史沉淀而成的，长则几千年，短则几百年。优胜劣汰，时间的长河能将最有价值、最值得保留的东西筛选并保留下来，品牌血统也是。

3. 稀缺价值，品牌溢价空间大

品牌"稀缺价值"往往和"稀缺"或"相对稀缺"有关。因为"稀缺"，所以珍贵。稀缺也代表着一种溢价能力。当消费者的心理需求越高，品牌背景及相应与形象、地位相关的联想就越能带来更高的溢价能力。

4.具有不可模仿的品质元素

有些品质元素使得此品牌和彼品牌能完全区分,彼此间难以模仿。

品牌民族血统的塑造是一个系统的工程,要将产品、包装、品牌标志、品牌个性、品牌沟通、销售和服务进行全面精致化打造,将企业的产品、质量、文化、服务、历史等诸多因素集纳在一起,共同融入到品牌价值当中。

在产品严重同质化的今天,为品牌注入独特的血统基因,找到品牌不可模仿的特质和血统关系,建立强有力的品牌体系,给消费者以难以抗拒的品牌诱惑,无疑具有重要的战略价值。

四、培养品牌的民族文化血统

问题4: 如何培养品牌的民族文化血统?

品牌是企业的灵魂,品牌血统则是企业领导人、团队或企业价值观、精神等文化的积淀。品牌的血统有很多种,如耀眼的光环、鲜明的个性、独特的文化,等等。

那么当企业发展到一定规模的时候,该如何提炼品牌的民族血统呢?

1.产地

产地是品牌最核心的血统基因。以宝马车为例,同样都是宝马,进口的宝马比国产的宝马价格往往要高出许多。

2.工艺

一个品牌产品的工艺水平、生产条件、制作流程等都在向消费者传递着其品质过人或者风格独特的信号。特别的生产工艺能给消费者带来产品与众不同的特点,而且能够为产品的独特风格提供逻辑支持,让消费者更加信服。

3.原料

在品牌血统的塑造中,原料占有非常重要的位置。如中国的草药文化,草药讲究"道地",就是在特定环境和气候等因素作用下,形成产地适宜、品种优良、产量高、炮制考究、疗效突出、带有地域性特点的药材。有些道地药材经过历史的延续和口碑形成了品牌效应,如"四大怀药"、"浙八味"、河北保定地区的"西陵知母"、四川松潘的"正松贝"、广东阳春的"蟠龙正春砂"、四川峨嵋的"凤尾莲"等。

4.价格

品牌是有尊严的,越是血统纯正的品牌,其溢价能力就越强,而高价又向消费者暗示了品质的优越性。

5.包装

外表仿佛一张天然名片，是提供给陌生人的第一信息。产品包装给人的价格和品质暗示是直观的，它是品牌内涵最集中的外露表现，能够让消费者第一眼对产品大致价位和品质、风格进行判断，所以我们要重视产品的包装。而品牌的外表，最为突出的就是标志了。标志号称是品牌的脸，一个好的标志可以给消费者以莫大的注意力和吸引力，并产生良好的品牌联想。

6.历史故事

品牌因故事而生动。德芙巧克力是世界最大宠物食品和休闲食品制造商美国跨国食品公司——玛氏（Mars）公司在中国推出的系列产品之一，1989年进入中国，1995年成为中国巧克力领导品牌。《读者》2010年5月刊发了《德芙：为那凄美的爱情》一文，故事是关于芭莎公主和厨师莱昂的爱情，这个爱情故事感动了很多年轻人，因而在购买巧克力的时候，"德芙"也赋予了传递爱意的含义。

在市场竞争越来越激烈，分工越来越专业的条件下，品牌运营者可以借助品牌血统的特质，充分利用血统品牌对客户群的影响力，快速获得良好的客户感知，让消费者对号入座，找到属于自己的品牌。

 活动1：针对中国某一民族品牌，与同学探讨其发展过程和民族血统的塑造。

考试链接

1.品牌民族文化血统的概念。

2.品牌民族文化血统的作用。

3.品牌民族文化血统的特征。

4.培养品牌的民族文化血统。

第二节　品牌跨国延伸的地理文化障碍

 **引导案例**

丰田广告惹怒中国人

2003年，两则丰田公司汽车广告在网络上引起中国人的众怒。其一为刊登在《汽车之友》第12期杂志上的"丰田霸道"广告：一辆霸道汽车停在两只石狮子之前，一只石狮子抬起右爪做敬礼状，另一只石狮子向下俯首，背景为高楼大厦，配图广告语为"霸道，你不得不尊敬"。其二为"丰田陆地巡洋舰"广告：该汽车在雪山高原上以钢索拖拉一辆绿色国产大卡车，拍摄地址在可可西里。

"这是明显的辱华广告"，石狮子有象征中国的意味，"丰田霸道"广告却让它们向一辆日本品牌的汽车"敬礼"、"鞠躬"。"考虑到卢沟桥、石狮子、抗日三者之间的关系，更加让人愤恨。"对于拖曳卡车的"丰田陆地巡洋舰"广告，很多中国人则认为，广告图中的卡车系"国产东风汽车，绿色的东风卡车与我国的军车非常相像"。

《汽车之友》杂志广告部负责人沈克在接受记者电话采访时承认："出现这样的事情，原因在于我们对广告把关不严，我们没有在广告的图案上细究，而把关不严说明我们的政治觉悟不高。"

撇开网友们情绪化的发泄，从品牌全球化传播的角度看，我们可以发现，丰田汽车的这两则广告之所以激起了国人的愤怒（最后又是道歉，又是撤广告，落了个赔了夫人又折兵的下场），最主要的原因是品牌传播者在进行品牌全球化的过程中忽视了当地的民族文化和民族心理，从而引起了人们对品牌的不满。这也说明文化因素在品牌国际化传播中的重要性。

资料来源：丁桂兰：《品牌管理》，华中科技大学出版社，2008年9月。

思考题：

1. 丰田广告为何惹怒中国人？

2. 从品牌传播的角度来讲，品牌传播者在品牌全球化中应注意些什么？

一、影响品牌跨国传播的因素

问题5：什么因素影响着品牌跨国传播？

随着世界经济一体化的进程，跨国品牌经营在世界经济生活中的作用日趋明显。与此同时，跨越地理文化障碍的问题成了国际化经营管理中的重要课题。

跨越地理文化障碍的品牌国际化意味着品牌进入不同的地域市场并力图在新的环境中建立起资产价值。但是地理文化环境是阻碍品牌国际化的关键因素，有时甚至会完全阻碍品牌的国际化。

一个跨国品牌进入一个区域市场，是为了让当地的消费者购买和消费其的产品和服务。其中影响品牌全球化传播的地理文化因素是多方面的，其中主要包括五个方面：

1. 地域文化差异

地域文化的形成往往和当地的历史传统与文化传统密切相关，不同地域由于自然环境和社会环境的制约和影响，会形成不同的地域文化特征，这必然对商品生产的取材、设计加工、款式造型、包装以及商品的消费习惯产生深刻影响，形成带有浓厚地域文化特色的商品。

2. 语言差异

语言是传递信息和思想最直接的工具。美国营销学家科特勒教授曾不无惋惜地指出，在国外莽撞犯大错的正是那些在国内获得巨大成功而又忽视文化因素的企业。正是因为对语言的忽视，跨国公司在传播品牌的过程中遇到很多的障碍。所以，在国际市场营销中，文化因素的敏感性更大，而对文化环境的漠视成了一些公司失败的决定性原因。

3. 审美心理差异

审美心理体现了人们的一种审美标准和审美能力，影响着人们对物品的颜色、样式的偏好以及对事物发展的规范性认识，进而也影响了人们对于涉外公司所提供的产品及服务的评价并最终影响人们的购买行为，对品牌传播活动影响显著。因此在品牌的跨国传播中，企业必须谨慎地评估这些审美心理可能产生的影响，针对不同的美学追求对商品的造型、包装以及广告艺术形式作出适应性调整。

4. 宗教信仰差异

宗教文化是地理文化的重要组成部分，它体现了一个国家的民族信仰和价值观体系。不同国家的宗教信仰不同，其宗教禁忌也不相同。一些跨国公司由于没有考虑到当地宗教的特殊习惯，也引发了很多问题。宗教对世界各国人们的信仰和价值观有着非常重要的影响，它直接影响到国际商务活动，影响到跨国公司的行为。因此，企业要想进入某一目标市场，必须尊重和适应当地的宗教信仰。

5. 民族风俗差异

不同的民族在不同的社会背景下繁衍生息，形成了不同的价值判断和道德规范。许多商品消费中体现着民族精神文化，也体现了当地消费者的心理习惯，因此在跨国品牌传播中，应对不同的民族习俗给予充分的了解。

地理文化就像一个永远抹不掉的影子，渗透在品牌跨国传播的全过程。而文化影响提供的产品和服务，在决定向国外市场提供什么样的产品和服务时，必须考虑地理文化差异。

二、品牌跨越地理文化障碍的措施

问题 6：什么措施可以使品牌跨越地理文化障碍？

地理文化差异增加了品牌国际化运作的难度，品牌跨地域传播的失误虽表现各异，但是有一点是共同的，就是"自我参照准则"在起作用，即在不同文化背景下的地域"无意识地参照自己的文化价值观"，忽略了海外市场文化环境中可能存在的差异。因而品牌管理者需要选择差异性的跨越地理文化管理方式推进品牌国际化进程。

克服这些不利因素，要做到四个方面：

1. 理解地理文化差异

地理文化差异影响品牌国际化进程中的品牌管理效率。不同地理文化背景会对管理沟通形成极大的障碍。因此，在品牌国际化进程中既不可简单地使用克隆式管理模式，也无法一开始就进入文化互渗阶段，需要因地制宜，科学、合理地选择不同文化差异下的跨越地理文化管理方法。

2. 尊重宗教信仰及风俗习惯

每个民族都有自己的独特文化传统与风俗习惯，品牌文化的民族色彩越浓，越能吸引那些追求新鲜感、异国情调的消费者。"越是民族的，越是世界的"，但是在跨越地理文化传播过程中，必须尊重这些民族风俗和宗教信仰。

3. 适应用语习惯

跨越地理文化品牌传播最明显的障碍是语言的障碍。精通目标国的语言，适应其语言习惯及特色，是跨越地理文化广告用语的基础和保证。美国的"可口可乐"畅销世界各地，在中国市场上，其系列饮料也深受消费者的青睐。"可口可乐"畅销中国市场，与它的品牌名称也有很大关系。

4. 融合文化优势

文化融合是跨国品牌在国际化过程中需要注意的。要将自己的产品与东道国的文化传统有机地融合起来，以便推动产品的市场扩张。品牌国际化不仅仅是一种经济行为，同时也是一种文化行为。一个国家、民族独特的气质、精神传统、美学观念以及特有的文字、图案色彩都能构成跨国品牌的鲜明个性。

只有正确认识品牌跨国传播中存在的地理文化差异的影响，把握地理文化的发展趋势，将文化观念和内涵从品牌传播中体现出来，阶段性地推进品牌国际化进程，并正确选择品牌国际化进程中的跨越地理文化的管理模式，才能稳步推进品牌国际化进程，造就真正意义上的全球强势品牌。

活动2： 四个同学一小组，调查当地的地理文化环境有何特点。

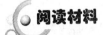 **阅读材料**

初尝国际化挑战

联想并购 IBM PC 业务是联想严格意义上第一次真正开始国际化尝试。在任何公司并购的情形下，要将两家文化、语言和薪酬结构方面差别巨大的公司整合到一起，企业文化和组织的融合都会是难题。联想并购 IBM PC 还涉及东西方人的文化冲突，更是难上加难。

国际化后，联想发现过去的国内经验不太适用于国际。早在并购 IBM PC 业务前，联想就已经通过渠道、店面、合作伙伴等方式开始实施"走出去"的战略。但这种用产品"探路"的模式仅仅是帮助他们打开了部分海外市场，还谈不上"国际化"。在品牌方面，2005 年前后的联想在中国已然是行业里的 NO.1，但在欧美市场，很多消费者还没有听说过"联想"这个品牌。

除此之外，对于联想的中国员工来说，"国际化"的概念在他们脑海里还是一片空白。语言是国际化遇到的第一大挑战。杨元庆做出了决定：联想以英语为工作语言。

在收购 IBM PC 之前，联想的高级管理团队已经将所有困难与挑战全部清晰地梳理过一遍。柳传志归纳了三个方面的挑战，其中最难做也是到今天依然正在努力解决的，就是文化磨合问题。

在中国，通常是柳传志提出战略或想法，高管们把战略研究透了便开始执行，下面的执行力也会很快，因为员工对于这些领导都非常信任，他们觉得这样做根本没有错。"但在国外就有很大不同，首先没有历史背景，一些领导做出一个决策后，员工会问为什么要做这样的决策？这对中国式的管理无疑是很大的挑战，是对他领导力的挑战、权威的挑战。"高岚说，表面看是双方理念和习惯的不同，实则却是文化差异造成的结果。

资料来源：程海涛：《初尝国际化挑战》，《首席人才官》杂志 2011 年 3 月。

考试链接

1. 影响品牌跨国传播的因素。

2. 品牌跨越地理文化障碍的措施。

第三节　如何培养品牌超越地理文化边界的能力

 **引导案例**

耐克营销中的跨文化问题

跨文化问题是每一个跨国公司在经营和管理中都要遇到的问题。

德国的阿迪达斯是耐克和锐步在欧洲的最大竞争对手。欧洲人出于本能，偏爱欧洲大陆上生产的一切。阿迪达斯正是利用这点向耐克展开强大攻势。此外，耐克运动鞋价格昂贵，每双售价高达 80~200 美元，使一些欧洲人难以接受。针对这点，耐克公司刻意揣摩迎合欧洲人的心理特点。比如：法国青年好标榜，美国人就在鞋上贴上价格标签，以满足法国青年的身份表现欲；荷兰 25 岁以上的人喜欢穿白色的运动鞋，25 岁以下的人则喜欢色彩鲜艳的运动鞋，耐克就区分对待。

欧美文化传统的差异也使一些欧洲人对美国货深恶痛绝。法国巴黎一所时装设计学院的络莉女士对穿运动鞋极为反感，她说："简直是堕落，不擦鞋是其一，而最可恶的是穿运动鞋。"另一位意大利人称穿运动鞋上班的女子"丑陋不堪"。但同时迪斯尼乐园与美国电影一样，美国文化在欧洲大有市场，耐克正在利用美国形象塑造欧洲的"运动鞋族"。

耐克在进军国际市场时，买断了世界各地分销业务，以期获得更多的控制权，耐克号召部下集中精力到德国、墨西哥和日本这些超级重要市场去开展业务。在那儿，耐克公司将使零售商们相信：提前订货并非是桩痛苦的事，广告宣传的重点对象将特别放在体育界，耐克还将推出迎合特殊市场要求的旅游鞋。例如，销往亚洲的羽毛球鞋，销往斯堪的那维亚岛的手球用鞋。真正的挑战在于找到一批称职的经理，并给他们灌输耐克的经营方式。但这个过程充满艰辛。在美国，耐克相信本公司的经理能干得很出色，因为其知道他们理解耐克这块牌子的意义，那就是体育、表演、洒脱自由的运动员精神。这就是传奇总裁阐述的耐克集体文化的丰富内涵。现在，耐克很想在国外找到一批信得过的经理，由他们开创性地经营其国内市场，并同时维护耐克的信誉。

但问题是，耐克文化可能被真正译出来吗？出口耐克鞋的同时，耐克还总是念念不忘出口它的耐克文化。为了加强国际行销力量，耐克公司正在买断在世界各地的分销权，以便公司行使更多的控制权。耐克一方面要让好生意从国外市场不停地冒出来；另一方面以维护耐克的牌子为宗旨，履行那些根据建议制定的策略。

资料来源：陈学平：《哈佛案例——耐克的个性化营销》，百度文库，2010年10月16日，摘选。

➡ **思考题：**

1. 耐克公司是如何突破跨文化障碍的？

2. 耐克公司的全球品牌推广对我们有何借鉴？

一、跨国品牌的跨文化管理

问题7：如何跨文化管理跨国品牌？

在市场国际化、竞争全球化的压力下，越来越多的企业日益频繁地开展跨国经营活动。"走出去"是企业在当今经济全球化背景下生存和发展所必然要迈出的一步，但是跨国经营面临的首要问题是跨文化管理。

关键术语
品牌管理

品牌管理是管理者为培育品牌资产而展开的以消费者为中心的规划、传播、提升和评估等一系列战略决策和策略执行活动。

跨文化管理又称为"交叉文化管理"，是指涉及不同文化背景的人、物、事的管理。即在全球化经营中，跨国公司对子公司所在国的文化采取包容的管理方法，在跨文化条件下克服任何异质文化的冲突，并据以创造出企业独特的文化，从而形成卓有成效的管理过程。以期在不同形态的文化氛围中，设计出切实可行的组织机构和人员管理机制，制定有效的经营策略，从而最大限度地提高企业的综合效益。

跨国品牌在处理跨文化管理时，通常有四种模式：

1. 本我模式

欧洲迪斯尼开业初的建筑设施和饮食安排等都照搬美国模式，乐园内的美式餐馆早餐只提供羊角面包和咖啡。迪斯尼的本我模式与当地文化存在大量冲突，迪斯尼要求员工都说英语，而法国人却认为自己的语言才是最美的。迪斯尼按照自己一贯的企业文化禁止当地员工上班时穿牛仔裤并文身，还忽略了酒文化在法国的重要地位，坚持在乐园中禁止酒文化的流行。这些"米老鼠禁忌"惹恼了无拘无束的法国人，欧洲迪斯尼被报界贴上了"美国文化指南"的标签，受到当地人的排挤。

2. 东道国模式

东道国模式即根据"思维全球化和行动当地化"的原则来进行品牌跨文化的管理。如联合利华将众多国际品牌带入中国市场，同时大力培植中国本地的品牌，巩固并扩大这些品牌所占的市场份额，使其在与国际品牌的激烈竞争中继续保持市场领先地位，为联合利华成为国际品牌奠定基础。如收购北京的"京华茶叶"，除品牌外还收购了茶园，并与高校合作开办茶叶班，以提高茶叶的种植质量，又参考澳大利亚的茶叶包装，使"京华"茶叶面目一新。此外，还从技术、生产、营销、宣传等各方面扶持上海的冰淇淋名牌"蔓登琳"、"中华牙膏"等本地品牌。

3. 区域模式

一些大型的区域性跨国公司通过在全球不同区域设立相对独立的区域性集团，确立基本准则，实行分区治之。这种模式坚持了原则性和灵活性的统一，但是区域模式的成功，需以母公司的著名品牌为后盾。

4. 全球模式

很多具有多元文化融合的跨国公司本着"思维全球化，行动当地化"的战略考虑，采用全球标准化管理模式。这种模式适应全球化背景下跨国公司跨文化管理的大趋势和思想境界。

跨文化管理是很多跨国品牌融入国际化面临的"瓶颈"之一。品牌的决策者应根据东道国的具体情况去具体制定品牌的国际化战略。

87

二、　跨国品牌地理文化冲突与整合

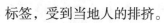 **问题 8：**跨国品牌地理文化有哪些冲突？如何整合？

品牌的全球化战略是跨国企业发展到高级阶段的产物，它对跨国企业的经营管理提出了更高的要求。然而，品牌的跨国经营是一项极其复杂的经营活动，要能够保持与国内经营的一致性，又要面对一个拥有诸多差异的经营环境。这些经营环境包括经济文化环境、社会法律环境等。其中，最难以把握的就是地理文化环境。地理文化环境对跨国企业运行来说，其影响力是全方位、全系统、全过程的。因此，品牌决策者要学会在跨文化条件下如何克服异质地理文化的冲突，进行卓有成效的管理。

从公共关系的角度看，跨文化管理的核心是认同，而从经营传播的角度看，跨文化管理的核心则是习惯的交叉。因此，对于品牌的跨文化管理来说，文化的整合显得尤其重要。

文化因素属于非控制因素，必须去适应它、接受它。文化冲突和文化融合是文化交汇的两个方面：文化冲突虽然以文化之间的相互排斥为主，但在任何情况下，绝对的排斥都是不可能的；而文化融合虽然以吸收为主，但不加选择地全面同化也是不可能的。因此，文化的交汇总是表现为既有冲突又有融合。所以品牌决策者要考虑如何进行文化冲突和整合的平衡。

成功的国际经营，必须根据不同东道国的不同的地理文化特点，在生产经营活动中充分考虑当地市场的文化传统、生活习俗、宗教禁忌等，努力满足消费者的不同需求，做到"入境随俗，适者生存"，将不同国家举办的活动同当地社会的文化特质保持一致，根据当地市场的需求对产品进行适应性改进设计或根据当地文化改变营销方式。跨国公司会设置专门的机构或者通过当地组织、人员等进行交流和沟通，从而深刻地了解东道国的社会文化背景，了解东道国和母国的文化差异。可口可乐就是在跨越地理文化边界方面的一个成功案例。可口可乐之所以为各种民族文化的人们所接受，是因为这个公司理解各国消费者的文化差异，在不同国家采取不同的营销手段并获得成功。只有适应当地文化，树立一种亲近的企业形象，才能消除人们的抵触情绪，在当地站稳脚跟，进入当地市场。所以适应文化成为跨国公司进军国外市场的第一步。

只有对文化差异具有高度的敏感性，才能在异质文化环境中适应当地文化，更好地开展工作，保障跨国品牌经营的成功与效率。因此跨国经营者必须承认并理解差异的客观存在，重视并尊重他国文化。同时，必须积极面对在进行跨文化的交流时遭遇到的差异和冲突。

对于品牌管理者来说，认清品牌跨文化不一致性产生的原因以及发展的趋势，有助于解决品牌文化在跨国传播中与异类文化的冲突与抵触。使得品牌文化通过有效的跨文化管理，降低跨国经营中的冲突风险，实现跨国公司对东道国文化环境的同化，使企业经营走向文化融合，确保品牌跨国延伸的健康发展。

三、 培养品牌跨地理文化边界的能力

问题 9：如何培养品牌跨地理文化边界的能力？

品牌国际化战略的背后是文化。一个品牌国际化战略的知名度、美誉度和忠诚度自然来自品牌国际化战略所代表的产品内在质量和性能，同时品牌国际化战略的文化内涵和魅力所带给消费者的超值享受，正是消费者愿意为品牌国际化战略付出的价值。因此，企业实施品牌国际化战略，首先要解决品牌国际化战略超越地理文化边界的能力问题。

1. 品牌价值和文化内涵

独特鲜明的核心价值主张是品牌文化全球化的基石。正是品牌丰富的文化内涵支撑着品牌的知名度和美誉度，使品牌的影响力深入到消费者的内心并落实到消费的行动上，从而提升消费者对品牌的忠诚度。如麦当劳提供"清洁、方便、美味、家庭氛围"，沃尔玛声称"我们存在的目的是提供顾客物有所值的东西"，迪斯尼追求"带给千百万人快乐""以创造力、梦想与想象力不断追求进步"，等等。

2. 品牌的国际化定位

品牌定位是品牌运营的前提。培育品牌超越地理文化边界的能力需要全方位地进行，从而实现品牌定位的国际化。为了更好地适应市场竞争，更多的跨国公司由全球定位向本土化定位转变。

3. 品牌设计的国际化理念

在品牌国际化战略设计上做到简洁醒目，能被异域文化所接受。如果在品牌设计方面存在根本缺陷，往往很难培育超越地理文化边界的能力，甚至会成为某种障碍。有些品牌，在国内是名牌，但由于在原始的设计上存在问题，也比较难以提高超越地理文化边界的能力。

所以，在品牌的设计方面，最需要注意的就是简洁醒目，朗朗上口，便于识记，易于传诵，有吸引力和亲和力。如可口可乐、索尼、柯达等都是非常简洁、明亮的品牌，中国的海尔品牌国际化战略也有类似的功效。

4. 品牌战略规划的国际化

品牌战略的战略策划是在充分认知当地文化的基础上所进行的品牌国际化战略价值理念策划、品牌国际化战略形象策划和品牌国际化战略广告策划。即通过告诉当地消费者品牌的关键性意识形态，揭示品牌的精髓并保证其产品体现，表达产品的个性和所蕴涵的价值理念并突出品牌的个性化特征。品牌战略规划的国际化还要赋予其具体的品牌战略形象，由具体的形象识别来表达产品的个性和所蕴涵的价值理念。

中国的很多品牌欠缺超越地理文化边界的能力。在品牌设计、品牌导入、品牌战略策划等一系列关于品牌国际化运营的活动中，国内企业显得经验不足，或者略显仓促、过于莽撞。

如今，许多中国的民族企业正纷纷走出国门，努力开拓国际市场。在品牌战略的国际化方面，应该集中精力培育品牌超越地理文化边界的能力，扎扎实实地建立国际营销网络，努力实现品牌文化的本土化，真正融入到所在国的本土文化之中。这样才能真正赢得市场，并逐步提高品牌的国际竞争力。

活动3：谈谈你对跨文化管理的看法。

活动4：结合中国民族品牌走出国门存在的问题，谈谈民族品牌该如何培养跨越地理文化边界的能力。

 考试链接

1. 跨国品牌地理文化冲突与整合。

2. 培养品牌跨地理文化边界的能力。

案例分析

成都味道　跨越地理文化边界

1. 温情包容与饮食习惯有关

餐饮企业代表：四川锐锋新川菜邱克洪。

"人不吃饭，一切文化都免谈。"四川锐锋新川菜餐饮管理有限公司负责人邱克洪直白地道出了美食和文化间割不断的联系。邱克洪认为，辣椒和花椒已经成为川菜的灵魂，"失去它们川菜就没有魅力了"。在他看来，辣椒和花椒带给人的是种痛觉、刺激性，正因为如此，许多游人对川菜留下了非常深刻的印象。成都人温情包容，在邱克洪看来，与饮食习惯也有联系。"湖广填四川"带来文化的交融，在常年的生活中，又逐渐形成了移民菜系文化，"海纳百川"，从而造就了成都人以及成都这个城市和谐包容的特性。

2. 到海外开店并非国际化

餐饮企业代表：巴国布衣胡志强。

巴国布衣高层胡志强认为，中国菜能真正做到百菜百味、一菜一格者的当属川菜，所以才有"味在四川"的说法。而成都的餐饮企业正好身处味之中央的成都，川菜良好的品牌形象和巨大的影响力，为它们铺就了做中国菜的坚实基础。

胡志强认为，美食国际化并不是简单地在海外开店，而是应该从国际饮食的潮流入手，从最时尚的绿色、营养、健康着眼，在原料选择、烹饪技术、味型、菜式搭配等诸多方面，实施全方位的改革，探索如何在保持中餐秘密、口味独特和强烈异域风情的同时，通过打造具有文化内涵、吸引力和亲和力的品牌，找到中国菜超越地理文化边界的能力和核心竞争力。

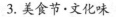
3. 美食节·文化味

金沙蜀宴挑战"满汉全席"。

美食节重点项目"2007美食流行风暨金沙蜀宴"于2007年1月27日在一品天下大蓉和蜀中一品宴会厅亮相。

这个大宴由近百家酒楼的118款菜品组成,其规模超过有108款菜式的"满汉全席"。整个就餐过程描述的是一部川菜文化发展史,从原生态菜到现代川菜,从3000年前的金沙到21世纪的成都,通过菜品的展示与200余人的现场品尝以及《金沙》音乐剧片段的演绎,带给人们川菜文化的巅峰享受。据介绍,金沙蜀宴的全部菜谱将在两天后才能出台。

4. 美食节·酸辣味

泰国总领事推介酸辣"国汤"。

"每年有40多万泰国人到中国,其中有10万是到成都来品尝川菜、观光旅游的。"昨日上午,泰王宫驻成都领事馆,泰驻成都总领事通才·查沙瓦用流利的汉语告诉记者,在即将于27日召开的中国成都"第三届国际美食旅游节"上,具有浓郁异国风情的泰国菜也将与成都的"好吃嘴"们见面,展现泰国菜酸辣媚人的风味。

通才·查沙瓦说,在这次成都美食节上将展示泰国的"国汤"——冬荫功汤(通俗地说就是酸辣虾汤)。"我们希望借美食节,让更多的中国市民了解泰国菜,品味泰国菜独特的酸辣。"

资料来源:许皓、王雪娟:《成都味道 跨越地理文化边界》,《成都日报》2007年1月11日。

➡ **问题讨论:**

1. 成都味道是如何跨越地理文化边界的?

2. 什么是真正的美食国际化?

本章小结

品牌的民族文化血统是指一个品牌保持着纯正的品牌血统,未受到外来文化的干扰和稀释。它同时是一种市场权利,一种收获品牌高附加值的权利。血统越正,牌子则越响,附加值也就越高,也便于快速被消费者接受和认可。因此很多跨国公司都善于提炼品牌的民族血统。

在品牌国际化的过程中,跨越地理文化障碍的问题成为品牌国际化管理中的重要课题。地理文化障碍包括地域文化差异、语言差异、审美心理差异、宗教信仰差异、民族风俗差异等。地理文化差异增加了品牌国际化运作的难度,因而需要选择差异性的跨文化管理方式推进品牌国际化进程。

跨文化管理是很多跨国品牌融入国际化的"瓶颈"之一。跨文化管理的核心是认同，而从经营传播的角度看，跨文化管理的核心则是习惯的交叉。因此，对于品牌的跨文化管理来说，文化的整合显得尤其重要。同时，还要解决品牌国际化战略超越地理文化边界的能力问题。

深入学习与考试预备知识

★★★★

中国的肯德基与世界的麦当劳——浅谈品牌战略的本地化与国际化

国际化品牌，是采取全球统一化战略还是迎合本土的本地化战略？正所谓营销只有合适的，而没有绝对的标准。以肯德基和麦当劳举例说明：

在进入中国将近 20 年的时间里，麦当劳屈居肯德基之后，一直充当了十多年的"千年老二"。在中国，麦当劳仅有 700 多家分店，而肯德基却有 1500 多家分店。为什么在美国排名第七的肯德基能在中国叱咤风云，打败在全球市场排名第一的麦当劳呢？最重要的原因就是肯德基在中国采取了本土化的营销策略。

肯德基进入中国之初就对中国文化和消费者习惯进行了深入研究和调查，决定入乡随俗。在人才的使用上，肯德基基本都是中国面孔的管理层，而在麦当劳，管理层几乎都是洋面孔。肯德基的本土化战略在产品的定位上表现得淋漓尽致——开发和加了许多符合中国人消费习惯的产品，如油条、老北京鸡肉卷、十全如意沙拉、玉米沙拉、芙蓉鲜蔬汤、番茄蛋花汤、川香辣子鸡、营养早餐（香菇鸡肉粥、海鲜蛋花粥、枸杞南瓜粥）等，到现在的"开饭了"，大张旗鼓地卖起了米饭。

肯德基在中国的成功主要归因于其本土化战略的成功。

资料来源：王勃：《中国的肯德基与世界的麦当劳——浅谈品牌战略的本地化与国际化》，致信网，2011 年 1 月 16 日。

知识拓展

乔春洋：话说文化生态

文化生态是指文化适应其生存环境而产生的不同形貌，它反映着文化发育的地理背景给予文化的作用和制约。文化生态对文化圈的形成、对经济及管理模式的形成会产生重要的影响。

　　地理环境影响文化的因素主要有五个方面，即文化圈的地理位置、地形、土壤、气候、资源。地理位置就是文化圈的空间方位，如东方、西方、大陆、海洋、内地、沿海、岛屿等的区域划分。由于这些空间方位的不同而带来文化的差别，相应地就有"东方文化"、"西方文化"、"大陆文化"、"海洋文化"、"内地文化"、"沿海文化"、"岛屿文化"等分别。地形即文化圈的地表形态，如高原、平原、盆地、丘陵、山区等，相应地也就有"高原文化"、"平原文化"等分别。其他如土壤、气候、资源同样会对文化产生重要影响。

　　我国学者胡潇认为，人类在长期的生存发展中，首先，依据地理环境形成了不同物质的文化心理和文化行为方式。如依据资源条件，便有了农业、牧业的划分，逐步形成"农耕文化"、"游牧文化"、"渔业文化"的特质。其次，不同的地理环境给予生存在其中的人们对社会生活的文化选择以特定的影响。一个国家、一个民族之所以在某一历史时期会形成这样或那样特征的社会体制，是因为人们的意志作用贯穿于其中。所要强调的是，这种选择意志，从文化学的角度来看，并不是个别或部分人的纯心理产物，而是人们依据在特定地理条件下形成的生产力特质、社会活动特质，经过相互作用的文化冲突、价值遴选而形成的对社会体制的一种合力认定。与其说是人们在文化选择中确定了某种体制，还不如说是社会生活中包括地理环境在内的现实条件决定着人们从文化上选择了某种体制，或者说是文化和环境的交互作用导致了文化自身做出的选择。

　　马克思也曾从地理环境的角度分析评价过亚洲的社会生活体制。他指出："气候和土地条件，特别是从撒哈拉经过阿拉伯、波斯、印度和鞑靼区直至最高的亚洲高原的一片广大的沙漠地带，使用渠道和水利工程的人工灌溉设施成了东方的农业基础。无论在埃及、印度，或是在美索不达米亚和波斯以及其他国家，都是利用河水的泛滥来肥田，利用河流的涨水来充注灌溉渠。节省用水和共同用水是基本的要求，这种要求，在西方，例如在费兰德和意大利，曾使私人企业家结成自愿的联合；但是在东方，由于文明程度太低，幅员太大，不能产生自愿的联合，所以就迫切需要中央集权的政府来干预。因此亚洲的一切政府都不能不执行一种经济职能，即举办公共工程的职能。"

　　从马克思这段话中，我们已经多少感觉到了文化生态→文化圈→管理形态的联系了。事实上，地理环境、文化模式、管理模式之间有着紧密的联系。以岛国的文化及其经济发展为例，以英国、日本、亚洲"四小龙"为代表的国家或地区在人类经济发展史上已经或正在各领风骚，其独特的地理环境以及相应的文化形态对其管理模式的影响，就是一个值得深入探讨的问题。

　　资料来源：乔春洋：《话说文化生态》，中国管理网，2011年3月21日。

答案

第一节：

1. 略（本道题目是开放性答案，学生可以自行调研得出结论，证据充足，言之有理即可）。

2. 略（本道题目是开放性答案，学生可以自行调研得出结论，证据充足，言之有理即可）。

第二节：

1. 略（本道题目是开放性答案，学生可以自行调研得出结论，证据充足，言之有理即可）。

2. 首先，理解地理文化差异。地理文化差异影响品牌国际化进程中的品牌管理效率。不同的地理文化背景会对管理沟通形成极大的障碍。如美国文化与中国文化在人与自然的关系、生活哲学、与他人的关系、时间、社会结构、协约等的看法上都有明显的区别。而这种明显的文化差异给中国品牌国际化带来大量的问题。因此，在品牌国际化进程中既不可简单地使用克隆式管理模式，也无法一开始就进入文化互渗阶段，需要因地制宜，科学、合理地选择不同文化差异下的跨越地理文化管理方法。

其次，尊重宗教信仰及风俗习惯。每个民族都有自己的独特文化传统与风俗习惯，品牌文化的民族色彩越浓，越能吸引那些追求新鲜感、异国情调的消费者。"越是民族的，越是世界的"。但是在跨越地理文化传播过程中，必须尊重这些民族风俗和宗教信仰。如在一次谈判中，美国某总经理拒绝了沙特人请他喝咖啡的友好提议，这种拒绝在沙特被认为是污辱。当然，结果就是谈判的进程比原来想象的要慢得多。

再次，适应用语习惯。跨越地理文化品牌传播最明显的障碍是语言的障碍。精通目标国的语言、适应其语言习惯及特色是跨越地理文化广告用语的基础和保证。美国的可口可乐畅销世界各地，在中国市场上，其系列饮料也深受消费者的青睐。可口可乐畅销中国市场，与它的品牌名称有很大关系。

最后，融合文化优势。文化融合是跨国品牌在国际化过程中需要注意的。将自己的产品与东道国的文化传统有机地融合起来，以便推动产品的市场扩张。如麦当劳在不同国家有不同的菜单，在英国配有威士忌，在德国配有啤酒，在法国配有香槟，在中国配有红茶，在新加坡、马来西亚配有果味奶昔等。

第三节：

1. ①品牌价值和文化内涵。独特鲜明的核心价值主张是品牌文化全球化的基石。正是品牌丰富的文化内涵支撑着品牌的知名度和美誉度，使品牌的影响深力入到消费者的内心，落实到消费的行动上，从而提升着消费者对品牌的忠诚度。如麦当劳提供"清洁、方便、美味、家庭氛围"，沃尔玛声称"我们存在的目的是提供给顾客物有所值的东西"，迪斯尼追求"带给千百万人快乐""以创造力、梦想与想象力不断追求进步"，等等。②品牌的国际化定位。品牌定位是品牌运营的前提。培育品牌超越地理文化边界的能力要全方位地进行，以实现品牌定位的国际化。为了更好地适应市场竞争，更多的跨国公司由全球定位向本土化定位转变。③品牌设计的国际化理念。在品牌国际化战略设计上做到简洁醒目，能被异域文化所接受。如果在品牌设计方面存在根本缺陷，往往就很难培育超越地理文化边界的能力，甚至会成为某种障碍。有些品牌，在国内是名牌，但由于在原初的设计上存在问题，也比较难以提高超越地理文化边界的能力。所以，在品牌的设计方面最需要注意的是：简洁醒目，朗朗上口，便于识记，易于传诵，有吸引力和亲和力。如可口可乐、索尼、柯达等都是非常简洁明亮的品牌战略，中国的海尔品牌国际化战略也有类似的功效。④品牌战略规划的国际化。品牌战略的战略策划是在充分认知当地文化的基础上所进行的品牌国际化战略价值理念策划、品牌国际化战略形象策划和品牌国际化战略广告策划。即通过告诉当地消费者品牌的关键性意识形态，揭示品牌的精髓并保证其产品体现，还需要表达产品的个性和所蕴涵的价值理念并突出品牌的个性化特征。品牌战略规划的国际化还要赋予具体的品牌战略形象，由具体的形象识别来表达产品的个性和所蕴涵的价值理念。

中国的很多品牌欠缺超越地理文化边界的能力。在品牌设计、品牌导入、品牌战略策划等一系列关于品牌国际化运营的活动中，国内企业显得经验不足，或者略显仓促过于莽撞。如今，许多中国的民族企业正纷纷走出国门，努力开拓国际市场。在品牌战略的国际化方面，应该集中精力培育品牌超越地理文化边界的能力，扎扎实实地建立国际营销网络，努力实现品牌文化的本土化，真正融入到所在国的本土文化之中。这样，才能真正赢得市场，并逐步提高品牌的国际竞争力。

2. 略（见本书第87~88页，问题8）。

案例分析：

1. 略（本题为开放性题目，本道题目是开放性答案，学生可以自行调研得出结论，证据充足，言之有理即可）。

2. 美食国际化并不是简单地在海外开店，而是指应该从国际饮食的潮流入

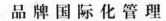
手，从最时尚的绿色、营养、健康着眼，在原料选择、烹饪技术、味型、菜式搭配等诸多方面，实施全方位的改革，探索如何在保持中餐秘密、口味独特和强烈异域风情的同时，通过打造具有文化内涵、吸引力和亲和力的品牌，找到中国菜超越地理文化边界的能力和核心竞争力。

第五章

品牌国际化战略要领

学习目标

知识要求 通过本章的学习，掌握：

● 国际化品牌的定位与设计
● 国际化品牌的区域战略
● 国际化品牌的渗透战略

技能要求 通过本章的学习，能够：

● 掌握国际化品牌做好品牌定位与设计的方法
● 结合某一跨国品牌，分析该品牌是如何实现区域战略和渗透战略的

学习指导

1. 本章内容包括：国际化品牌定位的内容、类型、方法以及国际化品牌设计的概念、原则，品牌渗透战略的概念，跨国品牌的区域战略表现形式、制定和跨国品牌在中国的区域分布等。

2. 学习方法：结合案例，全面掌握品牌国际化的战略要领，并进行知识延伸、讨论活动等。

3. 建议学时：8学时。

第一节 国际化品牌的定位与设计

引导案例

"星巴克"塑造的"第三生活空间"

走在世界各大都市的街头，你会发现"星巴克"（Srarbucks）。

创立之初，星巴克只是一家咖啡豆零售店。今天，在星巴克的产品线中，包括不同口味、不同品种的高品质咖啡，同时也提供各种优质咖啡豆，顾客可以从店中学习煮咖啡的方法。现在，星巴克爱好者们除了能在星巴克店内感受到"星巴克体验"（Starbucks Experience）外，星巴克的罐装咖啡产品 Starbucks Double Shot（tm）为他们提供了一种便利的、大胆的，同时也是原汁原味的"星巴克咖啡体验"。

星巴克公司的经营宗旨是创造"第三生活空间"，星巴克不仅是卖咖啡，更是卖一种生活的场景。人们生活有两大场所：一是家；二是公司。但是人还有社会交往的需求，星巴克就提供了一个舒适的社交场所，是顾客日常的"第三生活空间"。

星巴克的所有摆设都请专业设计师专门设计，一方面体现星巴克的总体风格，另一方面也考虑各店的实际特点与周围的环境及文化相适应。

星巴克努力地使自己的咖啡店成为除家庭和公司以外的"第三生活场所"（Third Place）。在星巴克，人们不仅能喝到地道优质的咖啡，而且能享受到店内优雅轻松的环境，感受到一种完全的身心放松：既可以邀三五好友一同来喝杯咖啡，听着店里播放的星巴克音乐、聊天叙旧；也可以独自一人前来，点一杯咖啡，享受独处的悠闲。这种生活场景的设置，让某些不喝咖啡的人，也会选择星巴克作为自己的休闲场所，点一杯果汁或茶，享受那种无拘无束的氛围。

资料来源：白光：《品牌经营的故事》，中国经济出版社，2005年12月，有删改。

→ 思考题：

1. 星巴克品牌的定位是什么？

2. 星巴克的"美人鱼"标志寓意着什么？

一、 国际化品牌的定位

问题 1： 怎样定位国际化品牌？

品牌定位是指企业在市场定位和产品定位的基础上，对特定的品牌在文化取向及个性差异上的商业性决策。它是建立一个与目标市场有关的品牌形象的过程和结果。换言之，即为某个特定品牌确定一个适当的市场位置，使商品在消费者的心中占据一个特殊的位置，当某种需要突然产生时，比如在炎热的夏天突然口渴时，人们会立刻想到可口可乐红白相间的清凉爽口。

国际化品牌定位策略包括两种方式：一种是以自己独特的个性、统一的定位传递给全球的消费者，突出品牌的个性；另一种本土化的定位策略则体现在针对不同国家、不同地域的消费者，适度调整品牌的定位，满足当地市场的需求。通常来说，这两种定位是相辅相成的。比如：奔驰汽车的全球定位是快速舒适的高档轿车；别克汽车的全球定位是充满个性的品牌，并根据不同情况有不同的定位。在中国市场上，既有高中档的别克君威、别克凯越，又有低档的别克赛欧，还有商用的别克陆上公务舱，充分满足了中国消费者的不同需求。

国际化的品牌定位，首先以差异化为目标，确定品牌独特的定位，以此为核心，向全球消费者传达统一的品牌内涵。如万宝路所体现出来的自由、奔放、豪爽、原野、力量的男子汉形象，与香烟本身没有任何关系，而是人为渲染出来的一种抽象概念。在此基础上，跨国品牌可采取的市场定位类型主要有两种：回避性定位和冲突性定位。

1. 回避性定位

在竞争激烈的市场上，一些实力较小的品牌根本无法与实力强大的品牌抗衡，为了在市场上立足，就要善于寻找被大品牌遗忘的市场，这就是我们所说的回避性定位。

回避性定位的品牌往往突出宣传自己最与众不同的特点，以此给消费者留下深刻的印象。例如：手机市场上，摩托罗拉宣传的是"小、薄、轻"的特点，而诺基亚则声称"无辐射"特点；在汽车市场上，沃尔沃强调"安全与耐用"，菲亚特诉说"精力充沛"，奔驰宣称"高贵、王者、显赫、至尊"，萨博则说"飞行科技"，宝马却津津乐道"驾驶乐趣"。

2. 冲突性定位

在品牌国际化中，冲突性定位的品牌侧重选择与竞争者相近或重合的市场位置，以争夺同样的顾客。由于这种品牌定位，在其价格、分销及促销各个方面上与竞争者区别不大，因此企业要冒很大的风险。这种定位可以使企业一开始就与强大对手站在同一高度上，更能激发自己奋发上进，一旦成功，就会获得巨大的市场优势。如1993年Alfa Romeo在强调它的164S型号车就像是一辆BMW，但比BMW的525i更好操作；美国艾维斯租车（Avis）针对最大的租车公司——赫兹公司（Hertz），提出"老二主义"的定位（广告强调"当你只是老二时，你更加卖力"），他们结果都成功地获得了巨大的市场优势。

国际化的品牌定位也并非一成不变。品牌决策者有时必须根据市场的行情，为品牌进行再定位，以改变品牌在顾客心目中的形象和地位。

以KAPPA为例，中国动向接手KAPPA品牌之后，所做的第一件事情就是根据中国市场的竞争格局对品牌进行重新定位，而原有的意大利KAPPA走的是传统运动服装的路线。这样一来，KAPPA就要和耐克、阿迪达斯、李宁等品牌竞争，与这些品牌相比，KAPPA明显处于劣势。在国际上，KAPPA品牌的表现每况愈下，濒临亏损。中国动向将KAPPA的品牌诉求确定为四个主题：运动、时尚、性感、品位，即定位运动服装时尚化。KAPPA全新的定位基于缜密的市场调研。中国动向发现，年轻消费群体中的大部分人群其实并不需要专业的运动服装，他们需要的是一种运动的感觉。KAPPA开创了一个新的消费群体，其核心客户是18~30岁的年轻人。KAPPA契合了这些年轻人的需求，取得了重新定位的成功。

在KAPPA的定位过程中，我们还应该注意到品牌最终表明的是产品与消费者之间的关系，因此品牌定位的目标在于使品牌所体现的价值与消费者的购买动机相吻合。品牌不应只反映产品的特性或功能，更重要的在于要赋予产品一种与众不同的思想，从而引起共鸣，实现相互间的沟通，最终作为可信赖的印象沉淀在消费者的心目中。

二、国际化品牌的设计

问题2： 如何设计国际化品牌？

2003年很多跨国公司在国际市场上都有比较大的"变脸"行为：2月，可口可乐在其红色背景中加入了暗红色弧形线，使整体红色变得更有深度和动感；3月25日，全球第一包裹快递商UPS沿用了40多年后的"盾牌"标志取下了"蝴蝶结"的装饰；3月底，全球销量最大的冰淇淋公司和路雪更换了标志；4月3日，世界服装品牌"梦特娇"开始全球统一更换商标标志；4月7日，英国电信公司的新标志揭开面纱，曾经欢呼了十几年的"风笛手"标志终于走进了英国电信的史册；4月15日，雪碧新标在中国亮相，原有的"水纹"图案被新的"S"形状的气泡图案所代替。与此同时，国内各大企业如联想、夏新、华旗、奥康等纷纷"变脸"，为此给 2003 年冠以了"企业换标年"的称谓。

企业纷纷换标的背后，有着深刻的原因。随着品牌国际化的势在必行，很多企业的标志已阻碍了其品牌国际化的进程。如联想，在 2001 年计划走向国际化发展时发现"Legend"成为海外扩张的绊脚石，于是联想推出了新的标志"Lenovo"。其中"novo"是一个拉丁词根，代表"新意"，"le"取自原先的"Legend"，承继"传奇"之意，整个单词寓意为"创新的联想"。从 Legend 到 Lenovo，在品牌标志更迭的过程中，也表明了联想国际化的决心。

产品的标志只是品牌设计的内容之一，品牌设计还包括企业或产品的命名、平面设计、包装设计、展示设计、广告设计及推广、文化理念的提炼等，从而使其区别于其他企业或产品的个性塑造过程。

当世界进入品牌竞争的时代，当品牌成为中华大地上商界的热点时，品牌设计成为人们常挂在嘴边的时髦词汇。有人统计说企业每投在品牌形象设计上1 美元，所获得的收益是 227 美元。品牌的设计有四个原则：

1. 简练明朗，易懂易传

品牌的标志是一种视觉语言，要求产生瞬间效应，因此标志设计应简练、明朗、醒目，有很强的识别性。

2. 新颖独特，富有个性

品牌设计应体现出品牌与众不同的特点和个性，让消费者能够认清品牌的独特气质、风格和情感。因此设计必须新颖独特，别出心裁。

3. 符合美学，融精气神

品牌的设计要给消费者一种审美情趣，符合美学的原理，同时还要融合品牌的独特气质内涵，传递品牌的价值观。

4. 与时俱进，传承历史

品牌设计要有前瞻性。随着时代变迁或品牌自身的发展，徽标所反映的内容和风格，有可能与时代的节拍或品牌的变革不相吻合，因此对徽标也应该进行革新，与时俱进。当然，与时俱进还需传承历史，彰显民族风格。因为只有能够传承历史、彰显民族风格的东西才容易成为人们心灵的图腾，构建起牢固的情感纽带，具有永恒的价值。

比如创立于 1856 年的英国品牌 Burberry，在 20 世纪 90 年代，因为设计的陈旧保守导致落伍于时代，几乎被其他品牌收购。这时，Burberry 请来了美国服装设计师 Roberto Menichtti，新设计使 Burberry 形象焕然一新。同时，为了保留老顾客，保持其一贯的贵族风格，Burberry 重金聘请摄影师 Mario Testino，起用有贵族血统的模特 Stella Tennant，在平面广告中营造出 Burberry 优雅又摇滚的形象，一举成功。

设计在关键时刻推动品牌向前发展。一个著名的例子就是苹果电脑。在PC机的冲击下，苹果电脑的销量一度十分低迷，但在IMac横空出世后，苹果电脑重新回到万众瞩目之中。透明外壳、炫目色彩、玲珑曲线，营造人性感前卫感十足的外形。革命性的设计，颠覆了电脑的传统形象，把整个电脑业的外形设计，带到了一个新的境界。

品牌形象是企业与消费者之间的一个重要的桥梁，良好的品牌设计可以赢得消费者的"忠心"。因此，在品牌国际化的过程中，品牌设计者要通过品牌的形象让消费者强化对品牌的印象，从而赢得消费者的认可。

三、以品牌定位和设计提高竞争力

问题3：如何通过品牌的定位和设计提高品牌的竞争力？

品牌定位和品牌设计自诞生之日起，便日益发挥着重要作用，甚至被提高到战略的高度，愈来愈受到人们的重视。通过品牌的定位和设计来提高品牌的竞争力，必须要做好以下五件事情：

1. 明确品牌定位

品牌定位解决了品牌是什么与不是什么的问题，其目的是在消费者心目中占领一个有利的位置。所以，品牌定位其实就是对品牌进行设计，从而使其能在目标消费者心目中占有一个独特的、有价值的位置，也可以说是建立或重新塑造一个与目标市场有关的品牌形象的过程与结果。

例如：运通卡一直被定位在高收入族、群体支付族及娱乐族；米雪罗淡啤酒则被定位在允许嗜酒者多喝一点的啤酒；等等。只有在定位明确的前提下，才能开始构思设计。

2. 凸显品牌核心价值

品牌的核心价值是品牌文化的精髓与核心，也是品牌的内在驱动力与凝聚力。品牌核心价值的树立是一个相当细致的过程，企业必须在市场推广的每一步行动中，将品牌核心价值渗透进去。

在产品日渐同质化的趋势下，对消费者最重要的影响因素往往不再是产品实体，而是品牌核心价值所折射出的目标消费者所具有的或是向往的生活方式和精神追求，这也是促使消费者保持品牌忠诚的核心力量。如可口可乐不但是一种饮料，更是一种代表了精彩与欢乐生活的精神；耐克虽然是运动鞋，但代表的是"运动"；汇源不但是果汁更是"新鲜"与"营养"；雀巢不但是咖啡更代表了"方便、速溶"；等等。

3. 体现品牌个性

著名品牌大师大卫·奥格威曾讲过：就像人的个性一样，品牌的个性既是特殊的也是承续的。就像人们很容易记住万宝路的个性一样。

作为一个市场后来者，想在一朝一夕之间撼动占据市场统治地位的强势品牌，几乎是不可能完成的任务。企业必须有针对性地提炼出自身的特色，将其融入到自身品牌之中，吸引那些可能成为潜在顾客群体的客户关注。还应及时将潜在需求变成市场供给，从而打开进入国际化市场的第一步。

4. 注意视觉美感

在设计的过程中，美感也十分重要。人们觉得美的东西便会觉得舒服，也愿意欣赏。因此在美感的设计中，色彩的搭配、结构的布局、画面的协调等都必须符合人们常规的审美心理。

5. 产品标志要与时俱进

设计是连接消费者与企业品牌的接口。Lenovo、Haier、TCL、SONY、SAMSUNG 等无一不是把设计看做成功的重要基础。宏碁（Acer）电脑 1976 年创业时名称叫 Multitech，经十年努力，Multitech 刚在国际市场上小有名气，却被一家美国计算机厂指控侵犯该公司商标权。宏碁只好另起炉灶，前后花费近 100 万美元，委派奥美进行更改品牌名称的工作，最后选定 Acer 这个名字，并在 1987 年正式由 Multitech 换成 Acer，确立自创品牌的经营方向，并积极朝国际化大步迈进。Acer 更具个性和全球通用性，蕴涵意义（Acer 有优秀、杰出的含义），富有联想（源于拉丁文的 Acer 代表鲜明、活泼、敏锐、有洞察力），有助于在出版资料中排名靠前，易读易记。如今 Acer 已经成为第三大电脑品牌，仅次于戴尔和惠普。

定位和设计能使产品、企业与众不同，而这正是品牌确立的先决条件。没有品牌意识的设计师，只能称为技师，是设计工具；没有品牌意识的企业，只能称之为生产车间。好的品牌定位和设计是企业进入市场的必要前提，它为企业下一步战略部署、市场策略奠定了坚实的基础。这也为企业在国际市场上立足、品牌的国际化做了充分准备。

活动 1：假设现在你是某知名跨国品牌的董事长，你会如何设置企业的形象识别系统？

第五章 品牌国际化战略要领

品牌全球化的意义

全球经济一体化促成了品牌全球化，品牌全球化又加快了全球经济的融合。实现品牌全球化，是品牌发展的高级阶段，它可以为企业带来无穷的益处。首先，全球性品牌代表着产品的光辉形象，代表着企业的雄厚实力，表明该品牌已被各国消费者所广泛接受，可以让人产生丰富的品牌联想，因而常常拥有众多追随者和忠诚者。其次，全球性品牌以在全球拥有庞大的消费群体而成为领导品牌，具有巨大的市场潜力，可以为企业赢得巨额利润，是企业的"摇钱树"。最后，全球性品牌可以使企业在市场竞争中处于居高临下的有利地位，在与对手谈判中抬高筹码。世界著名品牌专家凯勒对品牌全球化的问题作过卓有成效的研究。

资料来源：Romiko：《品牌全球化的意义》，全球品牌网，2010年3月31日。

考试链接

1. 国际化品牌的定位。
2. 国际化品牌的设计。
3. 以品牌定位和设计提高竞争力。

第二节 国际化品牌的区域战略

 引导案例

广东全面推进区域品牌战略 "广东制造"走向世界

品牌创造利润。随着"顺德家电"、"佛山陶瓷"等一系列区域品牌的问世，广东省开始了以"广东制造"的产品打造世界区域品牌的进程。

近几年来，广东产业集群发展十分迅速，形成了诸如顺德家电、南海铝材、古镇灯饰、龙江家具、虎门服装、狮岭皮具、盐步内衣、西樵纺织等产业集群。据统计，广东省有100多个这种上规模的产业集群镇区，其中实际生产能力在500亿~1000亿元的有30多个。但是不少"广东造"都是贴牌"贴"出来的，在国际市场上比较少见广东自主品牌的产品。经过近20年快速发展的广东各产业集群地区，如今普遍开始遭遇发展"瓶颈"——缺少一批响亮的区域品牌。

打造一个国际品牌并非易事，单靠一家企业来实现很不容易，产业集群内大部分企业，都无法单独进行品牌创建、培育。即使是品牌经营有一定基础的骨干企业，实施国际品牌战略困难也很大，难以形成与国际品牌抗衡的竞争力。而在产业集群区域内，小而散的现象又较为普遍。为破解这个难题，增强"广东制造"品牌的竞争力，广东及时挥动"有形之手"，制定了区域品牌发展战略，加快建立区域品牌，为已拥有的产业集群起"大名"，以区域品牌统领产品。目前，一场涉及数千亿元以上产值的、声势浩大的、集合产业集群整体力量的"区域品牌"工程，正在广东全面展开。他们通过积极整合产业集群资源，使各地相关企业"五指合握成重拳"，共同开拓国内外市场。

广东省工商局商标管理处有关人士说，一个产业集群用一个"大名"，统一用一个"品牌"，将产业集群内企业捆在一起，可以用统一标准规范镇区各企业，提升内在质量和经营水平，最终打造出既有名气又受知识产权保护的知名品牌。这是一个缩小与国际品牌差距的捷径。

据悉，广东省计划在5年内，扶持建设包括九大支柱产业在内的30个产业升级示范区，打造50个区域品牌，通过创建区域品牌，形成合力，创造性、高起点地实施区域品牌战略，构建国际化品牌，缩短与国际知名品牌的差距，将"广东制造"导入品牌构建轨道。

资料来源：张建军：《广东全面推进区域品牌战略　"广东制造"走向世界》，《经济日报》2006年4月2日。

思考题：

1. "广东制造"的区域品牌战略是如何缩小与国际品牌的差距的？

2. 区域品牌战略有何优势？

一、跨国品牌的区域战略

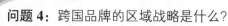 **问题4：** 跨国品牌的区域战略是什么？

20世纪90年代初以来，随着世界各国市场化改革的广泛认可，技术的迅猛发展以及各国政府、国际组织的推动，全球化市场浪潮蜂拥而来。跨国公司作为全球化的主要载体，发挥了非常大的作用。

近年来，跨国公司的区位选择和产业选择，一个明显的特征和动态就是集群或者集聚。对于品牌而言，就是跨国公司实行品牌的区域战略。随着跨国公司在全球比较自由地寻找它理想的投资产业和区位，跨国公司把生产制造的价值链围绕起来划成片断化，在全球进行资源整合和优化配置，所以，他们的生产力要素、资源要素的整合就不仅仅局限于政治领域的疆土，而是在全国范围内进行生产资源的优化配置。

德国大众汽车公司实施的"点、线、面市场进入法"。这一策略是德国大众汽车公司有名的市场开拓方法，也是目前许多海外跨国公司在开拓中国市场时的惯用手法。其内容是企业在选定目标市场并确定其为最后攻占的目标区域后，首先，要占有实行点。企业不可能一开始就进入到目标区域的中心，只能在这一区域的附近选择有利的阵地点，并在这个点上展开强有力的营销活动。其次，在第一点的营销活动取得相当成功后，再在目标区域附近另选第二点。第二个点完成后，便可形成营销网络的线。再次，在线形成后，再选第三点，此点应能与第一、第二点形成对目标区域的包围圈，这样营销面积便告形成。最后，在面积形成后，企业向目标区域的重要点——中心点推进，从而实现目标区域的全面进入。

跨国品牌的区域战略是跨国公司比较青睐的一种投资方式，其受青睐有三方面原因：

1. 便于管理，降低成本

跨国公司的数量和规模都较大，主要原因在于集群便于管理和降低成本。跨国公司大的企业在全球有成千上万家公司，区域化的管理可以帮助其将有优势的地方集群起来，便于管理，还能有效降低成本。

2. 便于整合资源，利于深度分工

集群内企业可共享公共产品和要素资源，比如说基础设施、公共服务资源与信息资源、市场网络等。同时，产业集群一个最大的特点以某一两个产业为主导，产业是规格化的，如果一个地方有很多产业，如果没有一个主导产业则不能叫产业集群，必须以一两个产业为主导。这样，众多的产业容易形成一个产业品牌，而且在这个产业中的企业中，都是专注于各自核心的、有特色的、有竞争力的价值环节。他们并不是要求大而全，而是一些大企业带动着中小企业进行配套，或者说众多的中小企业在一起，每一个中小企业只做其擅长的某个零部件，能够把产业做精、做好，企业能够把零部件做好，做到世界之最。

3. 促进知识和技术的累积

区域战略促进了知识和技术的累计、转移和扩散，促进了品牌比较优势发展。

跨国品牌在全球扩张的基础就是有一块守得住的根据地，当实力不如对手的时候，就必须慢慢积蓄力量。而区域战略也是坚守阵地、韬光养晦，与竞争对手斡旋的权宜之策。区域战略不仅可以在资源上集中，更容易形成消费者、终端网络的"共振"，实现市场突破，而且也只有在区域集中的经营思想下，精耕细作的市场才能做得出来。

大部分区域强势品牌都是通过聚焦本地市场，把本地市场做透、做细，这样本地市场获得了长足的进步，积蓄了足够的能量，然后再拓展外埠市场，从而发展为强势区域品牌。

从本质上来说，跨国品牌的区域战略起步时力量薄弱。为了生存，跨国品牌必须坚定抵制市场诱惑，分散兵力，否则就是自找失败。

从全球范围来看，品牌的区域战略是核心和边缘结构。一般来说，发达国家主要是走高端道路，以质量、创新、设计为竞争优势。而发展中国家可能是生产劳动力密集型、质量比较低的集群，走的是低端道路，容易被边缘化。可以说，跨国品牌的全球化过程，区域战略是其很显著的特征。

二、跨国品牌区域战略的表现

问题 5：跨国品牌区域战略有什么表现？

跨国公司往往根据自身规模、实力和总体战略布局等方面的情况，实施品牌的区域战略。他们采用"创造区域局部优势"的市场竞争策略，不贪大求全，避免在整体市场上与竞争强手短兵相接，打"撒胡椒粉"式的"全击战"，而是明确区域市场目标，着力在区域市场上创造优势，建立稳定的市场根据地和强有力的市场依托，在某几个区域市场内提高市场占有率，赢得较大市场份额。许多跨国企业都采用了这一战略。

品牌区域战略的具体表现为：

1. 细分区域市场

区域策略的本质是规划，而规划则取决于对市场了解的深度，取决于对市场的洞察力。所选区域目标市场一般应具备市场容量和潜力较大、区位优势比较明显、竞争态势比较明朗、营销资源对等等条件。

如何才能充分了解区域市场呢？至少要包含：区域 GDP 增长率；职工人均工资收入水平；消费结构；区域特性；流通结构；行业趋势；竞争态势；主流产品；渠道构成；价格水平；促销方式；拓展方式；等等。区域目标市场可分为准入市场、首选市场、重点市场、中心市场等。目标市场确定后，企业需明确市场定位，形成明晰的区域市场推广战略方针，实施灵活多样的营销策略。

2. 明确目标

确定了区域市场，就可以采取两种策略：一是集中优势，各个击破，不做"夹生饭"；二是固守本土，精耕细作，首先要把本地市场做足、做强、做出特色，形成巩固的根据地，在综合实力增强后再寻机扩展。

就区域市场的目标而言，必须通过对市场态势的把握和对自身能力的判断，确定最真实的区域目标。

3. 寻找机会增长点

区域战略的关键在于找到机会增长点。针对市场空缺，甚至市场饱和情况，找到品牌进入市场的机会增长点。在这个环节，要求品牌规划师对于每一个可能的机会增长点，都要在消费结构、区域特性、流通结构、行业趋势、竞争态势、主流产品、渠道构成、价格水平、促销方式、拓展方式等方面拿出具体的依据。

随着跨国经营的纵深推进，跨国品牌在区域管理上也应采取区域战略。如日立、东芝、松下、本田、佳能等著名跨国公司推行了"全球四总社制"的组织体制。即除国内保留总公司外，还在北美、西欧、亚洲建立独资的区域统管公司，下设若干生产、销售、金融子公司，以及技术开发研究所、零部件采购中心等，以达到弱化事业部职能、强化地区决策、协调全球行动的目的。各区域统管公司实行一元化领导和自主经营，统一指挥各区域统管公司的技术开发、采购、生产、销售等；在资金筹措和运用上亦可自主决定；国内总公司与各区域统管公司之间以信息网络相连，以便相互采购产品、零部件和交换技术情报等。

区域战略的关键点在于明确品牌的核心竞争力，将有限的资源聚焦在明确的局部市场，然后把根据地市场精耕细作，做透、做活，通过创建品牌的核心价值，打造独特的赢利模式。以根据地市场为核心向周边扩散，通过纵深扩张，以单点核心市场逐步形成连点基地市场，并产生强大的击穿力量，成为大区域强势品牌，实现品牌的成长与壮大。

三、跨国品牌在中国的区域分布

问题 6：跨国品牌在中国如何分布？

既然是实现全球资源的优化配置，跨国公司肯定要选择最适合于某些价值创造环节的地区，因此形成了这样的趋势：在各方面综合条件越好的地区，跨国公司就相对较多。所以，出现了全球价值链，形成了产业、企业集群的现象。因此在经济全球化的同时，区域经济一体化现象也非常明显。

跨国品牌在实行区域战略的时候，也很注重区位的选择。跨国公司区位选择主要受其全球化策略和所属的行业性质决定。

首先，受跨国公司的全球化战略，特别是海外子公司的战略定位的影响。跨国公司有很多部门，如研发、地区总部、营销、物流管理等。不同的角色、不同的职能部门在进行区位选择的时候，要求是不一样的。比如说市场追求型，像欧美跨国公司在他们刚开始到中国来投资的时候，跟日韩企业是不一样的，日韩企业把中国当做加工组装基地，是一个生产制造加工组装基地。这就注定了其看中的是中国的劳动力成本，特别是对于优惠政策很重视。

其次，取决于其所属的行业性质，比如麦当劳对区位的选择和汽车石化公司的要求是不一样的。

跨国公司在中国的区域分布就可以从这两方面的因素考虑。中国局势稳定，对外开放的力度越来越大，而且有廉价的劳动力等很多的优势都促使跨国公司在中国呈现出集中化的趋势。

跨国公司在中国区位分布的静态主要是在长三角、珠三角。这种形势正逐步发生变化，主要体现在两方面：

（1）由于东部有很强的吸引力，跨国公司在继续加大对东部沿海地区投资的同时，也开始向中部地区的中等城市进行投资。但是外资兴起的态势并不明显。

（2）不同来源地的跨国公司投资区域的选择出现了不同的偏好，比如说港澳台同胞喜欢在他们的近缘地带——珠三角进行投资；日本企业喜欢在长三角、上海、江苏、浙江投资，近年也开始向广东、大连、青岛进行转移；韩资企业在青岛的投资特别多。

除了区域分布，在产业分布上，跨国公司在中国的产业选择也有很大的不同：其投资重点以第二产业为主，第三产业份额在不断增长，第一产业比例一直比较低。外商跨国公司在中国投资的行业主要是两大块：一是制造业与房地产，占据的比重是80%；二是随着中国加入世界贸易组织，承诺按照世界贸易组织的原则，逐步全面、开放，特别是服务行业，跨国公司在第三行业的投资也在不断上升。

当然，跨国公司到中国来投资，不能随心所欲，不能完全按市场导向，要按照市场的游戏规则办事。所以说，跨国公司在东道国要有这些约束：首先外资在中国的产业选择要服从国际产业转移的一般规律，比如说制造业转移、服务业转移，要符合大体的规律，先输出纺织、化工等新兴产业，同时对外投资要符合一般规律，要符合发达国家的产业结构调整战略。在产业层次上，可能先以轻纺工、劳动密集型产业为主，现在发展到了知识密集型。地区城市是以一定工业发展基础的工业城市为地区，逐步扩大到全球的。这是从一般规律来

看，也是从国际视野来看的。

活动2：和同学探讨跨国品牌是如何实行区域战略的？

考试链接

1. 跨国品牌的区域战略。
2. 跨国品牌区域战略的表现。
3. 跨国品牌在中国的区域分布。

第三节　国际化品牌的渗透战略

 引导案例

诺基亚、摩托罗拉等跨国手机巨头的中国战略

提起手机，许多人会立刻想到诺基亚、摩托罗拉等外资品牌，这要归功于他们在中国市场的渗透性市场战略。自20世纪80年代来到中国，这些外资品牌便凭借先进的技术水平、丰富的营销经验开始了地毯式的市场扩张，迅速成为具有压倒之势的主导品牌。

中关村在线调研中心发布的《2007~2008年中国手机市场调查研究报告》显示，2007年，外资品牌受市场关注的比例达到80%以上。其中诺基亚关注比例高达48.2%。

专家指出，外资手机企业比以往更加熟悉中国市场，凭借强大的资本和技术优势，加快新品推出速度，进行渠道改革，产品覆盖了高、中、低端市场。

早在1985年，诺基亚就开始了在中国的初期发展。到90年代中期，诺基亚已将我国发展成为其在全球的主要生产基地。从2004年开始，诺基亚通过创新的产品和成功的渠道策略，坐上手机市场销量第一名的宝座。

扎实且广布的分销体系、丰富的产品组合以及入门级手机的强劲市场地位是诺基亚在2007年的市场份额成长的主要驱动力。中国是诺基亚最大的单一国家市场，成长速度非常快，诺基亚便着眼于提供最广泛的产品以及最丰富的功能满足消费群体的需求。

相对于行业霸主诺基亚，摩托罗拉、索尼爱立信以及三星手机，则处于长

期博弈的状态。为了获取更多的市场份额，这些品牌不断推出新的手机产品以及营销策略，吸引消费者的眼球。

同样于 20 世纪 80 年代后期进入中国的摩托罗拉，在我国的投资总额已经超过了 36 亿美元，成为和诺基亚抗衡的最强势的竞争对手。摩托罗拉（中国）电子有限公司手机部相关人士告诉记者，为了推进产品销售，摩托罗拉在中国采取 360 度全方位的市场营销策略，其中包括广告（TV、平面和户外等）、网络、公关活动和零售促销等多种方式。

中国手机市场对于旗鼓相当的索尼爱立信和三星来说，除新品层出之外，"索爱" 的体验式营销、三星 "奥运手机" 营销都凭借 "把营销方式上升到与消费者进行情感交流的层面" 而成功地带动了销售。

除在高端市场进行花样繁多的营销以赚取利润之外，抢占农村地区等低端市场也成为外资品牌近年来的重要战略。诺基亚、三星、摩托罗拉等品牌纷纷放下高端手机的 "身价"，推出千元以内的低端手机以吸引低收入者。据悉，这些数百元就能买到的国外知名品牌手机，除了不具备高端手机的 MP3 及照相等功能，通话质量、待机时间、产品样式以及售后服务等均可和高端手机相媲美。

资料来源：贾晶晶：《诺基亚、摩托罗拉等跨国手机巨头的中国战略》，《中国企业报》2008 年 6 月 30 日，有删节。

➡️ **思考题：**

1. 诺基亚、摩托罗拉是怎样进行渗透策略的？
2. 国产品牌应如何应对跨国品牌的战略渗透？

一、品牌渗透战略的内涵

 问题 7：什么是品牌渗透战略？

随着市场竞争的日益加剧，行业与行业的渗透相互融会，跨行业、跨领域的合作愈演愈烈，跨国公司在进行品牌传播的时候也更加注重渗透战略的应用。

 关键术语
品牌渗透度

品牌渗透度也叫顾客占有率，是指在一定量的消费人群中，一次购买某商品的人数占购买该商品人的总数的比值。而跨国品牌的渗透战略则是一种立足于现有品牌，充分开发其市场潜力、促进市场占有率提升的企业发展战略。

品牌渗透率通常可以进一步区分为两个指标，即品牌绝对渗透率和品牌相对渗透率。

品牌绝对渗透率反映了一个品牌在总体人群中的影响力，是指在过去一年中，使用或购买过某品牌的消费者人数（家庭数）占目标总体人数（家庭数）的比例。

品牌绝对渗透率分为耐用消费品品牌绝对渗透率和快速消费品品牌绝对渗透率：

（1）耐用消费品品牌绝对渗透率 = 目标总体中拥有某品牌耐用消费品的人数（家庭数）/目标总体人数（家庭数）×100%。耐用消费品的品牌渗透率也叫做品牌保有率（Brand Maintain Rate）。

（2）快速消费品品牌绝对渗透率 = 目标总体中过去一年使用或购买某品牌产品的人数（家庭数）/目标总体人数（家庭数）×100%。

品牌相对渗透率是指过去一年中，使用或购买过某品牌的消费者人数（家庭数）占该品类消费者人数总体（家庭数）的比例。

品牌相对渗透率分为耐用消费品品牌相对渗透率和快速消费品品牌相对渗透率：

（1）耐用消费品品牌相对渗透率 = 目标总体中拥有某品牌耐用消费品的人数（家庭数）/拥有该品类产品的人数（家庭数）×100%。

（2）快速消费品品牌相对渗透率 = 目标总体中过去一年内使用或购买某品牌产品的人数（家庭数）/过去一年使用或购买过该品类产品的人数（家庭数）×100%。

品牌相对渗透率、品牌绝对渗透率和品类渗透率有以下关系：品牌相对渗透率 = 品牌绝对渗透率/品类渗透率×100%。

品牌的渗透策略并不是依靠简单的频次高曝光，而是更应该注意实力、理念的曝光，让消费者理解品牌的内容，把消费者更为容易接受的内容传递给受众。因此品牌渗透靠的是软传播的高频次曝光。

当然，不同的市场拥有不同的特点，跨国公司在制定品牌渗透战略的时候也往往根据市场的特点进行。跨国公司凭借着其强大的品牌文化和品牌策略，不断地将消费者纳入品牌文化推广当中，让他们了解品牌、接受品牌、支持品牌。

二、跨国品牌的渗透策略的表现形式

问题 8：跨国品牌的渗透策略有什么表现？

根据全球著名管理咨询公司麦肯锡公司的分析报告，《财富》杂志排名前250位的大公司有近50%的市场价值来自于无形资产，而对于某些世界最著名的公司而言，这个比例甚至更高。

品牌是企业独特的文化，一个有实力的品牌可以使企业获得更多的超额利润。在跨国品牌渗透上，不仅仅是以标志、标准字、标准色为核心展开的完整的、系统的视觉表达体系，还能将跨国企业理念、企业文化、服务内容、企业规范等抽象概念转换为具体符号，塑造出独特的企业形象。通过将这种最具有传播力和感染力、最容易被公众接受的视觉信息传播给消费者，跨国品牌一步步实现自己的品牌渗透。

具体来说，跨国公司通过五种方式实现渗透策略：

1. 差异化市场细分

针对不同的细分市场，跨国公司采取差异化的市场细分，进而形成企业独特的竞争优势，取得利润增长点。如宝洁公司目前在中国销售的产品有：飘柔、潘婷、海飞丝、沙宣洗发护发系列；舒肤佳香皂、玉兰油香皂、舒肤佳沐浴露、玉兰油沐浴乳、激爽香皂、激爽沐浴露，玉兰油护肤系列、SK-II；护舒宝卫生巾；佳洁士牙膏、佳洁士牙刷；碧浪、汰渍洗衣粉；帮宝适纸尿片；品客薯片；得宝纸巾；等等。它的每一种品牌都做到了差异化的市场细分，从而各自赢得了自己的忠实用户。

2. 价格战

凭着雄厚的财力和强力市场运作，跨国公司在目标市场不遗余力地培育品牌，强化自己的品牌形象。为了培育品牌，跨国公司通过运用免费试用或低于成本价格出售等促销手段来进行品牌渗透。如为了进入中国文字处理市场，微软不惜放纵盗版行为，使OFFICE软件在中国市场上成为主流，把自己在这一领域的主要竞争对手金山——WPS、CUDOS逼进死胡同。广告是跨国公司进行品牌渗透的一大利器。以空调业为例，由于国产品牌的市场地位比较强大，在广告的投放上，国外品牌立足于重点突破。

3. 品牌并购战略

品牌并购相比品牌开发是一种极为迅速的品牌组合建立方法，是指企业通过购并其他品牌以获得其他品牌的市场地位和品牌资产，增强自己的实力。买一个好的商标，等于买了一个市场，并消灭了一个强有力的竞争对手。许多跨

113

国公司在刚进入目标国市场的时候，多会通过收购目标国的品牌来探路。

在品牌经营时代，并购往往带有品牌扩张的目的。如 1998 年，德国戴姆勒—奔驰购并美国克莱斯勒汽车公司。这种兼并一般具有联盟性质，通过兼并可以获得对方庞大的市场地位，从而在整个业界树立起一个强大的品牌形象。

4. 品牌代理

出于对国外市场的陌生和渠道不熟悉，跨国公司在进入伊始会采取与目标国国内成熟的渠道运营商合作，通过运用它的渠道和关系，打入对方市场，展示自己的品牌，最终形成自己的客户群落。20 世纪 90 年代便来到中国的杰尼亚就是其中之一。当时这家意大利时装品牌想把它的店铺开在五星级酒店里，把产品卖给来中国出差的外国人。后来，它找到了一家本土合作伙伴温州夏梦公司，夏梦帮助它进入中国。自 1991 年开始，杰尼亚在中国的销售额每年以 20%的速度增长，现在中国是杰尼亚全球的第四大市场。

5. 品牌人文关怀

客户买你的东西不仅仅是买一件商品，品牌带给消费者更多的是情感性价值，产品本身的使用性价值并非客户寻求的全部。我们要赋予品牌更多情感性和人文的价值，这样才能满足客户多样化需求，品牌才能传播其内在的价值。可口可乐公司就是一个最好的例子。可口可乐不仅在人文寓意上符合人们快乐、幸福的观念，在销售渠道上也非常注重人文关怀。可口可乐在全球范围内广泛地发展地域经销商，不但在自动售货机、喷嘴式饮水器、超市、便利店里有卖，而且在电影院、音像商店，甚至出租车上都更显其"清凉"本色。

拓展、提升、渗透一个品牌首先是要让你的目标及潜在用户经常见到你的品牌，因为品牌价值最终要归结到用户的购买行为上。而要使用户完成购买行为首先要降低实施这一行为的成本，这包括心理成本和行为成本。也就是说要让用户比较容易想到你、熟悉你，买你产品的时候少一些不信任和担心，之后在想到你时比较容易地买到你。而要达到这种效果，需要强有力的渠道支持，特别是要"密集"销售终端，加大对区域市场的渗透。

事实上，企业打造品牌的过程，本身也是一个文化渗透的过程，消费者接受了品牌，也就接受了文化。如海尔集团在品牌经营的实践中形成的"斜坡球体论"、"OEC 管理法"、"日事日毕，日清日高"、"有缺陷的产品就等于废品"、"服务始于销售的开始"等，都体现了海尔品牌文化的鲜明特征。

活动 3：和同学探讨跨国品牌是如何实现品牌渗透战略的？

活动 4：跨国品牌的渗透策略对民族品牌有何影响？

考试链接

1. 品牌渗透战略的内涵。

2. 跨国品牌的渗透策略的表现形式。

案例分析

安踏体育营销：经济品牌的"精细渗透"

1. 渠道是真正的制胜法宝

安踏的成功被很多人描绘为"明星代言+央视广告"模式，这个传奇式的案例据说已经被编入了商学院 MBA 案例库。安踏总裁丁志忠是晋江最早具有品牌意识的企业家。

开始，安踏只是晋江 3000 家鞋厂中的一个，1997 年时安踏的销售额只有5000 万元左右，利润只有 5%~8%。而且，虽然安踏煞费苦心地在全国一、二、三线城市都设立了比以前多好几倍的销售网点，但由于这些代理商同时代理多家产品，晋江的小品牌又十分杂乱，因此这些销售网络根本起不到什么作用。

直到 1997 年请来了营销高手叶双全，他给丁志忠讲了耐克借助体育明星崛起的故事。1999 年，安踏以每年 80 万元的费用签约了乒乓球世界冠军孔令辉，并拿出了几乎相当于当年上半年利润的 500 万元在央视体育频道投放广告，这在当时绝对是个惊人之举。

2000 年，孔令辉在悉尼奥运会上夺得乒乓球男单冠军，同时在电视上喊出了"我选择，我喜欢"的口号，安踏几乎是一炮打响。2000 年，安踏的销售额突破了 3 亿元，是 1997 年的 6 倍！

"体育明星+央视广告"只能算是安踏在中国市场成功的一个诱因，其真正的制胜法宝还是其强大的销售网络。从 2004 "《成功营销》·新生代最具竞争力品牌调查报告"中我们可以发现，无论是在大众市场还是大学生市场，安踏的品牌渗透率指标表现都非常突出，排在了第一位。

安踏正是利用品牌迅速提升的机会，对整个销售体系进行了全面完善，从分销、做专柜迅速转为专卖店经营和代理商以分级经营的加盟模式进行合作。

2. 经济实用型品牌的市场"瓶颈"

虽然安踏短短几年就在中国市场上异军突起，但是我们仍然不免未雨绸缪。

2004 年底，跨国公司集体打响了在中国市场进行全面渗透的战争，在营销渠道的建设上投入了很大的精力。阿迪达斯在中国已有 500 多家专卖店；新百伦通过与代理商的战略合作，短时间内覆盖了全国 80 多个城市……与此同时，其他晋江品牌也越来越重视专卖店的建设。如果失去了销售网点的巨大优势，安踏如何应对两面夹攻？

"明星+广告"已经玩不转了，体育营销牌怎么出？事实上，2004年雅典奥运会，安踏的明星代言表现就并不出色。

当安踏把注意力放在专业技术上与耐克同步时，而根据美国运动鞋协会的调查，近年来主流消费市场对运动鞋的科技已经越来越不注重了。菲利普·科特勒说："运动鞋已经成为重要的时尚代表。据说，女孩子被男孩子邀请去约会时，首先要看一看对方穿的运动鞋。"

这种趋势在中国市场也非常明显，调查显示，安踏仍然属于经济实用型品牌。

零点调查公司董事长袁岳也表示："安踏、双星、锐步处在中国体育品牌的第二集团，安踏面临的问题是消费者的忠诚度低，联动消费能力低。安踏在高端产品上与耐克没法竞争，在中低端产品上与李宁有小部分的竞争。第二集团的产品与第一集团的差距很大，但是与第三集团的差距很小，所以如果在市场定位方面没有明确的方向，品牌价值很有可能跌落。"

资料来源：马艳芳：《安踏体育营销：经济品牌的"精细渗透"》，和讯网，2010年5月13日，有删节。

问题讨论：

1. 安踏体育营销是如何实现"精细渗透"的？
2. 安踏如何突破经济实用型品牌的市场"瓶颈"？

本章小结

品牌定位是指企业在市场定位和产品定位的基础上，对特定的品牌在文化取向及个性差异上的商业性决策，它是建立一个与目标市场有关的品牌形象的过程和结果。国际化品牌定位策略包括两种方式：一种是以自己独特的个性、统一的定位传递给全球的消费者，突出品牌的个性；另一种本土化的定位策略则体现在针对不同国家、不同地域的消费者，适度调整品牌的定位，满足当地市场的需求。

产品的标志只是品牌设计的内容之一，品牌设计还包括企业或产品的命名、平面设计、包装设计、展示设计、广告设计及推广、文化理念的提炼等，从而使其区别于其他企业或产品的个性塑造过程。

跨国公司往往根据自身规模、实力和总体战略布局等方面的情况，实施品牌的区域战略。品牌区域战略的重点在于明确区城市场目标，着力在区域市场上创造优势，建立稳定的市场根据地和强有力的市场依托，在某几个区域市场内提高市场占有率，赢得较大市场份额。

跨国品牌的渗透战略是一种立足于现有品牌，充分开发其市场潜力、促进市场占有率提升的企业发展战略。跨国公司渗透策略体现在差异化品牌战略、价格战、品牌代理战略、品牌并购战略、品牌人文关怀等方面。

深入学习与考试预备知识

中国银行品牌国际化：品牌定位

对跨国公司来说，中资银行品牌影响远逊于外资银行。如像花旗银行这样的跨国银行具有中资银行可望而不可及的全球服务网络和全能银行的服务产品。而跨国银行和跨国公司多年以来的全球合作关系，更令二者的合作有某种默契。南京爱立信倒戈事件，折射出中外银行品牌之间的巨大差距。对追求全球成本最低化的跨国公司来说，选择外资银行是一种环境允许下的本能反应。

全球网络和全球服务的欠缺，令中资银行在谋求全球品牌的路上步履蹒跚。而更关键的是，中资银行海外客户资源的稀少。中资企业真正在海外闯世界的少之又少，像青岛海尔这种将厂房设到美国的，更是屈指可数。而花旗银行开拓境外客户的一个重要途径，便是老客户在全球拓展市场时，需要金融服务相伴而去。这为花旗银行提供全球统一服务提供了客户基础。

一般来说，通向世界名牌的必由之路，是规模化、集团化、多样化、国际化（简称"四化"道路）。对中国银行业来说，虽然"四化"道路皆不平坦，但国际化之路漫长。

在中资银行中，创建全球品牌迈出步伐最大的是中国银行。

"中国银行、全球服务"是中国银行的品牌定位。而将中行打造成为中国的花旗银行，正是中行人的远景。

资料来源：《中国银行品牌国际化：品牌定位》，中华金融学习网，2010 年 7 月 28 日。

知识拓展

中国茶品牌国际化战略要领

中国茶产业 2009 年出口达到 30.5 万吨，价值也突破了 30 亿元大关，再创历史新高！但我个人对此却无论如何也乐不起来！为什么？

大家可以算一笔账，30万吨，30亿元，平均每吨1万元！那么出口1斤茶叶的平均价格是多少呢？5元钱！这已经和国内市场上的萝卜、白菜价格差不多了，甚至比涨价了的大蒜还要便宜。倒过来说，即使在国内市场上，谁家的茶叶如果仅卖5元钱1斤，恐怕多少要被认为是破烂货而得不到顾客垂青。同时，难道我们仅仅是为了出口创汇吗！答案也一定是否定的！我国2007年一年的外贸顺差已经达到2700亿美元，难道还差这几个亿美元的茶叶外汇不成？归根结底，这样的价格出口的只能是原材料，不是产品，也不是半成品，更不是品牌产品。要想从根本上改变茶叶出口的这种尴尬局面，提高中国茶叶的附加价值，一个基本的共识应该是：要做中国品牌！

问题在于：中国茶叶缺少品牌吗？中国是世界上茶叶品牌最多的国家！一地一牌，一品一牌，品牌丛生，品牌林立，但是没有一个能够和"立顿"（LIPTON）等国际大品牌相抗衡的品牌！我们不是缺少品牌，所缺少的是国际知名大品牌，是有影响力的强势品牌和在国内外市场上的领导品牌！

中国茶由于地域和品种的差异，很难产生真正能够一统天下的品牌！但这并不影响我们在主要品种和主要区域塑造独具特色的国际知名品牌。问题的关键在于如何定位和策划！而中国茶叶品牌的国际化更是任重道远。千里之行，始于足下。无论如何，中国的茶叶品牌该迈向国际市场了。如果真的有中国茶叶品牌要走国际化市场拓展的艰难道路。我这里想谈一谈一些基本的战略要领。

一、最核心的是培育中国茶品牌超越地理文化边界的能力

品牌国际化要解决的是：出得去！立得住！吃得开！信得过！"品牌战略，攻心为上"！

由于传统文化的影响，中国品牌普遍缺乏超越地理文化边界的能力。茶品牌尤其如此，较强的地域性成为品牌行之不远的一个障碍。在品牌设计上，如何在熔铸传统文化的基础上，更多地融入国际化元素，使品牌本身具备超越地理文化边界的能力，是茶品牌国际化必须首先考虑和解决的一个核心问题。真正能够通过广告形象宣传让不同文化背景的消费者理解、认同和接受，就需要对品牌注入更多的普世价值和现代理念。

说到底，是要把中国茶文化所宣扬的文化理念用能够被不同国家和地区、不同文化背景的现代元素来表现，这是我们共同面临的课题。如果这一点不能突破，我们可能会永远停留在出口茶叶原料的水平上。

二、在熔铸文化的基础上，使品牌能够引领时尚、彰显个性

现代品牌理论认为，在充分竞争的市场上，真正有竞争力的品牌，其文化含量往往高于科技含量。因此，熔铸文化，引领时尚，彰显个性，越来越成为

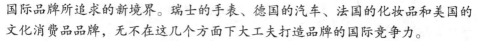
国际品牌所追求的新境界。瑞士的手表、德国的汽车、法国的化妆品和美国的文化消费品品牌，无不在这几个方面下大工夫打造品牌的国际竞争力。

中国的茶品牌本身蕴涵着丰富的中华传统文化。要走国际路线，就必须在熔铸传统文化的基础上，注入时尚元素，并彰显自己的个性。星巴克颠覆了咖啡饮品的文化传统，打造出一个具备现代时尚特殊的、新的咖啡店品牌，20 年风靡全球，似乎你不去星巴克你就不时尚，你就没有品牌个性。茶饮品牌能不能颠覆温文尔雅的饮品消费传统？我不知道！广大青年行走间喝的冰红茶、统一绿茶，究竟是茶，还是饮料？快节奏的消费方式需要新的品牌来引领！

三、赋予品牌应有的核心价值理念，明确品牌的市场定位

品牌为消费者所提供的不仅是产品质量和企业信誉，也不仅是品牌产品的实用价值，更多的是品牌所赋予的精神价值。这是品牌的价值所在，是品牌的灵魂。茶品牌给消费者所带来的享受绝不是止渴，更多的是精神的享受。消费者钟情于某个茶品牌，说明这个品牌所显示的核心价值理念是消费者所希望得到的。高端品牌使消费者享受尊贵和荣耀，极品品牌可以带来特权和虚荣；一般的文化品牌使人文雅；老百姓需要的是经济实惠。健康、绿色、有尊严是茶品牌赋予生活的核心价值理念，品牌的市场定位一旦明确，便可以围绕定位展开品牌的塑造和策划。

四、做好品牌形象设计的同时，下大工夫做广告策划和渠道建设

品牌形象设计的国际化元素当然要考虑！走出亚洲，走向世界的品牌，需要渠道，需要广告，需要形象，需要故事，需要反复注入的消费者认同的价值内涵。这方面，中国茶叶品牌有太多的功课要做，有太多的基本功要练。如果没有足够数额的广告投入也是难以达成基本目标的。

五、做好品牌的英文网站，广泛宣传上述内容

日积月累，品牌的价值资产会呈几何级数增长。品牌的知名度、美誉度、忠诚度也会与日俱增！

我们期待世界市场上尽早地出现显示中国茶叶实力和文化魅力的大品牌！

资料来源：张世贤：《中国茶品牌国际化战略要领》，《中华合作时报茶周刊》，2010 年 12 月。

答案

第一节：

1. 略（本道题目是开放性答案，学生可以自行调研得出结论，证据充足，言之有理即可）。

2. 略（本道题目是开放性答案，学生可以自行调研得出结论，证据充足，言之有理即可）。

第二节：

1. 制定了区域品牌发展战略，加快建立区域品牌，为已拥有的产业集群起"大名"，以区域品牌统领产品。目前，一场涉及数千亿元以上产值的、声势浩大的、集合产业集群整体力量的"区域品牌"工程，正在广东全面展开。他们通过积极整合产业集群资源，使各地相关企业"五指合握成重拳"，共同开拓国内外市场。

2. 便于管理，降低成本；便于整合资源，利于深度分工；促进知识和技术的累积。

第三节：

1. 差异化市场细分；价格战；品牌并购战略；品牌代理；品牌人文关怀。

2. 略（本道题目是开放性答案，学生可以自行调研得出结论，证据充足，言之有理即可）。

案例分析：

1. "体育明星+央视广告"只能算是安踏在中国市场成功的一个诱因，其真正的制胜法宝还是其强大的销售网络。从 2004 "《成功营销》·新生代最具竞争力品牌调查报告"中我们可以发现，无论是在大众市场还是大学生市场，安踏的品牌渗透率指标表现都非常突出，排在了第一位。安踏正是利用品牌迅速提升的机会，对整个销售体系进行了全面完善，从分销、做专柜迅速转为专卖店经营和代理商以分级经营的加盟模式进行合作。

2. 略（本题为开放性题目，本道题目是开放性答案，学生可以自行调研得出结论，证据充足，言之有理即可）。

品牌的文化内涵与国际化

学习目标

知识要求　通过本章的学习，掌握：

● 民族与国际化的文化融合
● 演绎经典与时尚的错位争锋
● 彰显个性化的品牌风范

技能要求　通过本章的学习，能够：

● 分析民族文化在国际化过程中的应对策略
● 结合中国某民族品牌的案例，设计其品牌的国际化之路

121

学习指导

1. 本章内容包括：品牌文化内涵的概念、特征，品牌经典与时尚的错位争锋，品牌个性的概念、作用等。

2. 学习方法：结合案例，全面掌握品牌的文化内涵和国际化的相关概念和策略，并进行知识延伸、讨论活动等。

3. 建议学时：8 学时。

第一节　民族与国际化的文化融合

引导案例

中国互联网品牌"国际化"突围

当腾讯与百度从用户数上正式踏入国际一流互联网企业时，当中国互联网企业掀起新的海外上市热潮时，商业之外的修炼显得越来越重要。打造真正的国际化品牌对中国互联网企业来说更为艰难和迫切。

股市向来是企业业绩的"晴雨表"。百度等一批中国概念股"神话"遭遇新梯队不"给力"而下跌。类似百度这样的企业开始谋求全球化发展时，能否受到用户"信任"，直接与品牌打造相关。

2011年初，世界顶级品牌沟通服务集团WPP旗下权威调研公司Millward BrownOptimor在京首次发布了《2010年中国最具价值品牌TOP50强》，50强品牌的总价值高达2800亿美元，其中腾讯（第8名）、百度（第9名）这样的高科技企业首次排在了显眼位置，意味着这两家企业已经破除了外界对他们形成的"成见"，赢得了国际网民的信任与尊重。

腾讯在2010年遭遇了前所未有的品牌危机。先是被媒体归为"模仿"与"垄断"的"作恶者"，后又被竞争对手360指责窥探用户隐私。事实上没有任何一家互联网公司不掌握并使用用户数据，只是谷歌这样的企业早已为自己的品牌设定了"不做恶"内涵，而腾讯却恰恰未能在品牌内涵上赋予这方面的意味。好在其所提出的"一站式生活"平台理念，以及在对用户服务上的优良品质，最终依然让其成为中国第一互联网品牌。显然，从一家好的互联网企业，到一家伟大的互联网企业，腾讯需要迈向新的品牌征程。

百度这家过去10年拼命赚钱的公司连连在品牌上遭遇梦魇，以"商业原罪"而不被信任。在外媒《商业周刊》眼里，百度拥有世界上最好的买卖，但很难在中国之外取得信任，这意味着百度的国际化蓝图很难实现。2010年，李彦宏开始着力打造自己的国际形象。7月，他参加了著名投资银行艾伦公司在爱达荷州举行的太阳谷年度峰会，与Facebook创始人扎克伯格相识。11月15日，李彦宏首次参加了旧金山Web 2.0峰会中的硅谷公众论坛。

中国互联网企业的国际化努力，从目前表现看至少需要补足两点：需要认识到企业和品牌是一切利益相关者感受的总和，其中也包括竞争对手；品牌观的第二个阶段，是要把企业和品牌看做一切消费感受的总和，在此阶段，企业高度关注用户和用户体验，把消费者当成上帝。这些都是商业之外的修炼，是一个好公司成长为伟大公司的必经之路。

资料来源：苏娟：《中国互联网品牌"国际化"突围》，《IT经理世界》2011年2月。

➡ **思考题：**

1. 腾讯和百度是如何赢得国际网民的信任和尊重的？
2. 中国互联网的"国际化"突围还需要哪些修炼？

一、 品牌的文化内涵

问题1： 什么是品牌的文化内涵？

在今天的消费生活中，越来越多的人开始接受并热衷于一个名牌背后的附加内涵。美国兰德公司曾花20年时间跟踪了500家世界大公司，发现其中百年不衰的企业有一个共同的特点，就是他们始终坚持四种价值观：一是人的价值高于物的价值；二是共同价值高于个人价值；三是社会价值高于利润价值；四是用户价值高于生产价值。

一个没有文化内涵的品牌是没有支撑力的，一个没有文化内涵的品牌也是缺失了凝聚力的。

关键术语

品牌文化

品牌文化（Brand Culture），指通过赋予品牌深刻而丰富的文化内涵，建立鲜明的品牌定位，并充分利用各种强有效的内外部传播途径形成消费者对品牌在精神上的高度认同，创造品牌信仰，最终形成强烈的品牌忠诚。拥有品牌忠诚就可以赢得顾客忠诚，赢得稳定的市场，大大增强企业的竞争能力，为品牌战略的成功实施提供强有力的保障。

品牌的文化内涵是品牌的生命，是品牌成长的基因和密码，是品牌内在蕴涵的深刻价值和情感诉求，也是品牌所凝练的价值观念、生活态度、审美情趣、个性修养、时尚品位等精神象征。品牌的文化内涵具有三个方面的特征：

1. 契合消费者的内心需求

品牌文化代表着一种价值观、一种品位、一种格调、一种时尚，一种生活方式，它的独特魅力在于它不仅仅提供给顾客某种效用，而且帮助顾客去寻找心灵的归属，放飞人生的梦想，实现他们对生活价值的追求。

在消费者心目中，他们所钟情的品牌作为一种商品的标志，除了代表商品的质量、性能及独特的市场定位以外，更代表他们自己的价值观、个性、品位、格调、生活方式和消费模式。他们已经不是仅仅购买一件商品，而是对其品牌文化内涵和精神内涵的认可，维系他们与品牌长期联系的是独特的品牌形象和情感因素。这样的顾客很难发生"品牌转移"，毫无疑问是企业高质量、高创利的忠诚顾客，是企业财富的不竭源泉。

2. 蕴涵着民族精神

品牌总是根植于历史土壤，吸收着民族文化的养分。优秀的品牌文化是民族文化精神的高度提炼和人类美好价值观念的共同升华，带着民族精神的基因，凝结着时代文明发展的精髓，渗透着对亲情、友情、爱情和真情的深情赞颂，倡导健康向上、奋发有为的人生信条。

3. 昭示了企业的经营理念

企业经营理念是企业在长期的生产经营过程中形成的，是企业全体员工信奉的经营哲学、企业精神、价值观念、行为准则和审美理念的综合反映。品牌文化是企业经营理念在品牌中的体现，其内涵包括了企业经营理念的方方面面。品牌文化的物质基础是产品，其精神力量是企业经营理念。

优秀的企业文化能够创造出更具人性和文化底蕴的产品，使品牌获得精神与物质的双重提升，从而更具活力和生命力。企业文化通过品牌将视野扩展到广阔的市场领域，以对内增强凝聚力，对外增强竞争力，并将文化效应转化为市场效应和经济效益。

在追求品位、彰显个性的现代品牌经济时代，品牌战略的实施是企业赢得竞争并最终赢得市场的重要保证，品牌文化还是品牌战略的灵魂。优秀的品牌文化可以赋予品牌强大的生命力和非凡的扩张能力，充分利用品牌的美誉度和知名度进行品牌延伸，进一步提高品牌的号召力和竞争力。最为重要的是，优秀的品牌文化还可以使消费者对其产品的消费成为一种文化的自觉，成为生活中不可或缺的内容。

二、全球化背景下的民族文化

问题 2：全球背景下的民族文化是什么样的？

面对国际化的强劲走势，民族文化与国际化出现了激烈碰撞并融合的趋势。事实上，文化的国际化与民族化是统一的、辩证的，并在一定程度上有着一定的因果关系。全球化为民族化提供了丰富自身的机遇和条件，民族文化必须抓住这个机遇，不断地继承、丰富、弘扬和创新，积极为民族文化注入新的营养，不断地赋予文化以崇高厚重的民族性，使民族文化在不断实现创新中得到丰富和发展。

在经济、文化国际化的时代进程中，绝不能弱化和衰减文化的民族性。在任何时候所进行的任何文化艺术创造，都无一例外地以"独创"作为其生命的灵魂，以"新颖"作为其价值的支点，而独创、新颖、丰富性和个性化等文化与艺术的生命要素之源，恰恰主要蕴藏于民族性之中。所以，文化的国际化与民族化不仅不是矛盾的、冲突的、对立的，而且还是相促的、相激的、和谐的，它们完全是一个辩证的统一体。

从品牌的角度而言，对于民族品牌，到底什么才是真正意义上的国际品牌？

国际品牌之所以能获得国际大多数民众的认可，并不仅仅是因为他们的国际知名度高，也不是因为他们的产品本身有多么的高档和富有特色，而是因为国际品牌所倡导的文化价值观和行为方式符合了传播的科学规律：

1. 普世性

普世性即能为大多数人所接受。如果一个民族提倡的文化只局限于本民族，而不是世界大多数人都喜欢的，那么肯定是走不出国门或民族区域的。

2. 思想号召力

仅仅有普世性，还不能成为国际化文化，最主要的是这种普适性的文化具有广泛的引领和号召力，能够与人们展开沟通和磨合。

3. 价值认同

从广泛的普及性的基础价值符合，到思想体系的深度展开与意识融合，再到物质功能的感受和完全接受，这个过程是人类接受一切事物的基本过程。民族品牌的国际化过程也是一样，它也完全符合这个基本的规律和过程。

因此，民族品牌在面对国际化进程时，最科学、最根本的前提就是要把民族品牌所秉承的核心文化理念，锻造成为世界大多数民众都认可的普世文化。只有世界民众认可了品牌所倡导的价值理念，才会最终认可你的品牌价值和接受你的品牌本身。

另外，在面对国际化时，要使文化充分发挥其作用，还必须充分认识文化的个性化特征和内在性规律，并在实践中尊重这些特点和规律。最重要的就是它的不可逆性和它的民族性，而它的不可逆性又主要是通过它的民族性来承载和体现的。所以，只有民族性才是文化的脊梁和灵魂，才是文化的价值所在。一切形式和内容的文化与艺术创造，只要真正地表现了它所隶属民族的民族性，它也就必然具有了历史感、人民性和时代特征，也就必然具有了独特的个性、气韵与风格，并因此而获得思想意义与美学价值。

三、中国民族品牌的国际化突围

问题 3：中国民族品牌国际化为何不能突围？

近年来，中国企业通过换标来促进国际化的潮流可谓方兴未艾。联想把"Lenovo"确定为企业新标志，开启一系列全球化攻略；华为更换新的标志，淡化本土色彩，强化国际化导向；中国显示器的开山鼻祖长城显示器也开始明晰自有品牌和国际化的方向，更换带有地域色彩的"金长城"为"Great Wall"，都昭示了中国民族品牌积极融入国际的决心。

然而，民族品牌的国际化之路并非坦途，除了相对国际跨国企业还较弱的技术、资本实力之外，对国际贸易规则的不熟悉，以及缺乏自我保护意识，都给了竞争对手以可乘之机。各种手段的"暗算"犹如"十面埋伏"，令民族品牌防不胜防，时时陷入窘境。

1. 缺乏核心技术

由于缺乏核心技术，没有自主创新和自主知识产权，许多中国企业只能在产业链的低端苦苦挣扎，举步维艰。没有技术，中国企业便缺乏核心竞争力，也无法把中国制造的优势很好地发挥出来。

2. 商标被抢注

海信在德国遭遇商标危机，先下手为强的外国企业抢先注册了海信的名字。更让人难以接受的是，在我国被列为"国宝级"保护的"一得阁"墨汁，却被日本人抢先注册。随着互联网应用的日益普及，网络域名也成为国际"海盗"们抢注的新领域。

3. 品牌信誉受挫

随着一些民族品牌在国际上建立了良好的品牌形象，拥有了较高的知名度，一些不法厂商开始打着中国知名品牌的旗号，大肆制造假冒伪劣产品。这种做法既侵害了民族品牌的合法权益，又损害了消费者的利益，同时也破坏了民族品牌在消费者心目中的良好形象，危害甚大。

4. 国际反倾销的压力

反倾销看起来是有关政府的行政法律行为，但实质上都是中国企业的国际竞争对手在幕后运作的结果。从农产品到纺织品，从打火机到 DVD、电视机，中国民族企业遭遇的一次次反倾销，无处不见国际竞争对手幕后操作的黑手。

总之，随着中国民族品牌在国际上的声名日益显著，针对它们的种种不正当竞争手段也以不同面目乔装打扮而来。民族品牌要走上国际化的金光大道，就必须识破这种种手段，防患于未然。

活动1：和同学探讨百年品牌共有的价值理念体现在哪几个方面？

活动2：结合中国某一民族品牌，谈谈其如何实现国际化突围？

考试链接

1. 品牌的文化内涵。
2. 全球化背景下的民族文化。
3. 中国民族品牌的国际化突围。

第二节　演绎经典与时尚的错位争锋

引导案例

"女子十二乐坊"三八奏响音乐堂

靓丽却不是花瓶、民族却不失时尚、外向却不忘本土，民乐变革的代表"女子十二乐坊"今年将迎来成立10周年。2011年3月8日，作为当代新女性的代表，她们将在这个特殊的日子里，于中山音乐堂推出"庆三八华丽音乐会"，同时也为自己奏响10岁生日的序曲。

成立于2001年6月的"女子十二乐坊"，将中国古老的琴音与西方流行音乐相融合，创造出一种充满全新气息、没有地域之分，同时又具有鲜明东方特色的纯音乐。虽然从诞生之日起，伴随她们的就是掌声与争议，但她们以变革性的民乐演奏形式和国际路线的营销策略，让中国民族音乐收获了世界的掌声也是不争的事实。她们所制造的"乐坊现象"更为民族音乐文化产业走出去做了有益的探索。

此次演出，"女子十二乐坊"将在国际化制作团队的精心包装下，身着700万元重金打造的3套华丽演出服奉献一场视听盛宴。整场演出的曲风将后现代主义的抽象写意和新古典主义的唯美融合在一起。《奇迹》作为其原创的经典曲目，不仅展示了中国民族乐器的特点，更以中西结合的完美形式创造了市场的奇迹；《自由》带有浓郁的异域风情，有着华丽的技术和充满动感的节奏；《紫禁城》作为一首创作曲目，将以壮观的旋律展示中国历史的变化和风雨变迁；

《察尔达斯》改编自著名的小提琴曲，用两根弦的中国二胡演奏四根弦的小提琴曲，需要高超的技巧和稳定的技术状态；《新古典主义》将莫扎特、贝多芬的名曲编配在一起，以二胡为主线旋律，在演奏技法上改变了传统的形式，突出了乐手高超的琴技。

资料来源：郭佳：《"女子十二乐坊"三八奏响音乐堂》，《北京青年报》2011年2月22日。

思考题：

1. "女子十二乐坊"是如何演绎经典与时尚的错位争锋的？

2. "女子十二乐坊"所制造的"乐坊现象"为民族音乐文化产业走出去做了怎样有益的探索？

一、百年品牌经久不衰的秘诀

问题4：百年品牌经久不衰的秘诀是什么？

品牌管理专家大卫·A.艾克说："成功的品牌都有与自己的消费者沟通的办法，它们都在努力地通过情感交流打动它们的消费者，所以它们取得了胜利。"百年品牌何以经久不衰，其核心秘诀在于品牌文化、品牌定位、品牌创意，以及在品牌传播等方面与消费者的良好沟通。

1. 消费者对品牌文化的认同

品牌的文化内涵表现为目标消费群易于并乐于接受的某种价值，而这种价值就是企业创造的、赋予品牌的、凸显企业价值与企业文化的一部分。一旦品牌所传递的价值得到消费者的认知，那么，透过消费文化与消费情结所体现的就是一种品牌文化。

消费者在选择某一品牌时，不仅仅是对它的功能和质量的认定，更因为它是某种生活方式的象征，代表了某种文化或精神内涵。消费者在接受产品和服务过程中，品牌的文化或精神因素影响着其对产品和服务的感性认同。

2. 品牌定位的个性演绎

品牌定位的过程可以描述为寻求品牌与目标群体消费文化的结合点的过程。而独具特色的品牌定位也体现出了品牌的吸引力与渗透力。从品牌传播的角度来说，也只有赋予了个性的品牌才具有较强的传播渗透力。品牌的独特性不仅决定于定位在哪一种消费文化的形态上，更重要的是决定于定位于何种消费情结及表现形式上。也就是说，品牌营销时代，演绎独具个性的消费情结成为品牌定位的关键。

3. 品牌创意的人性化

娱乐、时尚、经济时代的品牌文化倡导人本与人性的还原。因此，找回人生的价值和尊严已经成为娱乐、时尚、经济时代品牌文化创意与表现的主流。要使品牌和消费者实现情感共鸣，得到认可并接受，必须在品牌创意时赋予品牌以组织联想、情感共鸣和自我表现的内容。

4. 品牌传播的一致性

品牌传播不仅传递着品牌的个性，同时还构成了品牌文化的重要组成部分。通过何种媒体及其组合向消费者传递品牌个性的信息及用何种方式演绎和表达品牌个性，都必须注意品牌个性与传播媒介的一致性。

从消费者的角度看，品牌更多代表的是一种消费者对某种需求的认同。这也是经典品牌得以长久不衰的原因和秘诀。

二、经典品牌的时代前进

问题 5：经典品牌是如何前进的？

有历史积淀的老品牌，其经典而久远的故事是重要的资产，但单靠"怀旧"和讲故事是远远不够的。老品牌也需要在历史的发展过程中不断寻找自己的位置，需要与时俱进的创新，不断发展、演变、深化和丰富品牌精神，了解并引领新一代的消费者。

经典品牌成功的秘诀就是永葆青春。要成功做到这一点，必须实现四个目标：

1. 以消费者为中心

品牌的创新性能满足消费者新的需求，能使消费者对品牌产生联想并保持延续性，产生最新的价值认同。品牌与时俱进的过程也是维持消费者的过程，让品牌更吸引消费者，给他们更好的总体体验，就需要以 4C（消费者、便利、成本、沟通）为核心理念，永远不要给消费者转向其他产品的理由。

2. 持续、全面地创新

品牌创新是为了让品牌永葆活力，不是权宜之计，也不是为创新而创新。企业在品牌创新上要充分利用品牌资源，还要充分保持品牌资源，以实现品牌创新的持续、全面、可持续发展。强大的品牌会为企业提供持续不断的财富源泉。最好的品牌会随着时代的变迁而改进，其个性以及公众对它的情感也会随着时代的步伐而变化。

3. 提高产品性价比

想在品牌创新中领先，首先必须在降低成本方面领先。品牌创新的成本包括前期调研决策费用、技术与产品创新费用、公共广告费用和包装费用等。新形象与原形象差别愈大，成本愈高。因此，企业要严格控制成本，提高经济效益。

4. 创新具有可操作性

品牌创新同样需要落地，就是它的创新理念与推动执行之间不能出现断层、必须能实现转换，从创新的产品到核心技术，从品牌文化、品牌内涵，到品牌精神、品牌价值等，要具备传播的理由和渠道。如若不然，其所谓的品牌创新也只是虚空的思想而已。

创新使人进步，守旧使人落后。品牌是一个生命有机体，同样遵循进化的法则，会有生老病死。当消费者在变化、新技术在产生或者竞争对手在创新时，它也必须改变。要实现这个目标，从品牌的培育到推动，只有持续不断地创新才能让品牌焕发生机，永葆活力。同时品牌的创新和战略计划也必须随着不断变化的消费群体、客户、技术和竞争环境的改变而变化。如若不然，也会被历史遗忘。

三、经典与时尚的完美结合

问题 6：怎样把经典与时尚完美结合？

Prada 在近百年的发展过程中，通过致力于创造兼具经典色彩和创新精神的时尚理念，成为享誉世界的传奇品牌。Prada 产品所体现的价值一直被视为日常生活中的非凡享受……

有着百年历史的欧莱雅，旗下拥有赫莲娜、薇姿、兰蔻、卡尼尔、碧欧泉、理肤泉、美宝莲、美奇丝、植村秀、羽西等大家耳熟能详的品牌。欧莱雅为了满足不同用户的多样需求，绘制了一个无处不在的美丽坐标，让每一位消费者都能在其中找到自己的满意产品，其完美地演绎了经典与时尚的结合。

"我就喜欢！""要爽由自己！"麦当劳、可口可乐这些品牌给大家的感觉总是充满着时尚的、个性化的味道，正是这种品牌的活力使其保持着旺盛的生命力，经久不衰。

"世界唯一不变的就是变化"。市场在变，消费者在变，品牌自身也在变。1954 年，万宝路采用硬铮铮的男子汉作为品牌代言人，一改其女性化的形象；2003 年 4 月 28 日，联想告别了使用 19 年的英文标志 Legend，全面启用新的英文标志 Lenovo；2009 年，宝马着手研发 2011 款 Z4sDrive35is 等。

与时俱进是品牌之树常青的秘诀，动态的市场不存在一个恒久不变的品牌。而在自然条件下，任何产品的"品牌力"都会悄悄衰减。只有品牌形象不断更新，把握住时代的脉搏，这样才能保持品牌的活力。

"在欧莱雅，美丽首先是一项科学探索。"欧莱雅在百年发展中，推出过众多创新科研成果，如能够抑制脱发的亚美尼斯分子、防晒领域中最好的麦色滤SX 技术等；飞利浦公司百年间研发了近 3000 多项专利技术；耐克几乎每隔半年就推出一部新的广告片；芭比娃娃不同时期推出不同主题的娃娃，紧跟时尚潮流。与此同时，与时代脉搏同步的营销手段也十分重要。成功的营销不仅仅是多投广告，更要投准广告、具有文化内涵。

一个成功品牌的大忌是墨守成规，长时间没有产品、技术、包装、广告等上的创新。时间对品牌的侵蚀力不可低估，它可以使一个品牌老态龙钟，举步维艰，然而老化并非品牌发展的宿命。许多卓越品牌跨越产品生命周期，走过百年漫长历程，如今依然在市场上生机勃勃，充满活力。

因此，经典品牌必须通过不断结合时尚元素，在活动中与消费者不断沟通，将亲和、互动与时尚有机结合起来，与时俱进地对品牌进行不断创新，是品牌摆脱时间侵蚀，成就百年金字招牌的秘诀。

 **活动 3**：你印象中的百年品牌有哪些？

活动 4：谈谈你认为将经典与时尚结合得最完美的品牌案例。

 **考试链接**

1. 百年品牌经久不衰的秘诀。
2. 经典品牌的时代前进。
3. 经典与时尚的完美结合。

第三节 彰显个性化的品牌风范

引导案例

香奈儿 No.5：个性化到牙齿

全球知名品牌香奈儿的香奈儿 No.5 香水，直到今天依然稳坐同类商品世界销售冠军的宝座。在全球，它每半分钟就能卖出一瓶。

一个以数字命名的香水，为何能如此风靡全球？"香奈儿 No.5，做到了人们对它所要求的一切，'个性化到牙齿'了。"

1. 个性化品质

在当时以模仿真实花香为傲的香水界，香奈儿 No.5 香水无疑就像一个叛逆的精灵。

香奈儿 No.5 完全回避纯粹花朵的芳香，是全球第一支使用高浓度乙醛化合物创制的香水。它包括 130 种香精，其中的主味大多是人工合成的现代花香香精，创造出一种前所未有的独特香味，从而轻而易举地击中了目标消费者求异的购物与享受心理。

2. 个性化包装

在当时，一些时尚专家认为香奈儿品牌就要丧失在 No.5 "简陋"的包装上。结果当初不被看好的香水，红极几十年。

香奈儿 No.5 采用方形瓶子，透明玻璃，瓶外表没有任何装饰，有着状如宝石切割般形态的瓶盖，透明水晶的方形瓶身造型，线条利落，"CHANEL"和 "No.5"的黑色字体呈现于白底之上，让人过目难忘。

香奈尔 No.5 香水瓶的现代美感，令它在 1959 年获选为当代杰出艺术品，跻身于美国纽约现代艺术博物馆的展品行列。

3. 个性化营销

香奈儿 No.5 的成功，与它的个性化营销方式密不可分。

1956 年，香奈儿成为第一个利用电视媒体做广告的香水品牌。到 1968 年，其广告片就有 50 多个。香奈儿 No.5 长久以来一直与性感美女明星挂钩。目前，电视媒体仍然是香奈儿 No.5 传播的主要媒体。同时，香奈儿 No.5 一直坚持在时尚类杂志做广告。

奢侈品的消费者更多地希望通过消费享受其象征性的价值。无论是电视广告，还是刊登在时尚杂志的平面广告，香奈儿 No.5 都显得典雅和与众不同。

资料来源：秦风：《香奈儿 No.5：个性化到牙齿》，网易新闻网，2010 年 10 月 24 日。

➡ 思考题：

1. 香奈儿具有怎样的品牌个性？
2. 香奈儿是如何做到个性到牙齿的？

一、品牌个性的概念

问题 7：怎样创造品牌的个性？

品牌如人一样，有着鲜明的个性特征。有的品牌让人接触一次就终生难忘，而有的品牌却平淡如水、毫无个性，人们很快就会将其遗忘。因而品牌运作者都很重视塑造品牌的个性。

品牌个性这个名词很早就有学者提出，1982年，Sirgy提出任何品牌或产品都应该具有个性，1997年，Aaker运用心理学中的"大五"人格理论模型对品牌个性维度进行了探索性的研究，甚至国内外众多学者开始涉足品牌个性的研究，品牌个性已经成为营销学、心理学研究领域的焦点之一。

品牌个性，又名品牌人格，作为一个较新的专业术语，既根植于心理学的经典人格理论，又体现了品牌所特有的人格特征（Milas和Mlacic，2007）。很早就有学者运用人格的定义对品牌个性进行定义，如美国斯坦福大学品牌个性的研究专家詹妮弗·艾克给品牌个性的定义：品牌个性是指与品牌相连的一整套人格化特征。但学术界对品牌个性概念界定还存在一些分歧。其中，最主要的分歧表现为品牌个性与品牌形象的关系，这种分歧导致品牌个性定义分为两大派系。

1. 品牌形象论

20世纪80年代以前，大部分学者认为品牌个性就是品牌形象，在一部分论著中品牌形象等同于品牌个性。同时，大多数学者广为援引奥格威的品牌形象（Brand Image）论述，奉行其在1955年提及的"每一广告都必须是对品牌个性长期贡献"的名言。还将品牌形象定义为"购买者人格的象征"，如当代品牌策略大师大卫·E.艾格有过这样精辟的表述："如果说品牌形象是指'消费者如何看待这个品牌'，那么，'品牌个性'便是你希望消费者如何看待这个品牌。"甚至有一部分学者直接将品牌个性与品牌形象统称为"品牌性格"。

品牌形象论过分强调了品牌个性与品牌形象的一致性，而没有加以区别，它主要存在于品牌个性理论研究的初期，并已经逐渐被学者们所否定。

2. 品牌形象维度论

目前，大部分学者比较赞同"品牌个性是品牌形象（品牌表现、品牌个性、公司形象）的一个重要构成维度，而非唯一构成维度"的观点。

美国教授詹妮弗·艾克1997年在《市场研究》杂志上发表了一篇《品牌的个性维度》的论文，认为品牌个性可以直接由消费者个性得以表现，是人类个性特征投射到品牌的结果，强调情感在品牌中的重要作用。她还首次根据西方人格理论的"大五"模型，从个性心理学维度出发，以美国文化为背景，以西方著名品牌为研究对象，依靠现代统计技术，发展了一个系统的品牌个性维度体系。这个体系包括五大维度：真诚（sincerity）、兴奋（excitement）、能力（competence）、典雅（elegance）和强韧（ruggedness）。

这五大品牌维度非常贴切地描述了很多跨国品牌的个性，如康柏和柯达的"真诚"，万宝路和耐克的"强韧"，保时捷的"兴奋"，摩托罗拉和IBM的"能力"，劳力士和香奈儿的"典雅"等。

虽然看待品牌个性的视角存在着分歧，但从现有的研究文献来看，在大部分品牌个性研究的过程中，学者们更多地偏重于基于消费者视角的品牌个性定义，即品牌个性是消费者所感知的品牌所体现出来的一套个性特征。

跨国品牌在全球传播的时候，都非常重视品牌个性的塑造。一般来说，我们可以从相关性、需求性、差异性、简单性以及稳定性五个角度来审慎评估品牌个性。

1. 相关性

相关性指的是所设定的个性是否与产品、服务或顾客相关。例如，西堤的个性是"热情的年轻人"，主因是消费对象皆是年纪轻、有活力的上班族。

2. 需求性

需求性指的是所投射的个性，对消费者要具有品牌利益。例如 Calvin Klein 性感的诉求，对时尚内衣品牌的消费者构成了致命的吸引力，甚至为了认同这样的个性，愿意付更高价购买。

当品牌个性得到了目标消费者的共鸣和接纳时，那么，它就会表现出强烈的排他性，建立起品牌的"防火墙"，使竞争品牌无法模仿，有利于品牌持续的经营。比如许多著名品牌都有自己鲜明的品牌个性，如柯达的纯朴、顾家、诚恳；锐步的野性、年轻、活力；微软的积极、进取、自我。

3. 差异性

从根本上来说，品牌个性的目的就是帮助消费者认识品牌、区分品牌，以至让消费者接纳品牌。品牌个性最能代表一个品牌与其他品牌的差异，尤其在同类产品中，许多细分品牌虽然定位差异性不大，但只有通过品牌个性才会使之脱颖而出，表现出自己与众不同的感觉，从而实现品牌区隔。比如，宝洁公司在日化产品的细分品牌上，就有飘柔、海飞丝、潘婷等多个品牌，每个产品的功能不同，这就容易满足消费者不同的利益需求。

4. 简单性

简单性是指品牌的个性要浅显易懂，简单的文字即可直达人心。比如品牌识别元素中的标志，如耐克经典的"一勾"，就传递出"只要去做"、"就有可能是对的"的积极个性，简单明了；又如李宁的广告语"一切皆有可能"传递出一种信心，蕴涵着品牌的定位是"高档的、富有的、身份的"象征，只是简单的一句话，却表现出十分自信的个性。

5. 稳定性

稳定的品牌个性是持久占据顾客心理的关键，也是品牌形象与消费者体验相结合的共鸣点。内在的稳定性和相应的行为特征可以帮助消费者识别品牌个性，并最终占领顾客的心理。

品牌个性是品牌核心价值的集中表现，塑造品牌个性，使消费者快速认知，进而激发联想，最后忠诚于品牌，是品牌管理的重要内容。

二、品牌个性的作用

问题 8：品牌个性有什么作用？

品牌就像一个人，她有特殊的文化内涵和精神气质。她也是有性格的，这就是品牌个性。品牌个性是区分品牌与品牌之间差别的重要依据，奥格威曾在其品牌形象论中提出：最终决定品牌的市场地位的是品牌总体上的性格，而不是产品间微不足道的差异。

品牌大师艾克也说过："品牌有个性，让你的品牌与众不同。"从哈雷摩托车的野性、蒂芬妮的浪漫，到可口可乐的欢乐，我们可以看出，鲜明的品牌个性可以赢得更多的品牌忠诚度。

具体来说，品牌是市场竞争的一把利器，是差异化的最高境界，是追求高于平均利润的最持久、最可靠的法宝，是追求创新与发展的平台。让品牌为众人所知、所爱并对其忠贞不渝是每个商家的梦想。

1. 区别于其他品牌

任何一个市场都不可能只有一家企业在经营，竞争是不可避免的，尤其对于处于成长期和成熟期的企业，不同品牌的产品竞争非常激烈。因此，相对于比较知名的竞争品牌，你的品牌必须具有差异性，才能获得一块属于自己的目标市场。品牌个性正是这种差异性的有力表现。可口可乐与百事可乐，两个世界最具影响力的品牌：百事可乐在入市之初采取的是仿效策略，从口感、包装、宣传上对可口可乐依样画瓢，注重的是品牌外在的建设，因而不可避免地遭受了挫折。其后，在确认了从品牌个性上彻底与可口可乐对抗（可口可乐是正宗、传统的代表，百事可乐就是新一代的选择）之后，百事可乐成功地做到了与可口可乐的差异化，从而新开辟了一个消费者认可的市场。从此，百事可乐建立了自己的王国。

2. 在消费者心中打下印记

在品牌时代，品牌可以充分表现真正的自我，表达人的追求。至于选择怎样的品牌，如何体现人的生活方式、兴趣、爱好以及希望，它给每个人提供了展示个性的机会，比如，你穿的衣服、开的车、喝的饮料等，都有着个人的取向。如果把你所购买的品牌构成一幅美丽的图案的话，那么它就可以描绘出你是怎样的人，你是如何生活的。正是品牌个性的这种外在一致性，才使得消费群体在这个多元化的社会里，找到了自我的消费个性，这也是品牌个性化的必然。

特别在张扬个性的时代，人们按照自己的个性选择自己喜欢的品牌。随着全球经济一体化的发展，这种趋势会越来越明显。同时，只有在品牌个性与消费者个性相一致的情况下，消费者才会主动购买，否则，就很难打动消费者。

3. 获得利润的保证

没有品牌个性的产品，唯一能够引起消费者产生消费动机并引致消费行为的最简单的方法就是价格战。并不是说价格战不好，而是商家除此之外就别无他法则是悲哀。

而鲜明的品牌个性则很容易在消费者心中留下深刻的印象，成为消费者购买商品的首要选择。反映在价格方面，有个性的跨国品牌价格往往要相对高一些，但是因为消费者对品牌的信赖，企业仍然能获得利润。

4. 追求创新和发展的平台

怎样保持品牌旺盛的生命力？怎样锻造百年品牌？创新和发展成为品牌生命得以长期维持的关键。而独特的品牌个性易于区分和其他品牌的关系，也成为企业追求创新和发展的平台。

品牌个性作为品牌的核心价值，是构成品牌力的重要组成部分。因此塑造品牌个性就成为企业品牌管理人员的重要任务。

三、塑造品牌个性

问题 9：怎样塑造品牌个性？

在残酷的市场竞争中，具有品牌个性的产品，消费者往往愿意购买，为什么呢？因为品牌个性切合了消费者内心最深层次的感受，以人性化的表达触发了消费者的潜在动机，使它选择代表自己个性的品牌，从而把品牌价值凸显出来。换句话说，品牌个性是品牌价值的核心表现。要想提升品牌价值，就必须塑造出鲜明的品牌个性，否则，品牌就会被淹没在市场的汪洋大海中起不了波澜。

正如广告大师奥格威所说："最终决定品牌的市场地位的是品牌本身的性格，而不是产品间微不足道的差异。"其实，他说的品牌性格就是品牌个性。那么，如何塑造品牌个性呢？

1. 定位个性化

品牌定位是品牌个性的立足点，而品牌个性是品牌定位的最直接体现，彼此之间最好相互吻合，但两者间又可以不完全相同。要塑造品牌个性，先要明确品牌的个性是什么。品牌的个性其实就是所要针对的消费者的个性，也就是说你希望谁来购买你的产品。只有确定了品牌的定位,才能确定品牌的个性。消费者所要购买的商品都会与他们的自我认知相匹配。因此,对于某一消费群体而言,创建具有与之个性相近的品牌将是一种有效的策略。品牌的个性跟消费者的个性越接近,他们就越愿意购买这种品牌的产品,品牌忠诚度也就越高。所以,品牌的个性塑造要针对目标消费者的消费心理,通过对自身优势、资源的分析,选择自己最有优势的细分市场,并生产相应的产品以满足细分市场。

比如,著名的洋酒品牌人头马,它的品牌个性给人一种"高贵、高雅及浪漫"的感觉,它瞄准的目标消费者就是高收入阶层,他们的个性就是追求生活质量以及品味人生,人头马的品牌个性正好吻合了他们的需求。通过"人头马一开,好事自然来"的经典广告语的召唤,深深地打动了消费者,一下子打开了市场局面。

2. 产品个性化

产品是体现品牌个性的基础。企业为了满足消费者的心理需求,在生产产品的过程中赋予了其某些方面的个性特征。尤其是在个性化品牌塑造的时代,跨国公司高度重视市场细分,寻找出现有产品留下的市场缝隙,使自己的产品具有明显区别于其他产品的地方(尤其是功能方面的区别),进而建立起自身品牌的个性。

沃尔沃是一家以安全性能绝佳著称的汽车公司,其品牌个性就是安全。20世纪50年代的安全车厢,20世纪60年代的三点式安全带,20世纪90年代的防侧撞保护系统等,该公司每年都会投入大量的费用进行安全方面的产品研究和开发。正是由于其在安全方面的不懈努力,才让消费者深切地感觉到,安全就是沃尔沃汽车的代名词,也形成了其独一无二的品牌个性。

3. 品牌个性人格化

广告大师奥格威主张,企业应培植品牌应有的威信,使消费者保持对品牌长期的好感,从而在竞争中确立自家品牌的优势地位。品牌的人格化,有助于实现更好的传播沟通效果,在创意时要为这个品牌的个性找到如人一样的价值观,如外形、声音、行为等。企业通常可以通过树立品牌代言人、对产品进行拟人化等建立品牌个性。

比如,麦当劳叔叔就是麦当劳品牌的一个人格化的形象,它不断地演绎"快乐、任性、自我"的品牌个性,吸引着许多年轻人,通过"我就喜欢"的广告传播,提升了它的品牌价值。再比如,在酒类中"雍容华贵"的 XO,给人的感觉就是贵族式的享受,它的品牌人格化形象,从骨子里浸透着"稳重、高贵"的个性。而伏特加虽然同 XO 比起来差了一个档次,但它那"趣味酒瓶"的人格化形象，以及另类海报，给人一种"躁动、野性和另类坏小子"的品牌个性，也成为人们收藏的精品。它们采用不同的人格化形象，针对不同的细分人群，分别打动了目标消费者，它们各自都取得了成功。可见，品牌人格化形象的独特魅力。

4. 传播个性化

在信息社会，一个品牌能够展现其个性的载体有很多，应该寻找出消费者最易接触的、最直接、最简单的载体，以品牌文化为准绳，塑造鲜明的个性，进行有的放矢的整合传播。而针对不同的地区文化和目标人群，需要进行不断的调整及演绎品牌个性，以便更能打动消费者心弦，最终提升品牌价值。

如可口可乐，它的品牌核心价值是"活力、奔放、激情的感觉以及精神状态"，而它的目标消费群定位为年轻人，那么，它是如何演绎品牌个性的呢？首先，它针对年轻人的特点，结合核心价值的理念，设计出火红色的包装，给人一种"火热、活力、运动"的感觉，再加上那舞动的飘带，以及个性化的瓶子，潜移默化地告诉消费者，它是属于年轻人的产品。其次，可口可乐品牌定位于情感层面，从它的核心价值出发，把年轻人那种"洒脱、奔放、自由、热情、活力、动感"等性格特征，更好地融合在一起。最后，它在品牌个性的塑造过程中，无论是广告，还是公关等活动，在不同时期不同主题里，可口可乐始终贯彻着品牌的核心，给人那种"活力、奔放、激情"的感觉，不断地演绎着它那"洒脱、自由、快乐"的品牌个性。它们保持着一致性，不断地为品牌累积资产。

品牌的核心价值是品牌个性的内核，而品牌个性是品牌价值的集中表现，两者是相互统一的。品牌个性不是企业主观上强加于品牌的，它是由品牌自身由内而外所展现出来的气质特征，企业不能一味追求品牌的个性最大化而主观臆造。

总之，品牌个性是一个品牌最有价值的东西，它可以超越产品而不被竞争者模仿。品牌个性是一种深层次、本质的而非表象，步骤只是一种方式与方法。同时，这种体现本质的个性，将大大有利于促进营销沟通。一旦形成一个鲜明、独特的个性，就会形成一个强有力的品牌，这应该是品牌经营的一个重要方向。

活动 5：去超市寻找一个你认为最有个性的品牌，并说明原因。

活动 6：和同学探讨如何打造一个品牌的个性？

阅读材料

如何创造品牌个性

每个人都具有自己独特的性格，品牌也正如人一样具有性格，我们把品牌的这种性格称为品牌个性。所谓品牌个性，是指产品或品牌特性的传播以及在此基础上消费者对这些特性的感知。品牌个性可从品牌投入与产出两方面进行解析。从品牌执行者角度来看，品牌个性是品牌执行者期望通过沟通所要达到的目标，是传播者所期望的品牌形象。这是把设计好的品牌个性植入消费者大脑的过程。而站在消费者角度，品牌个性是消费者实际对设计好的品牌个性的感知、认可能力的再现，是消费者对该品牌的真实感受与想法，这是品牌个性输出的过程。针对此情况，如何塑造独特的品牌个性就显得尤其重要。

资料来源：《如何创造品牌个性》，中国创业联盟网，2009 年 12 月 19 日，节选。

考试链接

1. 品牌个性的概念。
2. 品牌个性的作用。
3. 塑造品牌个性。

案例分析

李宁如何国际化

李宁品牌的价格和国际市场相比低 20%~30%，与国内品牌价格相比却又高出 35%~40%，李宁品牌的市场占有率在一线城市不及阿迪达斯和耐克，二、三线受到来自其他品牌的压力。面对这种情况，李宁品牌一方面要突破产品同质化的影响；另一方面要积极满足消费者多元化需求，从而突破市场竞争"瓶颈"，推动品牌国际化。

国际化产品就要适应消费者共同的基本诉求，可将其归纳为时尚、专业和便捷。是不是有了这些特点的品牌就一定能够国际化并且受到消费者青睐呢？不是。只有具备了对不同文化情景下消费者的洞察力以及对消费者需求的适应性才是能否建立起全球性品牌的关键。李宁品牌的成功源于李宁个人的成功，国人对李宁品牌的认可是对体育健儿以及他们表现出来的精神的认同。之后李宁品牌尝试将一些富有中国文化特色元素融入产品中，得到大家喜爱，但这种尝试还不够，李宁还需要进一步对中国元素进行梳理，并本着紧扣体育、特色鲜明的原则。中国元素的传播还非常依赖于中国政治、经济、文化各个方面因素的影响。

与国际品牌几十年甚至上百年历史相比，李宁最大的资本在于其独特的中国文化元素应用。在借助中国元素达到吸引消费者注意之后，李宁应该进一步挖掘中国元素深层次内涵，将中国文化内涵与品牌价值观相结合，更加注重挖掘文化内涵的传达，用品牌价值观积极倡导和引导消费者行为，建立起消费者品牌认同，并借助中国文化对世界影响力不断加强，在国际市场上张扬中国品牌的个性。同时，李宁要更加注重不同市场消费者的关注与回馈，要理解当地的文化，在品牌策略中融入其智慧，提高品牌在各地市场上的适应性，形成系统的、有规划的、简洁、识别度高的品牌形象。耐克于 2002 年邀请上海设计师设计一款小笼包的鞋款，这凸显出耐克公司的美国篮球鞋文化与中国古典文化的完美融合，李宁公司也可以考虑将中国传统京剧脸谱的生旦净末丑造型融入服装设计之中。

李宁公司应该防止就赞助而论赞助，应该采用综合沟通的方法，将品牌的核心文化以体育为品牌再次提升与超越，围绕某一个赛事采取一系列的相关营销活动，从公益、文化、热点等各个方面进行整合，产生规模效应。

作为品牌展示的载体，产品是不可或缺的，要把体育产品的特性与品牌蕴涵的中国文化进行有效融合。此外，除了品牌和产品之外，还需要注重伙伴关系，强强联合，如耐克与苹果合作将跑鞋与 MP3 联系在一起，在时尚与运动间找到了平衡点。

资料来源：李纪珍、刘丽娟：《李宁如何国际化》，《管理学家》2011 年 2 月。

→ **问题讨论：**

1. 李宁品牌的文化内涵是什么？
2. 李宁品牌是怎样充分挖掘中国文化元素的？

本章小结

品牌文化，指通过赋予品牌深刻而丰富的文化内涵，建立鲜明的品牌定位，并充分利用各种强有效的内外部传播途径形成消费者对品牌在精神上的高度认同，创造品牌信仰，最终形成强烈的品牌忠诚。品牌文化的核心是文化内涵。品牌的文化内涵是品牌的生命，也是品牌成长的基因和密码，是品牌内在蕴涵的深刻价值和情感诉求，也就是品牌所凝练的价值观念、生活态度、审美情趣、个性修养、时尚品位等精神象征。

百年品牌经久不衰的核心就在于品牌文化、品牌定位、品牌创意，以及品牌传播等方面与消费者的良好沟通。品牌演绎经典与时尚错位争锋的关键在于品牌拥有旺盛的生命力并不断成长。一个成功品牌通过不断结合时尚元素，在活动中与消费者不断沟通，将亲和、互动与时尚有机结合起来，在维护品牌核心价值恒久不变的同时，与时俱进地对品牌进行不断创新。

品牌如人一样，有着鲜明的个性特征。品牌个性，又名品牌人格，作为一个较新的专业术语，既根植于心理学的经典人格理论，又体现了品牌所特有的人格特征。

深入学习与考试预备知识

★★★★

东鹏瓷砖：创新需要个性

尽管现代社会已经开始崇尚个性，然而在建陶行业要坚持个性独立、创新进步是注定需要付出重大代价的。当年响彻大江南北的"金花米黄"之后，便是遍地开花的同类产品围攻，21世纪初，东鹏陶瓷上市努力未果，大多知识产权纠纷都无疾而终，放弃行业流行的多品牌战略……个性独立，就意味着你要忍得住寂寞，才能远离平庸；创新进步，就一定会遭遇众多的模仿拷贝（而且陶瓷行业知识产权纠纷的法律、技术界定都是异常复杂困难的），你的努力方向就是尽可能地永远不被超越。而高端品牌战略，就必须远离价格战，放弃大块的低端市场。

2005年之前的东鹏陶瓷在个性、创新、品牌的道路上经历了足够的坎坷、波折甚至磨难，然而2006年之后，以个性独立、技术创新、品牌进步为内涵的东鹏陶瓷开始了全面发展的时代。在这短短的几年里，不仅新产品层出不穷，产品文化、设计内涵不断提升，而且产量、质量、销量同步增加，目前东鹏陶瓷品牌已成为建筑陶瓷行业销量最大的单一品牌。在这几年中，企业还完成了全国范围的适当布局。近年来，东鹏陶瓷摒弃了简单、单一的营销模式，采用区域经销代理制与自建渠道终端分公司制混合模式，不仅增加了企业对终端的控制，提升了企业对市场变化的快速反应，而且使企业、产品、营销、品牌、渠道、终端等更紧密地结合在一起。从东鹏陶瓷近几年的发展我们可以看到所谓"非理性成长"过程中的理性部分，成功自有成功的秘诀，辉煌自有辉煌的道理。

资料来源：尹虹：《东鹏瓷砖：创新需要个性》，中国经济网，2011年5月10日。

知识拓展

由海尔文化看企业文化国际化

对于一个走国际化道路的企业来讲，要想使自己的产品能够在国际上找到市场，就会不可避免地遇到包括技术、人才、品牌知名度和管理等各方面的困难，而要让异国他乡的顾客也认可你的品牌，首先你就必须让他们先认可你的企业和品牌文化，所以把以企业和品牌文化结合在一起的企业文化推向国际就变得尤为重要了。

海尔集团作为一个享有世界声誉的企业集团，其成功的关键就在于通过对统一的企业精神、企业价值观的认同使集团有强大的向心力和凝聚力，并形成了独具特色的海尔文化。海尔自创业初期，就高扬企业文化的大旗，不断进行企业文化创新，最大限度地给每一位员工提供一个创新的空间，并在此过程中形成了"敬业报国、追求卓越"的海尔精神，通过树立员工的敬业报国价值观，并将之体现到企业制度中，反映到员工的工作方式、社会交往方式、应付事变的方式等企业作风中。海尔的经营理念是企业现代化、市场全球化和经营规模化，反映了时代要求和企业发展的客观要求。"敬业报国、追求卓越"是海尔精神。

海尔文化的成功为我国企业文化走向国际化树立了典范，加入世界贸易组织后的中国企业将如何面对激烈的国际竞争，缔造自己的企业文化，使自己的企业文化和我们的国家一起加入世界贸易组织呢？

1. 企业的核心价值观绝不能动摇

企业的核心价值观是企业决策者对企业性质、目标、经营方式的取向所作出选择的最重要的依据，是全公司所有员工接受的共同观念。它决定了企业的经营政策和战略目标，左右了员工的共同愿望和行为规范，影响了企业的根本信念和发展方向，也展示着企业的基本性格和公众形象。所以，它是企业的根，背离了核心价值观而行动的企业，就像是没有了根的大树一样。

2. 因地制宜地促进企业文化多元发展

当企业在国际市场发展时，有时候不可避免地受到当地社会文化甚至行业文化的影响甚至冲击，这就需要企业在了解不同地区的不同人的价值观和行为理念之后，在利用不同地区的人才的时候，对他们的行为规范、激励机制等各方面的要求和管理采取不同的策略。只要是在坚持了自己的核心价值观的前提条件下，对于一些像企业的行为文化、组织文化、管理文化和营销文化等可以根据不同的市场而有所不同，形成在总部统一的核心文化的基础上让不同的亚文化多元发展。

3. 企业家的自我升级

21 世纪的企业家是企业文化的精神砥柱，企业家的素质和道德表率对于一个成功的企业起着极为重要的作用。加入世界贸易组织后，中外企业的较量在很大程度上是企业家素质和企业家精神的整体较量，而说到底是不同企业企业家所营造的企业文化之间的竞争。

4. 提升"以人为本"的企业文化竞争力

"以人为本"的企业文化创新是 21 世纪企业竞争力创新的方向，企业"以人为本"的管理包含四方面的内涵：一是树立"以人为本"的企业核心价值观；二是尊重员工自我价值的实现；三是鼓励员工参与企业的民主管理；四是在企业产品和服务中体现"以人为本"。

5. 企业品牌竞争力的文化创新

产品的市场竞争优势来源于产品的差异性，而品牌文化可以带给产品独特的个性。当产品的功能和质量成为一种普遍的进入市场的基本要求时，品牌文化便成为创造独特价值的主要手段，市场竞争进而演变成品牌文化的竞争。海尔的成功的根本在于海尔品牌的成功，中国企业要实现自己企业文化的国际化，实行品牌文化竞争战略将是其必然选择。

资料来源：朱海蓉：《由海尔文化看企业文化国际化》，《青岛日报》2003 年 10 月 28 日。

答案

第一节：

1. 略（本道题目是开放性答案，学生可以自行调研得出结论，证据充足，言之有理即可）。

2. 略（本道题目是开放性答案，学生可以自行调研得出结论，证据充足，言之有理即可）。

第二节：

1. 契合消费者的内心需求；蕴涵着民族精神；昭示了企业的经营理念。

2. 本道题目是开放性答案，学生可以自行调研得出结论，证据充足，言之有理即可。

第三节：

1. 个性化品质；个性化包装；个性化营销。

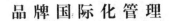

2. 相关性；需求性；差异性；简单性；稳定性。

案例分析：

1. 略（本题为开放性题目，本道题目是开放性答案，学生可以自行调研得出结论，证据充足，言之有理即可）。

2. 与国际品牌几十年甚至上百年历史相比，李宁最大的资本在于其独特的中国文化元素应用。在借助中国元素达到吸引消费者注意之后，李宁应该进一步挖掘中国元素深层次内涵，将中国文化内涵与品牌价值观相结合，更加注重挖掘文化内涵的传达，用品牌价值观积极倡导和引导消费者行为，建立起消费者品牌认同，并借助中国文化对世界影响力不断加强，在国际市场上张扬中国品牌的个性。同时，李宁要更加注重不同市场消费者的关注与回馈，要理解当地的文化，在品牌策略中融入其智慧，提高品牌在各地市场上的适应性，形成系统的、有规划的、简洁、识别度高的品牌形象。

第七章

跨国品牌形象广告与策划

学习目标

★★★★

知识要求 通过本章的学习，掌握：

● 跨国品牌的形象广告
● 跨国品牌的广告类型
● 跨国品牌的媒体传播

技能要求 通过本章的学习，能够：

● 分析跨国品牌传播的标准化策略
● 分析跨国品牌传播的本土化策略
● 掌握跨国品牌传播的全球本土模式

学习指导

★★★★

1.本章内容包括：跨国品牌形象广告的类型、作用，跨国广告策划的特征、定位以及跨国品牌的媒体宣传策略等。

2.学习方法：结合案例，全面掌握跨国品牌形象广告和策划的概念和策略，并进行知识延伸、讨论活动等。

3.建议学时：8学时。

第一节 跨国品牌的形象广告

宝马的脸谱，重塑品牌形象

2010年第一季度，宝马在中国共售出11902辆宝马品牌汽车和1853辆MINI品牌汽车，较上年同期增长近一倍。

不过，自2009年下半年以来，豪华车市场角逐升级，仅靠销量提升，难以展现品牌影响力。于是，从2010年4月始，宝马第一次在中国正式展开集团品牌推广活动——名为"BMW之悦"的中文宣传语，出现在一系列全新的电视、平面品牌广告中。

这句温文尔雅的广告词不可小觑。长久以来，在美国乃至全球市场，宝马"终极驾驶机器"的自我标榜早已形成牢固的品牌认知。在中国，这一认知通过"纯粹驾驶乐趣"来诠释。但"BMW之悦"放弃了轰鸣的引擎、灵动的方向盘与路面剧烈摩擦的车轮这类元素，而代之以一个更为丰富的品牌形象：驾驶乐趣、安全环保与激情共存。

全新电视广告的细节体现出变革之彻底：人的面孔取代了那些冰冷、呼啸的机器成为主角。以往，广告中的人物形象只是汽车的铺垫；同时，平面品牌广告中，充满了京剧脸谱、国画等鲜明的中国元素。"这次广告活动对我们来说是一次巨大的改变。"宝马中国市场部总监朱力威告诉《环球企业家》，"从今天开始，宝马变成了一个人，不再是一台车。他是有性格的，有价值取向的。"

事实上，对中国豪华车市场玩家来说，适应新需求，关键在于品牌形象的重塑。

20世纪90年代，宝马从高端7系车型渗入中国市场，最初消费群集中在新富阶层。在公众认知里，宝马品牌与"暴发户"阶层联系在一起。至今，仍有影视作品刻意强调这种联系。

为了抛弃这个历史包袱，宝马开始在中国市场推销尺寸比MINI略大的1系轿车，和X1、X3这样紧凑别致的小型SUV，以此来吸引层次更丰富的消费群。

宝马并不认为此次品牌变革意味着否定过去。"Joy"始终是宝马品牌的核心，变化在于其内涵更为丰富。在新的品牌战略中，"纯粹驾驶乐趣"的广告语并未消失，而是蜕变为"BMW 之悦"理念三个核心价值之一，此外还包括成就梦想和社会责任两个支点。

资料来源：于欣烈：《宝马的脸谱，重塑品牌形象》，《环球企业家》2010 年 5 月，有删节。

➡ **思考题：**

1. "BMW 之悦"的中文宣传语为何不可小觑？
2. 宝马品牌是如何通过形象广告摆脱"暴发户"这个历史包袱的？

一、形象广告的概念

问题 1：什么是形象广告？

关键术语

形象广告

形象广告就是企业向公众展示企业实力、社会责任感和使命感的广告，通过同消费者和广告受众进行深层的交流，增强企业的知名度和美誉度，产生对企业及其产品的信赖感。

147

跨国公司在全球品牌传播中，形象广告的塑造是非常重要的环节。其形象广告一般分为两种：

1. 企业理念型

企业理念可以体现企业的整体观念、经营宗旨和价值观念。企业理念型的形象广告向社会传播哲学思想、价值观念、理念风格、企业的精神等，利于培养企业员工共同的价值观和对社会大众形成良好的印象。如诺基亚有一句令人印象深刻的广告语：科技以人为本。诺基亚的 LOGO 下方，也总是跟着"Connecting People"一行英文。无论是中文版本，还是英文版本，诺基亚清楚地向世人展现着他们的理念：人是诺基亚在行业中领跑的最大财富。

2. 社会公益型

社会公益型是企业对社会公共事业和公益事业的响应，以企业名义倡导一种精神文明观念，以及对社会的一种看法。它展示一个企业的高度社会责任感，以此来博取消费者的赞同或支持，产生一种关注效应，再而转嫁这种关注到企业或产品上，提高品牌的知名度和亲和力，这样的手法是目前企业形象广告使用最为广泛的一种。比如 ABB 的打造"绿色屏障"的防沙治沙工程，阿斯利康的震后系统援助工程，百事的土豆农场播种生态农业，BMW 的儿童交通安全训练营，微软的农村信息化建设项目等，这些公益项目都是能推动社会公益全方位进步的项目。

跨国品牌的高明之处就在于追求长期的市场占有，因此在刚进入目标市场的时候，就注重塑造企业形象、品牌形象与产品形象。

跨国品牌初进入目标市场，为了树立一个企业或公司的形象，提高其声誉及知名度，因而耗资较大，甚至不惜血本。在广告设计上更是别出心裁，花样翻新。如阿迪达斯曾经的一个广告：在一场电视转播的国际网球比赛上，著名球星伦德尔正要举拍发球，突然发现自己的鞋带松了，于是他蹲下来系鞋带，足足有 20 秒钟。在这段时间里，成千上万的电视观众从画面上看到了运动员身上的球衣和球鞋上"阿迪达斯"的商标字样。伦德尔的这一举动为阿迪达斯做了非常有效的广告。

跨国品牌在追求扩大行业发展空间的同时，还会极力拓展企业的成长空间。跨国品牌往往会"先卖形象再卖产品"，或者说"先卖企业再卖产品"。尽管企业可能还未赢利，可能还要持续投入很多钱，但"形象"一旦发力，则势不可挡。可能很多人会认为，跨国品牌那么有名气，应该先卖品牌才对。其实，跨国品牌在其本土或者其他市场可能确实很有名，但是一些品牌刚刚来到目标国市场，又能有多少人知道呢？很少有人知道品牌代表的是什么，即便是告诉当地人品牌代表什么，但是也要在充分体验之后，并且是在多次体验并确认无误的情况下，才能形成有效认同。更何况，一个品牌的形成，也并非客户点头即可，还需要其他社会力量的共同认可，诸如政府机构、行业协会、新闻媒体等。

二、跨国品牌形象广告的作用

问题 2：跨国品牌的形象广告有什么作用？

对跨国品牌而言，形象广告的作用和意义主要体现在三个方面：

1. 提升企业形象，促进产品销售

形象广告最主要的功能就是通过对消费者的耳濡目染来潜移默化地影响消费者，使消费者对品牌立刻产生联想，使品牌在消费者心目中重建一片天地，并使其所宣传的产品在消费者心中有着特定的位置，从而提升品牌和企业形象，促进产品的销售。

如李宁公司的形象广告做得就很有特色，那句广告语"一切皆有可能"就是点睛之笔，让人耳目一新，这句话是其品牌特征、企业文化与企业形象的有机融合。李宁公司的文化是致力于"通过专业化的高品质产品，传递积极、健康的生活理念"，提倡"体育运动精神和进取精神"，崇尚"挑战自我，超越自我"。因此，李宁公司的"一切皆有可能"很好地展示了公司的文化。

2. 提高企业信誉，拉近消费者距离

首先，良好的形象广告可以体现企业文化和实力，又能发人深省，语言真挚感人，达到"润物细无声"的境界。形象广告是企业向外界展示和宣扬自己品牌和企业文化的一种手段，一定要有气魄和胸怀，如奥迪汽车的"突破科技、启迪未来"，联想集团的"科技创造自由"。

其次，良好的形象广告要充满情感，塑造一种感染力。广告的表现手法中，我们最常采用的就是感情诉求，利用消费者对事物的自然的、美好的情感的转移而建立他们对品牌的好感。比如海尔集团的"真诚到永远"，明基电脑的"享受快乐科技"，别克汽车的"比你更关心你"，中国电信的"用户至上，用心服务"等。

3. 为品牌联想提供了空间

所谓品牌联想，就是指消费者（尤其是目标对象）想到某一个品牌的时候联想到的所有内容。如果这些联想又能组合出一些意义，这个有意义的"一些"就叫做品牌形象。说到一个品牌，人们总会有许许多多、各种各样的联想。如提到麦当劳，消费者可能立即联想到汉堡、麦当劳叔叔、干净、攻读生、奶昔、小孩子的天堂等。这些能联想到的都是品牌联想。

当然，形象广告发挥塑造品牌的作用，也需要客观条件作基础。

首先，产品本身要过硬。一代广告大师伯恩巴克曾说："为拙劣的产品做广告，只会加速它的一败涂地。"产品是品牌的物质基础，只有杰出的产品才可能成为杰出的品牌。

成功的品牌从来就是内涵与外表的协调统一体。这就要求从产品的设计开始，管理好所有与消费者密切相关的产品要素。其中，产品质量是最重要的。它是消费者购物时考虑的最主要的因素，是决定市场份额和销售成果的关键，是广告依据的基础。因此，只有建立在良好产品的基础上，精心设计的广告才能得到消费者的认可，才能发挥其功能。品牌持有者必须致力于高品质的追求和维护，仅想凭广告的堆砌塑造品牌是舍本逐末的做法。

其次，形象广告要优秀。优秀的形象广告往往可以在消费者心中留下深刻的印象，占领消费者的心智。如提到可口可乐，人们对它气势辉煌、极富东方色彩的贺年广告津津乐道；说起爱立信手机，其以沟通为主题、贴近现实生活的广告让许多人心中有所触动。

最后，要求产品的拥有者有全面的品牌意识。品牌塑造是一项长期艰苦的系统工程，需要企业有一整套计划、行动纲领和前后一致、坚持不懈的努力奋斗。它不仅是一个经济问题，更是一个文化与人文问题。营销的环境很重要，企业内部和企业与外部环境的沟通上都必须创造出一个适于品牌发展和形象塑造的品牌文化圈。品牌管理者必须克服"只见树木，不见森林"的短视行为，创造品牌、发展品牌、保护品牌。品牌一旦深入消费者的心中，就会成为企业取之不竭、用之不尽的宝库，为企业带来无限的收益。

活动1：你印象最深的一个跨国品牌形象广告是什么？

考试链接

1. 形象广告的概念。
2. 跨国品牌形象广告的作用。

第二节　跨国品牌的广告策划

引导案例

柯达的品牌策划

柯达公司创始人乔治·伊士曼把新研制的小型口袋式照相机命名为"柯达第一号"——"柯达"品牌诞生了。

1892年公司改为伊士曼·柯达公司。为了打开世界市场，柯达公司专门请人为"柯达1号"起个有意义的名字，最后定名为"袖珍型自动照相机"。1963年又推出了"袖珍型全自动照相机"，立即引起世界各国的轰动，"柯达"也从此一鸣惊人。1963年2月28日，柯达公司又在纽约及欧洲各国首都举行记者招待会，公开发布信息，这也对其品牌的策划起到了一定的推动作用。他们无偿地把专利让给有名的制造厂商，促进了世界相机业的发展，同时也扩大了柯达在国际市场的份额。1964年柯达的"袖珍型全自动照相机"产量超过了日本相机的总产量，1965年9月，销量达到历史最高纪录——1000万台，1968年达2000万台。

柯达公司很注意品牌的高科技含量。他们对新产品的调试十分严格，特别注重品牌名誉的保护。柯达公司拿出巨资，雇用了1000多名职员，把新产品按期交给指定的家庭使用，再回收相机与相片，取得用户的意见，根据这些建议以及试验的结果不断改进完善新产品。待一切准备工作完成后，柯达公司于1975年4月10日在纽约举行记者招待会，向世人推出柯达的新产品——即显相机。

柯达公司在品牌策划中，十分注重与消费者沟通，注意利用新闻媒介及时地传递品牌的动向。而且，品牌命名能够做到响亮易记，各国发音相似，使广大消费者迅速记住品牌名称，形成一定程度的知名度，迅速占领市场，提高品牌的市场占有率。

资料来源：陈放、谢宏：《品牌策划》，时事出版社，2001年6月。

思考题：

1. 柯达公司是如何进行品牌策划的？
2. 注重和消费者的沟通，对柯达的品牌策划产生了什么作用？

一、广告策划

问题3：如何做好一个广告策划？

现代广告策划就是对广告的整体战略和策略的运筹规划。具体是指对提出广告决策、广告计划以及实施广告决策、检验广告决策的全过程做预先的考虑与设想。

广告策划是一个系统的过程，包括市场调研、消费者动机和行为调查、细分市场和确定目标市场、产品调研和产品定位、广告目标和广告策略等。

广告策划是商品经济发展的要求，是广告竞争的必然产物，也是跨国公司全球传播品牌的必然要求。

跨国公司在做品牌广告前，制定的广告文字和形式被称为广告设计。广告设计一般要遵循五个原则：

（1）真实性，即指广告中宣传的必须与实际产品的本来面貌相一致，如果广告虚假，不仅会损害顾客的利益，同样也会损害企业的信誉和形象。

（2）思想性，广告强调经济效益的同时，更要注重精神文明，去除广告内容中不健康的因素。

（3）创造性，创造性是广告吸引消费者眼球的关键因素，广告的语言要生动、有趣，形式要多种多样，不断创新。

（4）针对性，广告设计要针对不同的消费者心理，做出合理的有说服性的产品介绍。

（5）效益性，任何广告的最终目的都是为了经济效益，广告应以尽可能少的费用支出取得最大的广告效果。

二、跨国品牌的广告宣传

问题4：怎样做好跨国品牌的广告宣传？

你有好酒，在深巷子里卖，不吆喝两声，谁会来买？对企业也一样，不投入大笔广告资金，别人连听都没听过这品牌的商品，如何来了解、来购买？

现代的市场营销活动，不仅要求企业产出符合市场需要的产品，还要求企业通过各种方式及时、充分地向消费者提供关于产品的信息，以引起消费者的购买行为。

从传播角度讲，广告在通告和劝说手段上不失为一种良策。广告是企业开拓市场的先导，是提高企业产品知名度的强有力的手段。跨国品牌在利用广告宣传品牌的时候，应根据具体的成本效益最佳性选择媒体类型，并制定出合理的广告策略。

（一）确定广告目标

制定合理的广告策略，企业要做的第一步就是明确企业做广告的目标。营销大师科特勒认为可能的广告目标主要有四种：宣传广告，劝说广告，提醒广告，强化广告。企业可以根据自身的发展计划确定其中的一种目标。

152

1. 宣传广告

宣传广告的目标是要告诉顾客有关产品的信息。这是一种报道性广告，即通过向消费者介绍广告的性能、用途、价格等，以刺激消费者的初始需求。除此之外，宣传广告还能达到纠正消费者对产品的错误印象，减少顾客畏惧心理，建立公司形象的目的。当一种新产品进入市场时，人们对它还不了解，市场上也无同类产品出现，因而广告的重点是向潜在顾客介绍产品，以及产品能满足顾客什么样的需求。需要注意的是，宣传广告的焦点应该放在产品的特性上而不是产品的品牌名称上。在推出新产品或新服务时，这是一种非常主要的广告目标。例如微波炉新上市时，它的广告将微波炉的性能、功效、如何用其烹饪等信息通过广告告诉消费者，便是一种告知性质的广告。

2. 劝说广告

当目标顾客已经产生了购买某种产品的兴趣，但还没有形成对特定产品偏好时，劝说广告的目的是促其形成选择性需求，即购买本企业的产品。劝说广告突出介绍本企业产品的特色，或通过与其他品牌产品进行比较来建立一种品牌优势。

例如PiPi纸尿裤曾经以"太空尿尿趣事多"的广告，证明其产品为航天员专用的高分子吸收棉，说明产品品质比其他品牌好，希望消费者购买其产品，这就是一种劝说性质的广告。

3. 提醒广告

有些产品在市场上销售多年，虽已有相当的知名度，但厂商仍需要推出提醒性广告来提醒购买者，不要忘了他们的产品。这是一种备忘性广告。这种广告有利于保持产品在顾客心目中的形象。可口可乐公司虽早已具有全球的品牌知名度，但它仍要花很多钱在电视广告上，其目的主要是提醒人们不要忘了可口可乐。春夏之际的瓶装饮用水广告、中秋节之前的月饼广告就是提醒消费者要记住他们的产品。

跨国企业在选择广告目标时，首先要透彻分析和了解当前的市场情况，然后根据产品自身的特性和生命周期选择不同的广告目标。

（二）选择恰当的媒体

广告策划者在选择媒体做广告时，应考虑多种因素。目标顾客对媒体的习惯将会影响对其的选择，广告人应努力寻找那种可以使广告有效地到达消费者的媒体。营销大师科特勒曾肯定地说："企业如果能够将目标对准某些观众（顾客），广告的功用将发挥出令人想象不到的效果。"同样，产品的特性也会影响媒体的选择，举例而言，宝利来照相机最好在电视上播出，时装最好刊登在彩色杂志上。不同种类的信息要求不同的媒体。关于"明天大拍卖"的消息只有在广播或报纸上发出才能产生最佳效果。具有许多技术内容的信息就需要杂志或直接邮送方式。

跨国公司在媒体选择上，主要步骤包括：确定广告涉及的范围、出现频率的效果；选择主要媒体类型；选择特定媒体载体；决定媒体时段。

1. 确定广告涉及的范围以及出现频率的效果

在选择媒体之前，广告主必须决定为实现广告目标所需的接触面、频率以及希望产生的效果。接触面是指在特定期间目标市场的顾客接触到广告活动的百分比。譬如广告主可能希望在前三个月的广告活动中接触到70%的目标市场顾客。频率是指目标市场中平均每一个人接触到信息的次数。譬如广告主可能希望平均接触三次。媒体效果是指信息展露的定性价值。譬如对需要示范的产品而言，电视的信息效果要比报纸的信息效果更佳。

2. 选择主要的媒体类型

广告媒介的种类很多，主要的有报纸、广播、杂志、电视、直接邮寄和户外广告等。媒介各有其特点，在时间性、灵活性、视觉效果、传播面、成本等方面相去甚远。了解不同媒体的优点和局限性，对媒体的正确选择十分重要。

（1）报纸：报纸在现代生活中依然扮演着重要的角色，其阅读率和可信度都较高，也是一种理想的广告媒体。它的优点是覆盖面广、传播信息速度较快、可信度较高。特别是日报，可将广告及时登出，并马上送抵读者，地理选择性好，制作简单，费用低廉。另外，报纸还具有信息量大、设计制作容易、灵活性大等优点。缺点主要是报纸印刷质量受限，难以体现商品的品牌质感，保留时间短，广告图画质量差。因此，刊登形象化的广告效果较差。

（2）期刊：近年来，由于人们生活水平的不断提高，各式各样的期刊越来越多，其受欢迎程度也与日俱增，其广告作用也是别的媒体所不能替代的。与报纸相比，杂志的专业性较强，读者集中，特别适合刊登各种专业产品的广告。由于针对性强，保留时间长，画面印刷效果好，能较好地突出视觉效果，烘托产品形象。缺点是出版周期长，读者对象范围固定，如果选择错误，几乎就是无效的广告。

（3）电视：电视是现代最重要的视听型广告媒体。它将视觉影像和听觉综合运用，能最直观、最形象地传递产品信息，具有丰富的表现力和感染力，因此是近年来增长最快的广告媒体。电视广告播放及时，覆盖面广，选择性强，收视率高，且能反复播出，加深消费者印象。缺点也很明显：一是绝对成本高；二是广告瞬间即逝，无法保留；三是众多广告一起拥挤在黄金时间，混杂而容易被消费者忽视。

（4）广播：这类媒体较电视媒体出现要早，其影响虽不如电视媒体，但也有不可替代的作用。它的优点是传播速度快，传播范围广，不受时空限制，节目制作灵活方便，费用低廉，节目受众明确，感染力强。缺点就是无法保存，有声无形，使消费者对产品印象模糊。

（5）直接邮寄：即将印刷的广告物，如商品目录、商品说明书、样本、订单、信函、明信片等通过邮政系统直接寄给目标买主、中间商或代理人，也有直接寄给个人消费者的。邮寄广告最显著的优点是地理选择性和目标顾客针对性都极好、灵活、提供信息全面、反馈快。缺点是可信度低，如果目标顾客为个人消费者，成本也较高。

（6）互联网广告：互联网是最新的广告媒体，这种广告媒体的优点是传播范围广泛，形式多样，成本较低。缺点就是广告效果难以评估，技术要求较高，而且受众也不明确。

（7）其他媒体：包括户外广告，如广告牌、招贴、广告标语、霓虹灯广告等；交通广告，如车身广告、车内广告、站牌广告，及车站、码头、机场广告等；空中广告，如利用气球或其悬浮物带动的广告。这些广告多利用了灯光色彩、艺术造型等艺术手段，集中于闹市、交通要道或公共场所，故一般鲜明、醒目、引人注目，又因内容简明、易记，使人印象深刻，展露重复率高，成本低。缺点是传播范围有限，传播内容也不宜复杂，且难以选择目标受众。

3. 选择特定媒体载体

媒体规划人员必须选择最好的媒体工具——各媒体类型内的特定媒体。媒体规划人员应在媒体成本和若干媒体效果因素之间求得平衡：第一，应平衡成本和媒体工具的受众质量；第二，应考虑受众的注意力；第三，应估计媒体工具的编辑质量。如此，媒体规划人员才能在一定的成本内，选择在接触面、频率与效果等方面都能合乎要求的媒体工具。

4. 决定媒体时段

广告主必须安排年度广告的播放频率。大多数厂家都会做一些季节性的广告，也有一些厂商只做季节性的广告，如 Hallmark 只在主要节日前为其贺卡做广告。

广告主还要选择广告播放频率的形态。广告播放频率可平均分散在各时期，也可视市场情况做重点式的安排，以扩大广告效果。

另外，在选择跨国品牌的广告宣传时，信息和媒体应该协调地结合起来，产生广告攻势的整体效应。

三、跨国品牌的广告效果

问题 5： 怎样评估跨国品牌的广告？

在广告播出之后，跨国品牌还要对广告效果进行定期检查和评估。

企业最常见的情况，便是延续相同的广告计划与政策，因为这是安全稳当的做法；任何改变都蕴藏潜在的风险，而这正是广告经理所不愿见到的事情。邀请外部人士或机构对广告计划进行独立的评估，以期对该企业的广告描绘出更具前瞻性的方式，应该算是一种合理的做法。

但是，广告节目仍应定期对交流效果和广告的销售效果进行评估。问卷调查可以在广告被印刷或播出前后进行。在广告被推出前，广告商们可以把它先给消费者看，问他们感觉怎样，衡量由此产生的反响和态度变化。广告做出后，广告商们可以衡量广告如何影响消费者的反响和对品牌的知晓、了解和偏好。

然而，对品牌知晓增长 20%，对品牌偏好增长 10%，这会产生什么样的销售效果呢？广告的销售效果通常比交流的效果更难衡量。除广告之外，销售还要受到诸多因素的影响，如产品形象、价格和得到的渠道。

针对这种情况，目前主要有两种评估广告效果的方法：一种方法是将过去的销售量与过去的广告开支进行对比；另一种方法就是通过实验，例如测试不同广告开支水平的效果。"必胜客"快餐店在不同的市场区域内花在广告上的费用因地而异，而且在产生的销售水平上可以测出差别来。它可以在一个市场区域内作正常的花费，在另一个地区花一半，而在下一个地区的花费是正常数目的两倍。如果这三个市场区域的条件相同，并且在区域内所有其他的营销努力也相同，那么这三个城市中出现的差异可能与广告费用水平有关。在设定更为复杂的实验时，可以包括其他的变量，如所使用的广告和媒体之间的差别。

活动 2： 针对某一跨国品牌的广告，分析其广告的特色在哪里。

活动 3： 假设你是一家跨国品牌的总经理，现在公司在征集关于品牌广告的策划，您在做策划的时候会考虑哪些因素？

阅读材料

跨国广告公司在华教训：要发自内心理解客户

4A 是美国广告公司协会（American Associato of Advertising Agencies）的缩写，4A 协会对成员公司有严格的标准，所以，4A 广告公司均为规模较大的综合性跨国广告代理公司。金融危机使国际大客户的业务节节萎缩，昔日富贵逼人的 4A，也初尝生活的艰难。改变是必需的，这是存在下去的前提。

2008 年奥美广告的业绩虽然并不理想，但国际客户和本土客户的业务比例大概是 6:4。据奥美广告大中国区总裁陶雷观察，2009 年这个比例将倒过来，本土客户的业务将占 6 成。此外，2009 年增加的几个新客户几乎都是本土客户。同为 WPP 集团成员的智威汤逊也是喜忧参半：上海分公司今年失去了联合利华的家乐这个重要品牌，但北京分公司却因为伊利和中粮这两个本土大客户而业绩节节攀升，据北京分公司总经理徐宁介绍，本土客户的业务已经占据北京分公司业务的 65%。

金融危机使国际客户业务节节萎缩，开拓本土客户成为国际广告公司的"救命稻草"，但喊了十几年的本土化问题，解决起来并不像说的那么容易。

资料来源：Michelma：《跨国广告公司在华教训：要发自内心理解客户》，腾讯网新闻频道，2009 年 8 月 23 日。

考试链接

1. 广告策划。

2. 跨国品牌的广告宣传。

3. 跨国品牌的广告效果。

第三节 跨国品牌的媒体传播

引导案例

跨国传媒集团的全球化传播战略——兼析贝塔斯曼的实战案例

在经济全球化的背景下，全球品牌传播战略已经成为跨国公司整体战略的主体部分，全球品牌能够极大地加快跨国公司进行全球市场扩张的速率，形成令竞争对手难以短期模仿的竞争优势并在全球市场上带来极高的投资回报。

1. 传播战略之全球化思维

现今，虽然全球化与本土化战略业已成为各跨国传媒集团经营发展的普遍策略，但贝塔斯曼在全球发展战略上早已取得了领先优势。

贝塔斯曼是由德国一个家族式的小印刷企业，经过20多年的奋斗逐步发展起来的全球四大跨国传媒集团之一。1962年，它开始在欧美销售自己的产品，开办分支机构，运用资本运营，通过兼并、收购、参股、控股的方式，逐步将自己独立的业务拓展到全球。如今，贝塔斯曼的分支机构遍及世界上50多个国家，拥有300多家下属公司，业务涉及图书、专业信息、音乐、多媒体、电视广播、报纸杂志、印刷工业等传媒业的各个生产、服务领域。至2002年底，贝塔斯曼总收入达183亿美元。

2. 传播战略之本土化操作

由华人任经理人员代替外籍人员管理中国市场，已成为当前跨国传媒集团在华企业高级管理人员结构变化的一个重要趋势。

时任贝塔斯曼上海信息技术有限公司执行总裁的柯子范称："在中国工作的贝塔斯曼员工，外籍人士仅占1%，属决策层的岗位如总经理、首席代表、销售经理等均由年轻精干的中国人担任。"

2002年，贝塔斯曼与国内著名的文学网站——"榕树下"结成战略联盟，填补了在内容环节上的缺失。借助"榕树下"这个文学网站里面海量的本土化内容，贝塔斯曼可迅速地占有市场，扩大影响力。

3. 全球化思维与本土化操作的融合

销售领域表现为全球化的营销经验和本地现有媒介资源的融合，运用成熟的全球营销经验整合本地传播资源，以达到"双赢"的目的。贝塔斯曼最初进入中国传媒市场从中国的出版社进书开始，出版社把滞销的书批发给它。它接手这些书后，运用丰富的全球营销经验对这些书重新进行整理，并结合本地受众的文化消费需求以全新的方式推向市场，从而获得了较好的市场反馈。

跨国传媒集团在传播本土化内容的同时也在传播从世界各地精选出的普适性、趣味性的内容，实现了全球传媒信息的共享，增进了世界各国间的沟通与了解。

资料来源：胡凌霞：《跨国传媒集团的全球化传播战略——兼析贝塔斯曼的实战案例》，《传媒》2005年3月。

⟹ 思考题：

1. 贝塔斯曼是如何实现全球化思维与本土化操作融合的？

2. 贝塔斯曼的全球本土战略对我们有何启示？

一、品牌传播的标准化策略

问题 6：什么是品牌传播的标准化策略？

有人称品牌为经济"原子弹"，每天有3800万人在麦当劳就餐；每天有10亿人用吉列产品；每天有1.5亿件联合利华的产品售出。

有人称品牌为克敌制胜的"撒手锏"，我们亲眼目睹了可口可乐、肯德基等国际品牌在中国市场过关斩将、所向披靡。

事实上，这些跨国品牌在全球化推广过程中，其中一条宣传策略就是全球标准化战略。所谓全球标准化，是指跨国经营的公司将全球作为一个整体的营销战略，强调需求的相似性，忽略需求的差异性，认为生活在不同国家的居民具有大致相同的消费者倾向与偏好，更乐于接受相同的产品，从而在国际市场上实施标准化的营销管理。

"全球标准化"溯源到1983年，当时哈佛大学的西奥多·李维特（Theodore Levit）教授在《哈佛商业评论》上发表了名为"市场的全球化"的文章，主要强调的是产品的全球一致性。这篇文章掀起了关于市场营销的全球标准化与本土化的争论，李维特教授也因为这篇文章被称为20世纪80年代以后支持全球标准化的代表人物。

李维特教授认为随着技术的进步，先进的通讯工具使世界各地的消费者可以同时收到相同的信息，消费者利益及生活方式在国家间的差异日趋缩小，

"不同的文化偏好、民族喜好和标准以及各国不同的商业习惯都是历史的遗迹，在某些习惯逐步消失的同时另外一些习惯则繁荣发展并融入全球偏好的主流中。"而标准化的传播方式可以帮助消费者同时拥有低价的产品和高品质的利益。总之，多种因素为跨国公司在全球市场推行标准化品牌创造了越来越成熟的条件，为其市场运作提供了一个广阔的舞台和广泛的基础，从而品牌全球化成为其热切追求的一个重要战略目标。

但是这篇文章对品牌的标准化尚没有充分讨论。此后，伴随跨国公司全球营销实践经验和理论研究的积累，"标准化"观点的内涵不断丰富并日臻成熟，全球品牌的标准化逐渐发展成为全球战略的重要组成部分。

有专题研究也表明，公司在海外市场更倾向于经营战略的全部或部分标准化。在国外经营活动所涉及的市场定位、产品、服务、质量标准、品牌（品牌名称）、包装、广告、公共关系和分销等各个层面的各种营销要素中，产品和品牌被认为是最具有标准化潜力、最适合体现全球战略特色的关键要素。主要因为采用这种经营策略有如下的好处：

1. 削减企业成本

研发和大批量生产标准化产品会给企业带来产品开发和研究以及制造过程中的规模经济，大幅降低原材料、机械设备和其他生产成本。大量生产还可以降低单位产品的开发研究费用。包装、广告标准化可以节约成本。而成本降低可以增强企业在全球竞争中的竞争力并推动世界各地顾客接受该企业的产品。

2. 提升产品和营销计划的质量

实行标准化的国际营销，企业可以将资源和精力集中于更少的产品和营销计划中。当资源和精力集中在一个产品或者一个营销计划中，可以促进产品质量的提高，顾客将偏好世界标准化的产品。

3. 获得全球统一的品牌形象

采用标准化经营的企业通过设计世界通行而且统一的技术先进、性能功效优良的产品标准，为此产品设计一套在大多数国家和地区都不至于与当地文化发生冲突的品牌名称和品牌标志；采用能被大部分消费群体共同接受的传播媒体，通过周密的 CI 形象设计，在世界范围内进行信息传播和沟通，从视觉、听觉等不同层面对消费者进行刺激，使消费者对产品形成一个统一的、个性鲜明的、难以忘记的品牌形象，从而增加消费者对该品牌的忠诚度。

4. 便于企业全球协调控制

标准化便于更好地进行全球协调控制。如飞利浦公司曾经发现它在荷兰销售的某些电器产品被自己的德国子公司在当地以削价 30% 的价格出售。这是怎么发生的呢？原来，德国子公司的生产成本比荷兰低，由于德国市场竞争激烈，德国子公司便降价出售。而德国政府为鼓励出口，给跨国商 7%的跨国补贴，于是德国批发商便将飞利浦产品出口到国外。因而飞利浦公司必须采取统一的价格策略，才能控制此类事件的发生。当然并不一定采用同一价格，而是要通过调整保持价格水平的一致。可见，标准化营销有利于提高企业的全球营销管理水平。

5. 提高消费者偏好

标准化国际市场营销通过重复市场营销信息对消费者的冲击，强化产品或者品牌和营销活动对消费者的效果。软饮料和方便食品当然是这种策略的支持者，而一些计算机生产商也因为在全球范围内推广标准化的配置和营销活动而获得全球消费者的共同认知。

6. 产生巨大的杠杆效应

杠杆效应是指营销管理人员在国际市场中积累起来的优势的总和，这些优势在国内市场中无法获得。这一概念是由哈佛大学的前国际市场营销教授拉尔夫·索仁森首次提出的。实际上，杠杆效应就是波士顿咨询公司提出的经验效应。索仁森教授研究了中美洲的清洁产品市场，发现美国当地公司虽然拥有最高的技术工艺，但是仍然无法与像佳洁士这样的跨国公司的清洁产品竞争。索仁森教授认为这是因为佳洁士的营销管理人员有效地利用了他们在国际市场中积累的市场营销经验。

当然，标准化经营策略忽略消费者需求的差异性。认为全部消费者只存在一种相同的需求，置个性需求于不顾，把那些对公司来说也许是很重要的细分市场抛在一边。这种做法在为企业带来规模经济效益的同时，也为企业带来了潜在的危险。毕竟每个消费者的需求是有天然差别的，特别是在当今这样一个崇尚"个性"和"自我"的时代。标准化经营不能满足不同消费者的差异需求正是它的致命弱点。

二、跨国品牌传播的本土化策略

问题 7：跨国品牌的本土化有哪些策略？

本土化品牌传播是指跨国公司跨越本国国境在多个国家乃至全球开展营销活动时，按照地理位置、国籍、传统文化、生活方式等标准来细分国际市场，实行的差异化营销战略。采用差异性战略不仅可以满足各个当地市场特定的需求，而且能维持企业的差异化竞争优势，实现企业的盈利。

在李维特教授提出全球标准化的观点后，苏珊·P. 道格拉斯（Susan P. Duglas）和温德（Yoram Wind）1987 年在《哥伦比亚世界商业日报》上发表文章《全球化的神话》驳斥了全球标准化的观点。道格拉斯因为对全球标准化观点的反对而成为本土化营销策略的代表人物。

道格拉斯认为跨国公司应该针对东道国环境推行适应性的营销组合策略，包括符合当地文化传统的品牌策略。具体理由包括：一是各国政治、经济和法律等环境方面的差异必然影响到对全球品牌的认知，使全球标准化战略遭到极大阻力，从而难以实现标准化；二是全球广告作为全球品牌的主流实现方式，受到各国媒体类型、语言翻译等因素影响而难以达到预期的标准统一的沟通效果；三是全球顾客价值观念趋同的倾向，绝不能取代现实中那些受到不同传统文化、习俗和价值观影响很深的各国市场对标准化品牌的排斥。很明显，这些分析表明这些学者是反对全球统一品牌战略的。

具体来说，相较于标准化的营销策略，本土差异化的营销有五个特征：

1. 把握当地市场需求，获得竞争优势

本土化的市场经营策略使跨国公司具备了了解各个市场的能力。从市场角度看，企业的赢利机会都是以消费需求为转移的，所以消费需求的变化必然潜藏商机。跨国公司将世界市场按照国家细分，将市场经营计划的权限下放到各个分公司，根据各个市场中的消费需求情况定制经营计划，所有的行动和手段都合乎当地的需求和偏好，这可以使各国市场的商机得到最大利用。

2. 融入当地文化

文化是一个地区特有的精神财富，是历史形成的特定价值观，消费行为往往在很大程度上取决于文化。世界市场被跨国公司按照国家细分，将市场营销计划的权限下放到各个分公司，根据各个市场中的消费需求情况定制营销计划，根据当地的需要和偏好采取相应的行动和手段，这样便于避免外来文化的特质差异。而且经营本土化根据不同市场的状况，从消费者实际需求出发制定经营战略。这不仅符合以消费者为中心的经营理念，而且更容易满足消费者不断变化的市场需求。

3. 便于全球资源的有效配置

本土化意味着企业高度融入了当地。不仅能充分享受当地市场生产成本和制造成本的优势，同时还可以充分利用东道国的资金、技术和人力资源等。企业通过在全球范围内对各类资源进行调配，减少总成本，提高总效益，得以在日趋激烈的市场竞争中始终占有重要的市场份额。

4. 提高公司反应的灵活性

本土化的传播策略便于企业根据市场变化，灵活地制定应对策略。当今世界市场处于不断变化之中，跨国企业能否快速地获得关于这些变化的信息并加以灵活地应用，成为企业在激烈竞争中制胜的重要条件。而本土化的媒体传播策略赋予各个分公司独立运作的权利，有利于各个市场及时搜集信息并对信息做出快速反应，使跨国企业具备快速灵活的反应能力。

5. 提高企业的抗风险能力

跨国公司在不同国家中运作，势必要承担更多的风险，如全球金融危机等。但是本土化的传播策略提高了跨国公司抗风险的能力。跨国公司的各分公司独立运作，当一国特有的风险发生时，可以采取针对性的措施，不会影响到其他的市场。

但本土差异化营销也存在其特有的劣势。首先，实施差异化营销的公司往往很难形成成本优势。由于差异化营销要求公司根据差异化需求制定差异化营销组合，所以公司无法在产品的设计、生产等方面实现规模效应和利用区位优势。其次，本土差异化营销易于导致品牌认知偏差。在不同细分市场中，公司的产品定位、价格策略、分销策略和促销方式等方面的不同容易导致消费者对品牌认知的模糊。最后，本土差异化营销不利于企业在全球的协调控制。为进行差异化营销，分公司需要有较大的自主权，这虽然有利于发挥分支机构的创造性，但同时也面临着全球协调控制的难度。

综上所述，标准化国际营销传播策略和本土化国际营销传播策略是两种优势互补的营销传播策略。如果跨国公司采取标准化传播策略，必然就要面对差异化的市场环境；而选择了本土化传播策略，也要面对巨额的成本和降低的工作效率。所以，理想的国际营销策略应该是二者的结合，即全球本土化策略。

三、跨国品牌传播全球本土化模式

问题 8： 跨国品牌传播本土化模式需要注意什么？

正视全球经济一体化的现实，跨国公司必然以全球范围作为公司战略决策的出发点。但在具体实施营销过程中，在分析标准化与本土化两种营销手段利弊优劣的基础上，考虑到不同地区的差异情况，跨国公司往往需要综合地使用标准化与本土化的营销传播手段，并根据实际情况决定差异化与标准化的比重。因此，提出了"全球本土化营销策略"的概念，其意义可解释为"全球视角，本土执行"。

主张这种策略的学者以国际市场营销大师沃伦·J.基坎教授（Warren J. Keegen）为代表。基坎教授认为："一个成功的国际市场营销管理者应该很熟悉在每个民族市场之间有何不同、有何相同，这使得他们在获取标准化的规模经济效应的同时将那些非改不可的营销计划内容进行调整，从而来迎合当地消费者的需求和偏好。过去的国际营销实践给予我们的最重要的一个启发就是这种分辨技巧是在国际市场中真正生存和成功的必要条件。"

全球本土化是一种关于国际传播的全新视角，是国际营销传播战略选择的必然发展趋势。据有关学者对亚洲市场的研究表明，"全球视角，本土执行"的思维方式被很多跨国公司广泛地认可和接受。许多跨国公司表示，为适应当地消费者做好调整策略，不仅不会削弱反而能壮大全球品牌。调查表明，美国的跨国公司只有9%使用了完全的全球标准化策略，37%为完全的当地化策略，而剩余的54%使用了二者结合的策略。

具体来说，全球本土化传播策略在执行过程中要注意四点：

1. 国际市场宏观细分，各子市场内实行标准化

跨国公司分布于世界众多的国家和地区，每一个国家或地区的市场需求都有其独特性，并构成一个独立的子市场。因此，跨国公司可以将国际市场细分为若干子市场，实行差异化战略。而由于子市场内部地理文化等因素相近，在每一个子市场内部则可以实行高度标准化的策略。

2. 产品标准化，促销本土化

跨国公司在全球范围内可以提供标准化的产品，在营销方面，则结合当地的文化背景等因素实行差异化营销。如可口可乐饮料在所有国家中的定位都是一样的，但在全球传播战略中则有所不同。在北美洲，可口可乐公司一个深受好评的广告是橄榄球运动员琼·戈丙尼在艰苦的比赛后把他的运动衫赠给一位给他一瓶可乐的小男孩；在南美洲，广告的主角换成了阿根廷球王马拉多纳；而在亚洲首先使用了泰国的足球明星尼瓦特；到了中国之后则使用了110米栏世界冠军刘翔。

3. 产品核心标准化，产品外观或附属特征差异化

技术的发展使得适度的适应战略并不一定意味着失去规模经济方面的优势，跨国公司不断开发出既不失去规模生产效益又能反映各国消费者特殊要求的生产技术。柔性制造系统使得不同文化背景下的需求偏好都可以得到满足，并且基本上是在和标准化产品同样价格、同样效率下实现的。有很多产品，其内部构件和基本功能都是一样的，消费者的个性化需求往往仅体现在产品的外观、式样、牌号、包装装潢或附加功能等产品表象上，而非产品内核上。如美国微软公司的"视窗系列"就是针对全球市场开发的标准化产品，但它随后推出的多种语言版本，方便了各国使用者的操作和运用。

4. 品牌形象标准化，产品差异化

要想在众多的品牌中脱颖而出，企业必须在国际市场上树立统一、独特的企业形象，借助媒体的宣传，使企业在消费者心目中树立起优异的形象，从而使消费者对该企业的产品发生偏好，一旦需要，就会毫不犹豫地选择这一企业

生产的产品。麦当劳堪称这一策略的典范，麦当劳对其标志、广告、店面装潢和布局等进行标准化。无论处在哪一个市场，麦当劳都使用相同的标记、相同的包装容器、相同情调的餐厅格局，并对服务标准进行了统一和规范。而它所提供的食物却因地域而有所不同，在法国有葡萄酒，在德国有啤酒，在巴西提供一种以浆果为主的饮料，在东南亚地区供应一种以水果为主的奶昔等。但无论产品怎样改变，麦当劳的全球品牌形象却是永远不变的。

因此，国际化策略能否成功很大程度上取决于对标准化和本土化关系的处理。我们不能说统一化和标准化程度越高，国际化策略成功的概率就越大。有些跨国企业通过近乎完全统一化的策略占领了众多国家的市场，典型的如"万宝路"；而另外一些企业则是通过恰当的本土化调整，迎合了当地消费者的需求和偏好，也取得了辉煌的成绩。

当然，仅仅有"思考全球化，营销本土化"的经营观念是远远不够的。对本土化国际化矛盾的处理必须建立在详尽的市场调查基础之上，否则这一策略有可能失败。

因此，在实行全球本土策略时，跨国公司要开展有力的全球市场调查和研究，只有全面正确地了解市场和理解市场，才能有效地利用市场和开发市场。同时，要从不同的文化境遇中学习，缩小文化差异，增进文化了解，克服文化冲击。还要促进组织形式和人力资源管理方面的全球本土化。

总之，全球本土化的观点既不同于纯粹的标准化观点，也不同于纯粹的本土化观点，它是二者的有机综合。因为，在品牌全球化的过程中，纯粹意义上的标准化和本土化都是不存在的。真正能取得成功的是那些能够协调好本土化与标准化矛盾的品牌。

活动 4：分析可口可乐的媒体宣传策略。

活动 5：假设你是某一国内知名企业的董事长，现在要将品牌推向国际，在品牌宣传方面，你会作何考虑？

考试链接

1. 品牌传播的标准化策略。
2. 跨国品牌传播的本土化策略。
3. 跨国品牌传播全球本土化模式。

案例分析

LV 形象广告首用中国面孔 奢侈品牌吹起中国风

1. 重视中国市场 融入中国元素

2011 年，法国奢侈品牌 LV 发布了新的形象广告，并在该广告中首次启用中国面孔来代言产品。外媒评价说，这一举动被看做是 LV 公司对亚洲客户群体的认可。

正在兴起的中国奢侈品消费市场，让各大奢侈品牌更加重视中国市场，劲吹中国风。很多国外的奢侈品品牌在设计的时候已经考虑把中国元素与奢侈品文化完美结合，如龙的形象、京剧脸谱、太极均成为西方设计师争相运用的中国元素。

2. 理解产品文化 挖掘本土品牌

在中国的奢侈品消费者中，一部分是富有阶层的消费者，而很大一部分的消费群体是"透支"型奢侈品消费者，他们多为月薪数千元的白领上班族，他们会花上一整月工资甚至不惜透支来购买一件奢侈品，俗称"月光族"。

很多奢侈品品牌并不明白中国消费者会为了显示自己的地位来购买奢侈品。奢侈品品牌商希望，奢侈品进入中国市场的过程，也是把品牌所承载的文化带到中国并在这里寻找共鸣者的过程。奢侈品是富贵的象征，彰显美感和历史声誉。他们表示，奢侈品不仅是提供使用价值的商品，更是提供高附加值的商品；奢侈品也不仅是提供有形价值的商品，更是提供无形价值的商品。

如今在欧洲百货公司里，人们已经可以看到 Shanghai Tang（上海滩）、Vivienne Tam（诞生于香港的中国时装品牌）和 Chiatzy Chen（诞生于台湾的中国时装品牌）等中国顶级时装品牌的身影。中国元素已被越来越多的人所接受，相信中国本土奢侈品品牌在不久的将来也会在世界风行。

曾服务于爱马仕等国际顶尖品牌的职业经理人高峰认为，中华老字号不缺乏历史，也不缺乏优秀工艺，很多也有自己的价值理念。"下一步需要做的是，让这种价值理念变成全世界共享的价值理念。"

资料来源：徐蕾：《LV 形象广告首用中国面孔 奢侈品牌吹起中国风》，《人民日报》（海外版）2011年1月28日。

➡ **问题讨论：**

1. LV 形象广告融入中国元素的原因是什么？

2. LV 采取了怎样的宣传策略？

本章小结

形象广告就是企业向公众展示企业实力、社会责任感和使命感的广告，通过同消费者和广告受众进行深层的交流，增强企业的知名度和美誉度，产生对企业及其产品的信赖感。跨国公司在全球品牌传播中，形象广告的塑造是非常重要的环节。

现代广告策划就是对广告的整体战略和策略的运筹规划，具体是指对提出广告决策、广告计划以及实施广告决策、检验广告决策的全过程作预先的考虑与设想。跨国品牌在利用广告宣传品牌的时候，应根据具体的成本效益最佳性选择媒体类型，并制定出合理的广告策略。在品牌广告播出之后，要对广告效果进行定期检查和评估。

品牌宣传的目的就是通过建立品牌意识，在消费者头脑中产生强大、有力和独特的品牌联想，这种联想要与企业品牌定位一致。品牌国际化过程中，存在标准化、本土化和全球本土化三种不同的传播策略。

深入学习与考试预备知识

166

跨国公司商业广告在中国转型的原因分析

对于刚刚进入中国不久的跨国公司来讲，文化因素应该是目前最大的难题。中国有着五千年的文明，文化源远流长，传统文化、风俗习惯在中国人民的心中留下了深远的影响。东方文化的发展取向是重群体、重道德、重实用，而西方文化发展取向则重个体、重科学、重思辨。这两类不同性质的文化体系，决定了东西方人格特质构造和发展趋向的整体差异。因此，跨国企业刚进入中国市场由于文化取向的差异没有受到重视，如反映到广告中会造成其受到异议而影响到其产品的销量，甚至影响到其品牌的形象。

资料来源：吕融融：《跨国公司商业广告在中国转型的原因分析》，人民网，2010 年 10 月 20 日，节选。

知识拓展

著名国际品牌广告语

1. Good to the last.

滴滴香浓，意犹未尽。（麦斯威尔咖啡）

2. Obey your thirst.

服从你的渴望。（雪碧饮料）

3. The new digital era.

数码新时代。（索尼影碟机）

4. We lead. Others copy.

我们领先，他人仿效。（理光复印机）

5. Impossible made possible.

使不可能变为可能。（佳能打印机）

6. Take time to indulge.

尽情享受吧！（雀巢冰激凌）

7. The relentless pursuit of perfection.

不懈追求完美。（凌志轿车）

167

8. Poetry in motion, dancing close to me.

动态的诗，向我舞近。（丰田汽车）

9. Come to where the flavor is. Marlboro Country.

光临风韵之境——万宝路世界。（万宝路香烟）

10. To me, the past is black and white, but the future is always color.

对我而言，过去平淡无奇；而未来，却是绚烂缤纷。（轩尼诗酒）

11. Just do it.

只管去做。（耐克运动鞋）

12. Ask for more.

渴望无限。（百事流行鞋）

13. The taste is great.

味道好极了。（雀巢咖啡）

14. Feel the new space.

感受新境界。（三星电子）

15. Intelligence everywhere.

智慧演绎，无处不在。（摩托罗拉手机）

16. The choice of a new generation.

新一代的选择。（百事可乐饮料）

17. We integrate you communicate.

我们集大成，您超越自我。（三菱电工）

18. Take TOSHIBA take the world.

拥有东芝，拥有世界。（东芝电子）

19. Let's make things better.

让我们做得更好。（飞利浦电子）

20. No business too small no problem too big.

没有不做的小生意，没有解决不了的大问题。（IBM 公司）

答案

第一节：

1. 略（本道题目是开放性答案，学生可以自行调研得出结论，证据充足，言之有理即可）。

2. 略（本道题目是开放性答案，学生可以自行调研得出结论，证据充足，言之有理即可）。

第二节：

1. 真实性，即指广告中宣传的必须与实际产品的本来面貌相一致，如果广告虚假，不仅会损害顾客的利益，同样也会损害企业的信誉和形象。

思想性，广告强调经济效益的同时，更要注重精神文明，去除广告内容中不健康的因素。

创造性，创造性是广告吸引消费者眼球的关键因素，广告的语言要生动、有趣，形式要多种多样，不断创新。

针对性，广告设计要针对不同的消费者心理，做出合理的有说服性的产品介绍。

效益性，任何广告的最终目的都是为了经济效益，广告应以尽可能少的费用支出取得最大的广告效果。

2. 略（本道题目是开放性答案，学生可以自行调研得出结论，证据充足，言之有理即可）。

第三节:

1. 把握当地市场需求,获得竞争优势;融入当地文化;便于全球资源的有效配置;提高公司反应的灵敏性;提高企业的抗风险能力。

标准化国际营销传播策略和本土化国际营销传播策略是两种优势互补的营销传播策略。如果跨国公司采取标准化传播策略,必然就要面对差异化的市场环境;而选择了本土化传播策略,也要面对巨额的成本和降低的工作效率。所以,理想的国际营销策略应该是二者的结合,即全球本土化策略。

2. 具体来说,全球本土化传播策略在执行过程中要注意四点:国际市场宏观细分,各子市场内实行标准化;产品标准化,促销本土化;产品核心标准化,产品外观或附属特征差异化;品牌形象标准化,产品差异化。

案例分析:

1. 略(本题为开放性题目,本道题目是开放性答案,学生可以自行调研得出结论,证据充足,言之有理即可)。

2. 略(本题为开放性题目,本道题目是开放性答案,学生可以自行调研得出结论,证据充足,言之有理即可)。

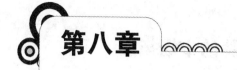

第八章

跨国品牌市场拓展与渠道建设

学习目标

知识要求 通过本章的学习，掌握：

- 跨国品牌的市场拓展
- 跨国品牌的渠道建设
- 跨国品牌的客户维护

技能要求 通过本章的学习，能够：

- 掌握跨国品牌市场拓展、渠道建设以及客户维护的方法和途径
- 结合跨国品牌的案例，分析跨国品牌让顾客满意的措施

171

学习指导

1. 本章内容包括：跨国品牌的市场拓展的概念、表现形式、渠道级别、渠道组织、渠道建设以及客户维护等。

2. 学习方法：结合案例，全面掌握跨国品牌市场拓展与渠道建设的相关概念和策略，并进行知识延伸、讨论活动等。

3. 建议学时：8 学时。

第一节　跨国品牌的市场拓展

引导案例

联合利华：以品牌战略为核心竞争力

经过 80 载的岁月磨炼，联合利华公司如今已经发展成为全球最大的冰淇淋、茶饮料、人造奶油和调味品生产商之一，并且也是全球最大的洗涤、洁肤和护发产品生产商之一。

有业内专家认为，联合利华的佳绩得益于 1999 年提出的全球战略，即实施"增长之路"。其主要内容：简化企业内部经营管理和决策机制；与消费者建立更加广泛的联系；资金与技术向优势品牌集中；探索新的销售模式与分销方法；建立区域和世界级的产销、物流中心；鼓励创造具有特色的企业文化。此外，联合利华还确定了"不断调整和规划行业范围、优化产品类别以及打造知名品牌"的三项原则。

在联合利华看来，品牌是公司核心竞争力的最重要组成部分，抓品牌、创名牌的过程就是企业增强核心竞争力的过程。因此，企业有没有品牌、名牌多不多，是衡量一个企业核心竞争力的关键所在。

联合利华对名牌产品有着非常清楚的界定：有国际影响力的品牌；本地化特色鲜明、有市场化发展潜力的。符合以上的标准的品牌都会成为联合利华的重点关注和精心培育对象。联合利华还先后购入多个知名品牌，并逐步将其打造为"王牌"产品。

在向品牌要效益的工程中，联合利华十分注意将市场的"全球化"与"当地化"相结合，联合利华所保留的 400 个品牌年平均增长率可达到 4.6%以上，它们均是日用消费品品牌中的佼佼者。

资料来源：孙健，《联合利华：以品牌战略为核心竞争力》，中国经济网，2010 年 1 月 16 日，有删节。

思考题：

1. 联合利华的"增长之路"包括哪些内容？
2. 联合利华是如何利用品牌实现市场拓展的？

一、市场拓展的概念

问题1：什么是市场拓展？

关键术语

市场拓展

市场拓展顾名思义开拓和扩展市场。市场拓展需要通过市场调查分析确定市场需求，根据市场需求进行产品定位和市场定位，在明确了产品市场和产品销售对象后，制定详细的市场推广策划方案，借助宣传媒体（电台电视广告、平面媒体广告、终端广告等多种方案形式组合）、展销展会、网络推广、电话营销、电子商务平台、约洽上门推广、终端销售等方式，提升产品和服务在市场的认知度和影响力从而获得更大的市场份额。

市场拓展战略的选择依赖于市场本身的特征、各个市场的联系、市场竞争状况以及企业所具备的实力等条件。所以，企业在选择目标市场拓展战略时应作深入、细致、全面的分析。产业项目的市场要具有可拓展性，可以从低端市场向中端、高端市场拓展，也可以从国内市场向国际市场拓展，还可以从本行业市场向相关行业市场拓展。总之，市场的可拓展性对企业的发展至关重要。对于那些市场增长率和相对市场占有率都高的企业，由于增长迅速，企业必须投入巨资以支持其发展。

在品牌的市场拓展中还应注意一些小细节，在市场竞争日益激烈、残酷的今天，任何细微的东西都可能成为"成大事"的关键因素，也可以成为"乱大谋"的关键因素。那些看似是一些细枝末节的东西，恰恰是市场拓展的精髓所在。

作为品牌的决策者，对细节的把握是不可少的。

二、跨国品牌市场拓展的方式

问题2：跨国品牌如何进行市场拓展？

跨国品牌的市场拓展以跨国公司为主体，体现在产品和服务等多个方面，其市场拓展主要有三种方式：

1. 无差异市场拓展

主要是指跨国企业在市场细分之后，不考虑各子市场的特性，而只注重子市场的共性，决定只推出单一产品，运用单一的市场营销组合，力求在一定程度上满足尽可能多的顾客的需求。

实行无差异市场拓展战略的优点：

（1）它比较有效地适用于广泛需求的品种、规格，款式简单并能够标准化地大量生产、大量分销的产品。因而，它可凭借广泛的分销渠道和大规模的广告宣传，在消费者或用户心目中建立起"超级产品"高大而不可摧的形象。

（2）它可大大降低成本费用。这是无差异市场拓展战略的最大优点。首先，标准化和大批量生产可降低生产成本、储存成本、运输成本。其次，无差异市场拓展的广告等促销活动可缩减促销费用。最后，它不必对各子市场进行市场拓展研究和计划工作，又可以降低市场拓展研究和产品管理成本。这种战略可充分发挥经验曲线的作用，即当产品生产量和销售量成倍增长时，其成本可下降 20%~30%。

（3）它简单易行，便于管理。单一的市场拓展组合便于企业统一计划、组织、实施和监督等管理活动，减少管理的复杂性，易于操作。

虽然，无差异市场拓展有上述优点，但对于大多数产品，无差异市场拓展策略并不一定合适。首先，消费者需求客观上千差万别并不断变化，一种产品长期为所有消费者和用户所接受非常罕见；其次，当众多企业如法炮制，都采用这一策略时，会造成市场竞争异常激烈，同时在一些小的细分市场上消费者的需求得不到满足，这对企业和消费者都是不利的；最后，易受到竞争企业的攻击。

2. 差异化市场拓展

差异性市场拓展是针对不同的细分市场，设计不同服务产品，制定不同的拓展策略，满足不同的消费需求。如将某自行车的市场划分为农村市场、城市男青年市场、城市女青年市场等。

越来越多的公司已开始采用差异性市场拓展战略，差异性市场拓展比无差异性市场拓展往往能带来更大的总销售额。

差异性市场拓展战略的优点：

（1）它可以通过不同的市场拓展组合服务于不同子市场，更好地满足不同顾客群的需要。

（2）企业的产品种类如果同时在几个子市场都具有优势，就会大大增强消费者对企业的信任感，进而提高重复购买率，从而能争取到更多的品牌铁杆忠诚消费者。

（3）它对企业市场经营风险的分散具有重要意义。

（4）它可通过多样化的渠道和多样化的产品线进行销售，通常会有利于扩大企业的销售总额。但是营销组合策略多样化，可能会影响各种营销组合策略的实际实施效率。差异市场策略适合一些实力雄厚的大企业。

由于差异性市场拓展需要对不同的细分市场采取不同的拓展策略，针对不同的细分市场做不同的广告促销，这就导致了市场拓展成本的额外增加。因此，跨国企业在选择差异化拓展策略时，要先衡量一下销售的增长和成长的增长孰轻孰重。

3. 集中化市场拓展

这是企业集中力量推出一种或少数几种产品，采用一种或少数几种市场营销组合手段对一个或几个市场加以满足的策略。企业采取这种策略，主要着眼于消费者需求的差异性，但企业的重点只放在某一个或少数几个细分市场上。

这种策略的优点是有利于企业发挥特长，集中力量为某一市场服务，增强竞争力；同时，实行专业营销可以大大节约营销费用，相对提高市场占有率。不足之处是采取这种策略市场风险大。由于只选择一个或少数几个子市场作为目标市场，如果一旦未选准，或者进入时发生变化，将会给企业带来严重的影响，使企业陷入困境。采取这种策略，企业必须密切关注目标市场的变化，以便做出对策，减少经营风险。这种策略适合于一些资源有限、实力不强、不可能分头出击与大企业相抗衡的小企业。对于一些大企业，初进入某个市场也可采用此种策略。

集中市场拓展策略在实施过程中遇到的最大问题是潜伏着很大的风险性。因此，企业最好选择多个子市场作为其目标市场，其目的就在于分散风险。

跨国企业在选择市场覆盖战略时，要考虑到许多因素，如企业资源、产品差异程度、产品生命周期所处的阶段、市场差异程度以及竞争对手的市场营销战略等因素，制定适合自己的市场拓展方式。

活动1：结合某一跨国品牌，谈谈该品牌是如何进行市场拓展的？

活动2：查阅相关书籍，了解更多关于跨国品牌市场拓展的知识。

考试链接

1. 市场拓展的概念。

2. 跨国品牌市场拓展的方式。

第二节 跨国品牌的渠道建设

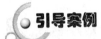引导案例

可口可乐的渠道策略

可口可乐已经有 100 多年的历史，它之所以一直能在市场上处于领先地位，除了品牌成功之外，也同样离不开它的渠道开发与建设。

一、健怡 Espirit 专卖店

可口可乐把健怡产品放在高级女装 Espirit 专卖店，将健怡产品的定位呈现得清晰透彻之极致：收入较高、新潮、品位、注重健康与个性的年轻白领。这种新渠道开发的基点是：能将产品与消费者市场细分进行对应，市场定位极具针对性，这种地方一定是好渠道！

二、玻璃瓶装"小红帽"配送

可口可乐玻璃瓶装的消费者主要是一些消费该包装较早的"老"消费者、非年轻人的"老"消费者和当场即饮的社区便利型消费者。这些消费群体更多地聚集在一些成熟的"老"社区，这些"老"居民一个最大的特点就是通过看报来了解外界信息，于是，可口可乐公司通过与《北京青年报》的"小红帽"配送体系建立合作关系，针对玻璃瓶装的主要消费人群，开发了这一独特的销售渠道。

三、可口可乐酷儿小学商店

可口可乐酷儿产品消费群体是 5~12 岁的孩子，可口可乐公司将小学周围几百米都当做"渠道圈"或者流行地说"终端圈"，可口可乐公司称这方圆几百米的"渠道圈"为新渠道，从而进行一切针对性的营销推广与销售。

四、冰露水小卖部

2001 年末，可口可乐公司就已经在冰露水上开始筹划了。可口可乐公司在新渠道设计上，砍掉所有其他渠道，集中一点在竞争对手的主力渠道——传统型终端上，不但集中火力，还紧贴对手渠道的陈列、生动化、位置等。

五、可口可乐冰露冷藏品批发商

可口可乐冰露水不但专门针对竞争对手开辟小卖部渠道，还为了短时间内突破销量，而在很多城市开辟了"冷藏品批发商"渠道。可口可乐公司开展了

与许多冷藏品批发商的合作，使销量在夏天急剧上升，在有些区域取得了高于原计划 4~5 倍的可喜成绩。

资料来源：邢群麟、王爱民：《跟科特勒学营销》，黑龙江科学技术出版社，2008 年，节选。

➡ **思考题：**

1. 可口可乐是如何建设渠道的？
2. 可口可乐的渠道建设对我们有何启示？

一、渠道级别和渠道组织

问题 3： 如何进行渠道竞争？

企业的竞争最后将是品牌的竞争，而渠道竞争是众多企业品牌竞争的核心内容，也是跨国企业获得生存权的关键。渠道在企业的市场扩张过程中发挥了越来越重要的作用。在现代经济社会中，中间商的存在将意味着营销方式的多样化和深层次。渠道的主要作用在于消除了产品服务与消费者之间在时间、地点和所有权上的差距，企业应该慎重选择渠道并对其进行监督和评价。

渠道分为四个等级：零级渠道，一级渠道，二级渠道，三级渠道。零级渠道（直接分销）由将产品直接提供给目标接受者的机构组成，这种直接推销一般通过挨家挨户、邮寄形式或自己的销路进行；一级渠道有一个分配中介，比如零售药店；二级渠道包括两个中介：批发商和零售商；三级渠道有三个中介：经销商、批发商和零售商。

分销渠道是不同企业为了共同利益而连在一起的结合体，渠道成员之间是一种相互依赖的关系。但是渠道的级别，即各渠道成员之间的关系不是一成不变的，一般来讲，分销渠道系统有四种类型：

1. 直接渠道系统

传统的直接营销是指上门推销。随着科技的发展，特别是社会信息化，直接渠道系统内容日益丰富，比如直邮广告、电话直销、电视直销、邮购直销、网络直销、会议直销等。尤其是互联网的商用化开发和普及，工商企业在网上设立网址，开设电子商场（网上商场），进行网上销售已成为一种具有广阔发展前景的最新的直销商业形态，称之为直复营销。

2. 垂直渠道系统

垂直渠道系统由生产者、批发商和零售商组成一种统一的联合体。其基本特征在于专业化管理和集中执行的网络组织，有利于消除渠道成员之间的冲突，能够有计划地取得规模经济和最佳的市场效果。

垂直渠道系统主要有三种类型：

（1）公司式垂直渠道系统。它是指由一家公司拥有和统一管理若干个制造商和中间商，控制整个渠道，同时开展生产、批发和零售业务。

（2）管理式垂直渠道系统。它是由一个规模大、实力强的企业出面组织的，由它来管理和协调生产和销售的各个环节。名牌制造商有能力从零售商那里得到强有力的贸易合作和支持。

（3）契约式垂直渠道系统。它是由各自独立的公司在不同的制造商和中间商为了获得其单独经销时所不能取得的经济效益而以契约形式为基础组成的一种联合体，包括特许经营系统、批发商倡办的自愿连锁组织、零售商合作组织等。

3. 水平渠道系统

水平渠道系统是指由同一层次上的两个或两个以上的公司为了共同开拓新的市场机会而联合开发的一个营销机构。当一个企业无力单独进行开发或承担风险时，或相互合作有利于优势互补而能产生协同效应时，企业间即可谋求这种合作。企业间的联合行动可以是暂时的，也可以是永久的，还可以创立一个专门的营销公司，这被称为共生营销。

4. 多渠道系统

多渠道系统是指通过两条或两条以上的渠道将产品送到同一个或不同的目标市场。建立多渠道营销系统，可以增加市场覆盖面，降低渠道成本，更好地满足顾客需要，扩大产品销售，提高经济效益。但多渠道营销也有可能产生渠道冲突。因此，企业实行多渠道营销时必须加强渠道的控制与协调，使多渠道系统健康发展。

通常，在国际市场上，跨国公司往往根据不同的市场条件，结合自己的战略意图分别采用委托中间商和自行建立销售机构的策略，或两者兼而有之。

由于资金有限以及其他一些原因，跨国公司在进入本土以外国家市场时，首先会考虑使用进入国现成的分销系统，委托当地中间商销售商品。当消费者的购买方式发生变化、市场扩大、产品进入不同的生命周期、新的竞争者兴起和新的营销方式出现时，跨国公司会根据市场形势的变化，对整个渠道系统的组织加以修正、改进，增加或剔除一些中间商，始终保持渠道的动态的最佳组合。

跨国公司使用比较多的另一种渠道策略是自行建立分销网。跨国公司为了更有效地争夺国际市场，并不愿意把一部分利润分割给中间商。一些实力雄厚的大型公司，为了扩大销售量和加强对分销渠道的控制，以便使公司业务和利润稳定，往往建立自己的海外销售机构。尤其是当其产品生产技术复杂，有特殊的专利权，或其产品为名牌的情况下，跨国公司出于对营销效力、企业形象维护的考虑，加上对国外分销商的服务水平、营销能力不放心，因而致力于建立自己的分销渠道系统。如美国道氏化学公司一贯坚持的原则：宁愿多花力气，建立自己的分销组织，绝不贪图方便，依赖当地中间商。

这是跨国公司的两种基本策略选择。但在实际运用过程中，随着细分市场和潜在渠道的增加，跨国公司越来越倾向于放弃单一渠道策略，转而将两种策略混合在一起使用，实行复式渠道策略。例如设国外分支机构但实际利用中间商营销的策略。如 IBM 公司在国外一般都有自己的分支机构，但是仍寻求当地中间商负责销售工作，而分支机构本身仅承担监督指导和协调功能。

二、影响跨国品牌渠道建设的因素

问题 4：什么因素影响跨国品牌渠道的建设？

由于各方面的制约因素会影响到渠道目标的实现，所以，跨国企业在设计和建设渠道时，应在权衡各种制约因素之后，在理想的渠道和实际可行的渠道之间做出抉择。

制约渠道建设的因素主要有四条：

1. 产品因素

企业应根据产品自身的特点为其选择合适的营销渠道，产品特点主要包括六方面：

（1）产品价值。单位产品价越高，营销渠道的层次应越少，营销途径也要尽量短一些。

（2）产品的重量和体积。由于产品的体积和重量会直接影响到产品运输费用和储存费用，因此对于体积大或很重的产品，产需之间应尽量组织直达供应，或者尽量减少不必要的中间环节，以利于降低流通费用。

（3）产品的样式。为了避免积压，企业对于那些式样和时尚要求很高或变化很快的产品，以及季节性的商品，都应尽量地缩短营销途径，加速产品的周转。

（4）产品是否便于运输。如果产品易坏又不便于运输，企业应该选择最短的营销渠道，以免浪费。

（5）定制品与标准制品。如果产品属于定制品，生产者应和消费者直接面谈而不应选择中间商，不宜经过中间环节。标准制品因具有较为固定的品质、规格和式样，一般可通过中间商按样本或产品目录出售。

（6）产品的类型和品种规格。日用消费品需求面广，销售频率较高，一般要经过批发商。特殊品的销售频率很低，一般不经过批发商，由生产者通过较少数零售商销售。品种规格复杂的产品，一般由生产者直接供应给用户；品种规格少而产量大的商品，可经中间商销售。

2. 市场因素

市场是影响企业制定渠道策略的重要因素，它具体包括五个方面的内容：

（1）用户数量。如果市场面高度集中，用户数量又不多，就应缩短营销途径，或者由生产企业直接销售。如果有的产品市场范围很大，甚至遍布全国，用户的数量又很多，就需要依靠较多的批发商和零售商。

（2）用户的购买数量。如果用户或零售商购买量较小，一般应经过批发商，再由零售商卖给用户。否则，可以直接向生产企业订货，或者只通过一个批发商，而不必再经过零售商。对于规模较大的零售商，每次进货数量较多，可以不必经过批发商而直接向生产企业采购订货。

（3）用户的购买习惯。这是一个既重要又复杂的因素。比如一般日用消费品，用户要求购买方便，随时能买到，销售网点应尽量分散。由于零售商规模小，营销层次就需要多一些。对于高档、高价的特殊消费品，一般应选择专业性商店或大型百货商店经销。有的用户对名牌产品、名牌厂家、名牌商店有特殊偏爱，营销渠道就要适应用户的兴趣。总之，应按照用户的购买动机和购买习惯来选择和决定营销渠道。

（4）市场销售的季节性和时间性。有不少产品包括生产资料和消费品，在市场上销售往往有淡季和旺季之分。一般淡季时营销渠道可短些，旺季时应尽量扩大营销渠道，充分利用中间商的作用。

（5）竞争者的营销渠道。一般来说，同类产品应尽量采用同样的营销渠道。用户在同类产品中可以充分地选择，以利于开展竞争。但是，也必须考虑中间商的能力和服务水平，如果营销渠道不够理想，就应根据需要和可能，发展新的营销途径。

3. 企业本身的因素

在企业制订渠道策略时，除应考虑产品和市场外，还应考虑企业自身的情况，如企业的经营能力、管理水平、售后服务以及企业声誉等。

（1）管理水平。企业选择分销渠道，不但要考虑自身的生产经营能力，还需兼顾自身的管理能力和营销经验。生产能力较强，但缺乏管理能力、销售经验与推销技巧的企业，一般还是依靠中间商推销商品为好。

（2）经营能力。如果企业规模大，资金雄厚，生产经营能力强，企业可以选择自己最为满意的中间商，甚至可以自行组织销售力量从事批发和零售，可以不经过中间环节。但大多数企业都会受到资金或其他方面的限制，而必须依靠中间商的力量。

（3）企业的声誉。只有企业自身的产品质量好、信誉好才能吸引到实力强的中间商。否则，企业应该考虑选择实力相对较弱，但有前景的中间商为企业服务。

（4）售后服务水平。生产者对其产品大做广告或主动承担广告宣传费用，都能使中间商愿意为其销售产品。生产者能提供的售后服务愈充分、愈优惠，中间商经销的兴趣也就愈浓。

4. 国家政策、法令的因素

在市场经济条件下，企业必须遵循国家有关政策、法令的规定。因此，企业在选择分销渠道时，必须充分考虑这一因素。如国家对烟、酒等有专卖规定，经营食品的要有卫生许可证。未取得专卖资格、没有许可证的企业，不得自行生产和销售。有些商品与人民生活密切相关，政府部门应根据市场行情变化和产需量实际状况作出供应办法的调整，如有些时候某些商品限量供应，不可整批、整箱地出售。如果企业在选择分销商时忽略这一点，就有可能会面临法律的制裁。

三、评价和改进跨国品牌的渠道

问题5： 如何改进跨国品牌的渠道？

跨国企业在选择好渠道成员之后，除了要经常激励渠道成员，还要经常地对其进行评估，对不合理的成员，跨国企业应做出改进安排。

一般情况下渠道的评价应从三个方面进行：

（1）顾客是否满意。

（2）从满足顾客需求和经济性两个方面，关注渠道的运作（销售、分销、服务和其他）是否有效和迅速。

（3）渠道政策与企业目标是否保持一致。为了改变不求进取的中间商，企业必须重新考虑奖励机制和政策。用支持业绩目标（如销售量增长或是顾客满意度）的激励机制相对来说最容易考核和管理。

对渠道进行评价之后，对一些不符合要求的渠道就要进行调整、改进。

在考虑渠道改进时，通常会涉及增加或减少某些中间商的问题。作这种决策通常需要进行直接增量分析。通过分析，弄清楚一个问题：增加或减少某渠道成员后，企业利润将如何变化。但是，当个别渠道成员对同一系统的其他成员有间接影响时，直接增量分析方法就不再适用了。例如在某大城市中，某汽车制造商授予另一新经销商特许经营权这一决策，会影响其他经销商的需求、成本与士气，而该新经销商加入渠道系统后，整个系统销售额就很难代表整个系统应有的销售水平。

除了增加分析外，最困难的决策应该是如何改进整个渠道策略。更改整个渠道策略是指在所有市场上采用全新的销售渠道，制定全新的销售方法。这是最困难的决策。例如彩电经销商可能考虑用企业自己的专卖店代替独立的经销商。这意味着原营销渠道的解体。原因可能有：原先的营销渠道冲突无法解决，造成了极大混乱；企业战略目标和营销组合实行了重大调整，需要对营销渠道进行重新设计和建立。例如汽车制造商打算用企业自己的地区销售公司取代各地区的原独立代理商。再如软饮料制造商想用直接装瓶和直接销售取代各地的特许装瓶商。这些决策通常是由企业最高管理层制定的。它的制定不仅会改变渠道系统，还将迫使制造商改变其市场营销组合和市场营销策略。

活动 3：和同学一起，咨询附近可口可乐的零售商是如何代理可口可乐的？

活动 4：谈谈你对某品牌渠道建设的看法。

阅读材料

外企如何成功拓展内销市场

中国市场已经是公认的全球最具潜力和发展的市场之一，创建自有品牌，开拓国内市场，成为一些外贸企业的首选。

如何创建企业的自有品牌，建立网站是第一步。业内专家表示，企业建站并不是难题，但是实现这个目标，企业就必须拥有畅通的现代国际联系手段，包括自己的域名、自己的主页、自己的宣传阵地。建立独立网站也就是为企业品牌打好基础，但是，如何通过市场的"造血机"为企业积累一定的品牌建设资金，从而让品牌的发展进入良性循环？这就要提到最关键的一步，如果想让出口转内销的企业快速启动国内市场，就必须实行有效的市场策略。因为，每个行业，每种产品，都需要专业性的调研，这也是很多外贸企业做内销的一个共识。

资料来源：《外企如何成功拓展内销市场？》，中国国际电子商务网，2009 年 10 月 14 日。

考试链接

1. 级别和渠道组织。

2. 跨国品牌渠道建设的因素。

3. 改进跨国品牌的渠道。

第三节　跨国品牌的客户维护

 **引导案例**

沃尔玛百货"顾客至上"

沃尔玛是世界上最大的零售连锁集团公司。沃尔玛公司快速成长与成功经营的源泉是什么呢？这与公司的营销策略密不可分。

沃尔玛能够以优惠条件直接从生产商进货，将商品的运输费用、存储费用等尽可能降低，将成本控制到了最低限度，从而保证向顾客提供的商品价格比一般商店要低20%~30%。

沃尔玛的低价售货来自于它所拥有的完善的商品管理制度。它的通讯设备在进货环节上发挥了重要作用，通过网络与最重要的供货商保持联系，因此省却了公文旅行，减少了中间环节。公司发出订货信息后的1.5天内，所需要的商品就会出现在货架上。凭借这种高效的进货、存货管理制度，公司可以迅速掌握商店的销售情况和市场需求变化趋势，从而做到既不积压货物，又不缺货，加速了资金的周转，将利润以最低售价的方式部分转让给了消费者。

除了低价销售之外，沃尔玛的"超值优质服务"也是它成功的秘诀之一。"顾客满意是保证未来成功与成长的最好投资"，这是沃尔玛数十年如一日所坚持的经营理念。"天天低价，始终如一"与"顾客至上，保证满意"紧密地联系在一起，构成了沃尔玛的制胜法宝。

沃尔玛对待顾客关系的哲学：顾客是员工的"老板"和"上司"。顾客是沃尔玛员工工资的发放者！顾客的消费才使沃尔玛员工有能力买房、买车，让后代接受良好的教育。沃尔玛公司在"顾客至上"原则指导下提供的良好服务，不仅赢得了顾客的热情称赞和滚滚财源，而且为企业赢得了价值无限的"口碑"，成为企业与竞争对手最大的"差异"，为企业长盛不衰的发展奠定了坚实的基础。

资料来源：邢群麟、王爱民：《跟科特勒学营销》，黑龙江科学技术出版社，2008年。

思考题：

1. 沃尔玛公司快速成长与成功经营的源泉是什么？

2. 沃尔玛公司是如何践行"顾客满意是保证未来成功与成长的最好投资"这一经营理念的？

一、培育客户忠诚度

问题 6：如何培育客户忠诚度？

客户忠诚是从客户满意概念中引出的概念，是指客户满意后从而产生的对某种产品品牌或公司的信赖、维护和希望重复购买的一种心理倾向。客户忠诚实际上是一种客户行为的持续性。

对于商品销售企业，衡量客户忠诚度主要有两方面，即客户的保持度和客户的占有率。忠诚的客户群体是一个相对稳定的动态平衡。从来没有永远的忠诚，企业无法买到客户的忠诚，只能增加客户的忠诚。

若想将新顾客培养成购买量更大且更为忠诚的顾客，必须要了解顾客要历经的阶段。顾客发展阶段主要包括首度惠顾顾客、续购顾客、客户、大力提倡者、会员、合伙人和部分持有人，这几个阶段是层层递进的。

1. 首度惠顾顾客

首度惠顾顾客。在交易发生前，由于朋友等人的告知、卖方的承诺以及过去相似交易的一般经验，顾客会产生某种期待。一般来说，在交易发生后，顾客会体验到五种满意度中的一种：极为满意、满意、没感觉、不满意、非常不满意。而新顾客是否会再次与供应商交易，与他初次购买的满意度的关系很大。因此，如果企业想要吸引顾客再度上门，就必须定期对顾客满意度进行调查。

2. 续购顾客

在公司购物愈久的顾客越具有获利性，老主顾获利性的因素有四个方面：

（1）假如高度满意的话，留下来的顾客会随着时间的增加而购买更多的物品。

（2）用于服务老顾客的成本，会随着时间的增加而递减。

（3）高度满意的顾客，经常会把卖方推荐给其他的潜在顾客。

（4）在面对卖方合理的价格上调时，老顾客对价格的反应会相对弱一些。

3. 客户

顾客和客户之间有什么不同？

（1）专业性事务所的成员，更了解他们的客户。

（2）他们付出更多的时间，以协助并满足客户。

（3）他们与客户之间的关系更有持续性，并因此对客户更加熟悉，更能为客户着想。

4. 大力提倡者

如果客户对某家公司十分欣赏，他就愈加赞美它，无论在主动还是邀请的情况下都一样。"满意的客户便是最佳的广告"。许多公司把目标放在创造出狂热者，而非顾客。人们对朋友与相识者意见的信赖，远超过他们在媒体上所看到的广告或是代言人对产品的大肆宣传。真正的问题在于，企业是否能采取额外的措施，以刺激正面口碑的产生。

5. 会员

厂商为了维护客户，也许会推出享有特殊优惠权利的会员计划。此创意的高明之处在于假如会员享有足够的特殊利益，他们便不愿意转换品牌，以免失去原来享有的权利。首先，在物质方面，商家的回报必须与会员的价值观相符，一些奢侈品的推介试用以及增值服务，将会比单纯的折扣和再多的廉价品赠送要更具吸引力。其次，商家也可以通过一些非实物的酬谢，使顾客沉浸在顾客的归属感中，例如开通热线、举办俱乐部会员活动等。最后，对会员服务项目的更新。例如新品试用、免费升级、折旧换新等。总之，要让会员感受到自己"与众不同"。

6. 合伙人

有些公司更进一步地将顾客视为合伙人，请顾客对新产品的设计提供协助，对该公司的服务提出改善的建议，或邀请顾客担任顾客小组成员。这样做，有利于赢得顾客的认同，从而为企业培养更多的忠诚顾客。

7. 部分持有人

让顾客变得忠诚的最高境界便是让顾客成为股东。对主要顾客发展阶段进行深入思考可以帮助企业终身维系顾客，针对不同程度、不同阶段的顾客制订优惠方案。

二、维护老客户

问题 7：如何维护老客户？

跨国公司在全球的战略关键已不是获取更多的新客户，而是如何维持老客户的关系，并争取更多的份额。

经过潜在顾客的挖掘和首度惠顾之后，企业可以将这些顾客全部归为老顾客的行列。据研究发现，吸引一位新的消费者所花的费用是保留一位老顾客的5 倍以上。

美国《哈佛商业评论》发表的一项研究报告指出：再次光临的顾客可为公

司带来 25%~85%的利润，吸引他们再来的因素中，首先是服务质量的好坏，其次是产品的本身，最后才是价格。

要维系一个老顾客，使之长期忠诚于企业，可以从以下三个方面入手：

1. 发现老顾客的期望

企业要找出企业心目中的优质服务与他们的期望差距何在。据一项权威的调查研究显示，在"老顾客为何转向竞争对手"的项目里，大约只有15%的老顾客是由于"其他公司有更好的商品"。另有大约15%的老顾客是由于发现"还有其他比较便宜的商品"。但是，70%的老顾客并不是因为产品因素而是因为其他原因转向竞争对手，其中自己不被公司重视的占20%，服务质量差的占45%。可见，导致顾客流失的罪魁祸首是企业的服务。

对于客户提出的问题，公司要主动为他们量身定做一套适合的系统化解决方案，在更广范围内关心和支持顾客发展，增强顾客的购买力，扩大其购买规模，或者和顾客共同探讨新的消费途径和消费方式，创造和推动新的需求。

2. 设定老顾客的期望值

企业在拟订服务策略时，一个非常重要的步骤是设法影响老顾客的期望，使老顾客所期望的服务水准稍低于企业所能提供的水准。如果老顾客的期望超过企业提供的服务标准时，他们会感到不满；当服务标准超出老顾客的期望时，他们必然会喜出望外，深感满意。假如企业可以在接到通知之后18小时内提供服务，就不要承诺保证18小时内提供服务，而只应保证24小时之内。

3. 超越老顾客的期望值

成功的服务都符合两项标准：①要使企业以独特的方式有别于竞争者。②要引导顾客特别是老顾客对服务的期望，使其"稍低于"企业所能提供的服务水准。

服务定位的关键之处，在于不要把老顾客对服务的期望值提高到超过企业所能提供的水准。

三、客户满意

问题 8：如何让客户满意？

现代营销理论的前提是买方将从企业购买他们认为能提供最高顾客让渡价值的商品或服务。顾客让渡价值就是顾客拥有和使用某种产品所获得的利益与为此所需成本之间的差额。顾客常常是根据他们的感知价值来衡量自己获得的价值，所以顾客让渡价值挑战的就是要改变顾客的感知价值。

1. 顾客让渡价值内涵

整体顾客价值包括产品价值、服务价值、人员价值和形象价值。同时，整体顾客成本优势由货币成本、时间成本、体力成本和精神成本四部分组成。

整体顾客价值是指顾客从给定产品和期望得到的全部利益，是基于感知利得与感知利失的权衡或对产品效用的综合评价。整体顾客成本是指顾客为了购买产品或服务而付出的一系列成本，包括货币成本、时间成本、精神成本和体力成本。顾客是价值最大化的追求者，在购买产品时，总希望用最低的成本获得最大的收益，以使自己的需要得到最大限度的满足。正常情况下，理性的顾客能够判断哪些产品将提供最高价值，并作出对自己有利的选择。在一定的搜寻成本、有限的知识、灵活性和收入等因素的限定下，顾客是价值最大化追求者，他们形成一种价值期望，并由此作出行动反应。然后，他们会了解产品是否符合他们的期望价值，这将影响他们的满意程度和再购买的可能性。顾客将从那些他们认为提供最高顾客让渡价值的公司购买商品。

顾客让渡价值概念的提出为企业的经营方向提供了一种全面的分析思路。

（1）企业要让自己的商品能为顾客接受，必须全方位、全过程、纵深地改善生产管理和经营。企业经营绩效的提高不是行为的结果，而是多种行为的函数。以往我们强调营销只是侧重于产品、价格、分销、促销等一些具体的经营性的要素，而让渡价值却认为顾客价值的实现不仅包含了物质的因素，还包含了非物质的因素；不仅需要有经营的改善，而且还必须在管理上适应市场的变化。

（2）企业在生产经营中创造良好的整体顾客价值只是企业取得竞争优势、成功经营的前提。一个企业不仅要着力创造价值，还必须关注消费者在购买商品和服务中所倾注的全部成本。由于顾客在购买商品和服务时，总希望把有关成本，包括货币、时间、体力和精神降到最低限度，而同时又希望从中获得更多实际利益。

因此，企业还必须通过降低生产与销售成本，减少顾客购买商品的时间、体力与精神耗费，从而降低货币及非货币成本。显然，充分认识顾客让渡价值的含义，对于指导工商企业如何在市场经营中全面设计与评价自己产品的价值，使顾客获得最大限度的满意，进而提高企业竞争力具有重要意义。

2. 顾客满意

有一种感知效果与顾客的期望密切相关，科特勒称这种感知效果为顾客满意，它主要取决于产品的感知使用效果。

一般而言，顾客满意是顾客对企业和员工提供的产品和服务的直接性综合评价，是顾客对企业、产品、服务和员工的认可。顾客根据他们的价值判断来评价产品和服务，因此，科特勒认为："满意是一种人的感觉状态的水平，它来源于对一件产品所设想的绩效或产出与人们的期望所进行的比较。"从企业的角度来说，顾客服务的目标并不仅仅止于使顾客满意，使顾客感到满意只是营销管理的第一步。美国维特化学品公司总裁威廉姆·泰勒认为："我们的兴趣不仅仅在于让顾客获得满意感，我们要挖掘那些被顾客认为能增进我们之间关系的有价值的东西。"在企业与顾客建立长期的伙伴关系的过程中，企业向顾客提供超过其期望的"顾客价值"，使顾客在每一次的购买过程和购后体验中都能获得满意。每一次的满意都会增强顾客对企业的信任，从而使企业能够获得长期的赢利与发展。

对于企业来说，如果对企业的产品和服务感到满意，顾客也会将他们的消费感受通过口碑传播给其他的顾客，扩大产品的知名度，提高企业的形象，为企业的长远发展不断地注入新的动力。

活动5：假设你是一名售货员，因产品质量问题遭到顾客投诉，你该怎么做？

活动6：猜测导致让顾客不满意的多种原因，用情景对话的方式和同学完成一次客户维护的模拟实验。

188

 考试链接

1. 客户忠诚度。

2. 老客户。

3. 满意。

 案例分析

跨国公司品牌拓展之道：翻新本土品牌

收购本土品牌，沾染一点法兰西气息，注入一些高科技结晶，然后冒险推向新市场，接下来打开钱袋收获真金白银便是了——就这么简单！这就是全球最大化妆品公司、全球最受赞赏的50家公司之一的欧莱雅集团的品牌拓展之道。

几天前，浪漫的法国人——欧莱雅中国总裁盖保罗在招蜂引蝶的上海浦东世纪公园里说："我们的联姻修得了正果。""联姻"指的是4个月前，欧莱雅收购了本土第三大化妆品品牌小护士；"正果"是指融入欧莱雅的全新小护士系列产品正式登台亮相——欧莱雅又要准备打开钱袋了！

一、美丽的翻牌：小护士欲成中国第一大护肤品牌

2003年的最后一天，欧莱雅收购了本土的第三大化妆品品牌小护士，盖保罗在收购小护士的新闻发布会上表示，要保留小护士这个品牌。

2004年4月8日，新一代全新小护士、清泽和亮白系列产品隆重登场。盖保罗在推出全新小护士系列产品时，豪情万丈地宣布，要依托卡尼尔研究中心的科研力量将小护士推向更高的发展阶段——成为中国第一大护肤品牌。

二、神奇的魔术：三大改造翻新一个品牌

第一番改造是"心脏手术"——技术改造。

小护士产品的主攻方向以前一直是"维他营养及防晒系列"，欧莱雅收购小护士后，在保持它的原有产品风格不变的基础上，推出了高科技的新产品——清泽和亮白系列。

第二项改造是"经脉手术"——渠道改造。

小护士以前的市场营销过多依赖对分销的推动，缺乏对零售终端的全面管理。欧莱雅对其产品的销售渠道更加具有针对性和灵活性。

改造小护士的销售渠道，引进欧莱雅成功的零售终端管理模式，以顾客需求推动销售。

第三项改造是"美容手术"——形象改造。

在视觉至上时代，形象的"晕轮"效应往往先于内容。小护士在被收到欧莱雅旗下之前几个月，媒体上的广告量已经有了明显减少，这使消费者在一定程度上疏远了小护士。据陆晓明介绍，除了选择青春、清纯的全新包装外，欧莱雅将大幅度增加媒体投放，支持和提升全新小护士品牌形象。除在数十个城市的平面媒体刊登广告外，全新小护士卡尼尔品牌的产品广告覆盖了中央电视台、省台、卫视和地方台各级媒体，每天播放800次的密集频度可谓是一颗"重磅炸弹"。

资料来源：徐寿松、王军：《跨国公司品牌拓展之道：翻新本土品牌》，新华网，2004年4月14日。

➡ **问题讨论：**

1. 欧莱雅是如何对"小护士"进行翻新的？为什么？
2. 欧莱雅集团的品牌拓展之道是什么？

本章小结

市场拓展顾名思义即开拓和扩展市场。市场拓展需要通过市场调查分析确定市场需求，根据市场需求进行产品定位和市场定位，在明确了产品市场和产品销售对象后，制定详细的市场推广策划方案，借助宣传媒体（电台电视广告、平面媒体广告、终端广告等多种方案形式组合）以及展销展会、网络推广、电话营销、电子商务平台、约洽上门推广、终端销售等方式，提升产品和服务在市场的认知度和影响力，从而获得更大的市场份额。跨国公司市场拓展主要包括无差异市场拓展、差异化市场拓展、集中化市场拓展三种方式。

企业的竞争最后将是品牌的竞争，而渠道竞争是众多企业品牌竞争的核心内容，也是跨国企业获得生存权的关键。渠道分为四个等级：零级渠道；一级渠道；二级渠道；三级渠道。跨国企业往往通过建立分销渠道来拓展市场。制约渠道建设的因素主要有产品、市场、企业本身、国家政策法令等。跨国企业在选择好渠道成员之后，还要经常地对其进行评估，对不合理的渠道成员，跨国企业应做出改进安排。

客户忠诚是从客户满意概念中引出的概念，是指客户满意后从而产生的对某种产品品牌或公司的信赖、维护和希望重复购买的一种心理倾向。客户忠诚实际上是一种客户行为的持续性。跨国企业要生存和发展，必须创造利润，而企业的利润来自顾客的消费。跨国公司在全球市场竞争的实质是一场争取顾客资源的竞争，因此，跨国企业非常重视客户的维护。

深入学习与考试预备知识

跨国公司拓展中国市场

随着中国经济的快速发展，中国已成为众多跨国公司的生产及采购基地，这也为中国物流企业带来了商机。中国外运借势合作，搭建国际物流平台，以推动海外销售。

作为中国物流行业的龙头企业，中国外运具有丰富的物流运输经验、强大稳固的客户基础和享誉全球物流运输界的品牌，建立起了覆盖中国、遍及全球主要经济区域的服务网络，是中国具有领先地位的大型综合物流服务供应商。目前，中国外运以综合物流为主业，集海、陆、空货运、仓储码头服务、快递、船务代理及货运代理业务为一体，形成了综合物流所必需的全程方案设计、组织、协调、管理等综合服务能力。

资料来源：朱菲娜：《跨国公司拓展中国市场》，《中国经济时报》2006 年 4 月 27 日。

知识拓展

如何有效进行渠道建设

1. 渠道不要重大轻小

争取渠道要实事求是，宜大则大、宜小则小。小渠道虽然价值小，但数量多，加在一起仍然价值可观。中小企业更要重视小渠道。

2. 要重视未来渠道建设

渠道形成需要一个过程，提前开发渠道，可以做些舆论先行工作，可以先交一些朋友，也可以跟现有客户打一声招呼。不要等水来了再开道。

3. 开发渠道要慎重

经营渠道的客户是人，不要轻易跟客户谈重要产品或服务交易。在他不了解你及你的产品或服务之前，在他不信任你及你的产品或服务之前，在他与你没有一点感情之前，谈什么重要交易非但无益，反而有害，因为你已经给他留下了浅薄的印象，以后再说什么都不灵了。

191

4. 开发渠道也要定位

必须学会说话少而精，最好用一句话把自己产品或服务的特点说出来，最好用一句话引起他最大的欲望。这就是所谓的"定位"。广告要定位，开发渠道也要定位。

5. 大客户不一定是大渠道

大客户你看得起他，他不一定看得起你。相反，小客户不一定是小渠道，如果看中了你的产品或服务，也可能拼死拼活地把它做起来。因此，要辩证地看待与对待大小客户，千万不要在大客户与大渠道之间画等号。

6. 开发渠道要善于识人

渠道能否做大与经营那个渠道的人有密切关系，与他的德、神、胆、智、毅及专业知识有密切联系。因此，开发渠道要善于识人。重要的是琢磨一下他是什么样的人，尤其是要琢磨一下他的人品。他如果人品不好，你理想中的大渠道很可能就是大陷阱。

7. 渠道重要，水更重要

渠道是销路，水是产品或服务。有句俗话"水到渠成"，水本身就能开渠通道。许多企业重视渠道，却不重视把产品或服务做好，这是很成问题的。

8. 要尊重渠道中介

给中介人应有的回报，懂得"财散人聚"的道理。

9. 善用互联网开发渠道

互联网是个宝贝，越来越多的公司有越来越多的渠道是借助互联网开发出来的。开发渠道就是跟人见面说话，借助互联网，除了不能见面，什么话都能说。说不拢就散，说得拢就见面，用不着出差，节省时间与费用。

10. 开发渠道要争取主动

开发渠道不一定登门拜访。别管你先去还是他先来，只要把生意谈成就是开发了一条渠道。开发渠道要尽量争取主动，让客户登门拜访你。争取主动有许多办法，不一定打广告，比如可以精心策划一次新闻发布会，这样许多客户就会找上门来的。

11. 重奖首批渠道

首批渠道非常重要。他们不仅卖了你的货，还宣传了你的货，并且还带动了后来的渠道。首批渠道与后来渠道的价值是不一样的。他们给你创造了特殊的价值，你就要给他们以特殊的回报。所以要奖励他们，并且要重奖。

12. 不要急于开发渠道

在开发渠道之前要谋划好许多重要问题，比如怎样确定目标市场、怎样确定价格策略、怎样选择营销方式、怎样展开市场布局、怎样保证产品运输、怎样培训业务人员等。如果不把这些重要问题谋划好就开发渠道，那么结果不是渠道难开发，就是开发出来的也难免放弃。

13. 渠道开发与品牌开发

渠道开发与品牌开发应该并重、应该互补、应该共进。不开发渠道形不成品牌，不开发品牌保不住渠道。许多企业忽视品牌开发，结果原来的许多渠道都越来越窄了。渠道的宽窄是可变的，随着品牌之变而变。

资料来源：石器：《如何有效进行渠道建设》，中国管理传播网，2007 年 9 月 10 日。

答案

第一节：

1. 略（本道题目是开放性答案，学生可以自行调研得出结论，证据充足，言之有理即可）。

2. 无差异市场拓展；差异化市场拓展；集中化市场拓展。

第九章

跨国品牌的本土化要求

学习目标

知识要求 通过本章的学习，掌握：

● 品牌本土化与国际化之间的关系
● 品牌本土化的认知认同及认知认同的建立
● 品牌本土化策略与技巧

技能要求 通过本章的学习，能够：

● 理解品牌本土化的实质
● 领会跨国品牌本土化的原因与意义

195

学习指导

　1. 本章内容包括：跨国品牌本土化的概念、对本土化的认知与认同以及本土化实施的策略与技巧。

　2. 学习方法：结合案例，全面掌握跨国品牌本土化的相关概念，并进行知识延伸，深刻理解品牌本土化的时代原因与意义。

　3. 建议学时：8学时。

第一节　品牌国际化与本土化的关系

引导案例

走进来后，"涅槃"重生

砖头般的"大哥大"与时尚前卫的"MOTO"手机，看似风马牛不相及，事实上，后者是前者本土化过程中的"涅槃"重生。

作为世界电讯业巨头，摩托罗拉很早就进入中国，也早已获得成效，从某种意义上讲，中国的移动通讯市场可以说是摩托罗拉的"大哥大"开创的。但到后来，"大哥"发起了一场重大营销活动，努力培植了一个新"小弟"，MOTO。其背后的深层原因，是摩托罗拉已经意识到，自己的"大哥"形象正在老化，必须发起反击以重新找回"大哥"的感觉。

（1）以科技为本、反攻市场。在定位于有科技含量的基础上，借娱乐界大牌明星捧场 V998 的新闻发布会，以增强品牌的时尚感，将摩托罗拉是父辈品牌这一观念从年青一代的潜意识中驱逐出去；请万科老总王石做 6288 手机的广告代言人，强调使用者的身份、地位。

（2）进行市场细分。细分后的四大品牌系列，在相当程度上丰富了摩托罗拉的品牌识别，提升了品牌内涵。但这种细分带来一个后果，即导致企业资源过于分散。虽然给消费者留下了新的印象，却没有彻底改变年轻消费者对摩托罗拉原有品牌的印象，反而分散了他们对品牌的注意力和定位印象。

（3）最有效的一击。从 1998 年 4 月开始，摩托罗拉在世界各地发布它的 MOTO 新形象广告。5 月，在北京开始"飞跃无限"的品牌推广活动。在新的广告片中，摩托罗拉英文名称的首个字母"M"变形为一只鸟的双翼，飞跃城乡、山水、时空。广告传达的主要信息是"摩托罗拉有如一双羽翼，让你自由飞翔"。

伴随着这个品牌战役的行动，摩托罗拉推出了它精心设计的"掌中宝"手机。一只只"掌中宝"扑闪着"翅膀"，化成轻盈的彩蝶，飞舞在天空中，最后变为摩托罗拉的标志"M"，极佳地传达了品牌的精神内涵。

至此，新形象继承了原品牌的标志基础，但又赋予它崭新的内涵。伴随着 V70 的上市，该公司又开展了以"全心为你"为宗旨，以"MOTO"为代号的

大规模品牌推广活动，最终得以"涅槃"重生。

资料来源：林国栋、黄晓霞：《范秀成：走进来后，"涅槃"重生》，《每日经济新闻》2006年12月15日，有删节。

思考题：

1. "大哥大""涅槃"重生的本质是什么？

2. 从"大哥大"到"MOTO"，摩托罗拉公司是怎样实现国际化和本土化的双赢的？

一、国际品牌本土化

问题1：什么是品牌本土化？

自20世纪90年代至今，本土化已由品牌企业的一种发展趋势上升为一种重要的竞争战略。所谓本土化，又称当地化，是指跨国品牌在进入某国市场后，充分利用东道国的资源，努力融入该国的经济体系，成为具有当地特色的经济实体的发展战略。本土化的过程表现为跨国品牌将营销、生产、人事、管理等经营诸要素融入并根植于当地文化的过程。国际品牌本土化的实施，沿袭了当地文化传统，建立了适应东道国经营环境的生产体系和经营模式。

关键术语

国际品牌

国际品牌是指在国际市场上知名度、美誉度较高，产品辐射全球的品牌，例如可口可乐、麦当劳、万宝路、奔驰、单身派、爱立信、微软、皮尔·卡丹等。

国际品牌一般有以下三个特征：

（1）是品牌历史悠久，有的在本国有着几十年甚至上百年的历史。

（2）经常能引领业界的发展方向。

（3）有支撑该品牌的知识。

国际品牌本土化是一项系统工程，包括企业文化本土化、人才本土化、投资管理本土化、生产本土化、市场营销本土化和研发本土化等，是跨国企业出于长期发展需要，针对东道国独特的市场而作出的系统化战略安排。

国际品牌本土化是生产全球化的反映与体现，其实质是资源本土化，而不是价值观念的本土化。品牌企业通过它可以克服文化差异带来的障碍，实现资源配置全球化，开拓国际市场，树立良好的企业形象，在具有巨大升值潜力的东道国市场获得可观的收益，从而实现全球化经营总体目标。

国际品牌采取本土化战略受三方因素制约：其一，东道国的政策。东道国政府会设立各种限制和制裁方案，以阻止进口货充斥本国市场；其二，消费者品位和偏好的不同为有地方性差异的产品和服务提供了机会；其三，销售渠道的不同。某些国家的商业体系、市场定位、分销渠道、沟通方式、服务战略等都有着独特之处。

国际品牌本土化是对企业竞争优势和经营方式的重新定位和组合。因此研究、探讨国际品牌本土化具有重要的意义。首先是战略意义。当代跨国公司已深刻地认识到品牌本土化战略是其赢得当地市场竞争的不可或缺的重要战略。品牌本土化战略的运用使企业更具市场竞争力。其次是经济意义。本土化是国际品牌在东道国实施品牌发展战略的核心。它的实施也是国际品牌在当地经营获得成功的必由之路。最后是借鉴意义。跨国品牌日益意识到品牌本土化发展战略的重要性。企业可以向竞争对手学习战略之道，发展品牌企业。

二、国内品牌国际化

问题 2：怎样把国内品牌国际化？

当前世界经济已呈现出市场国际化、资本多国化的趋势，国内品牌国际化已成为企业必须面对的战略选择。国内品牌国际化是国内品牌走出本国市场与国际市场的消费者沟通的过程，实质上它是全球一体化与本地化的统一，是成为世界名牌的必然选择。

国内品牌国际化的内涵是在全球化市场视野下打造全球性的品牌，并在不同的市场中实施不同的品牌策略。在进行企业品牌的全球化建设时，关注的是品牌的核心价值、品牌的形象、品牌个性、品牌定位等方面的新塑造，最终带来的是企业整体系统的升级和发展，而不单单是海外建厂、收购或兼并品牌等。

国内品牌国际化的产生的背景有六个方面：

（1）国内市场国际化，即经济全球化促进了国内市场的国际化程度的提高。各国品牌都在努力寻求品牌国际化道路，国际经营及战略已成为品牌经营的重点。

（2）企业竞争方式的转变。目前企业的竞争方式是品牌竞争，打造品牌国际化成为企业的核心目标。

（3）国际传媒的发展使品牌国际化的机会增大，现代传媒造就了品牌国际化的发展。

（4）企业生产能力的剩余。生产工艺的提高，使企业寻求更大的市场。

（5）政府的大力支持。品牌是国家综合实力的象征，因此各国对企业品牌的创立都会给予大力支持。

（6）国内品牌危机重重。国内产品走出国门，创造国际性的品牌，是国人的期望。

国内品牌在国际化道路上要外塑品牌形象，内练执行力度，这就是所谓的四门"内功"。首先是确立品牌名称，选择一个好名字是成功的开始；其次是品牌的架构，让每个品牌都有自己的代号，自成体系；再次是击准品牌的价值要害，获得竞争优势；最后是打通品牌的价值桥梁，让每品牌焕发出新的生命活力。

国内品牌国际化是品牌发展的高级阶段，它可以为企业带来的益处是无穷的。

（1）品牌代表着产品的光辉形象，代表着企业的雄厚实力，使企业拥有众多的追随者和忠诚者。

（2）品牌国际化，消费群体庞大，市场潜力巨大，为企业赢得了巨额利润。

（3）品牌国际化可以使企业在市场竞争中处于居高临下的有利地位，在与对手谈判中抬高筹码。

总之，全球经济一体化促成了品牌国际化，品牌国际化加快了全球经济的融合。

三、实现国际化和本土化的双赢

问题 3：怎样实现国际化和本土化的双赢？

走品牌国际化道路是企业的战略选择，在跨国企业不约而同地打造产品品牌之时，出现了品牌形象国际化与本土化两股潮流和趋势。

首先，本土品牌的国际化。需求是产品发展的基础，本土品牌首先必须满足消费者对产品品质、功能、技术的信任感等方面的需求。在满足以上需求后，企业就会诉求其国际化形象，他们甚至把自己的科研基地、研发中心移至海外，从而提高企业自身品牌的形象力度。另外，消费者文化需求的国际化趋势对本土品牌国际化有着不可忽视的作用。

其次，国际品牌本土化。国际品牌在东道国本土化运动的核心问题是本土文化。比如国际品牌要在中国市场上取得成功，就必须博得中国消费者的了解与认同。为达到这一目的，国际品牌一方面采用本土化的形象包装；另一方面使国际品牌融入本土主流的流行文化，以此整合自身形象，实现跨国经营。总之，两股趋势发展与演变的实质是一个问题的两个方面。消费者对产品需求的文化需求是其发展与演变的基本导向。

实现国际化和本土化的双赢，实际上是将国际化战略与本土化手段结合起来，融合两者优势，充分发挥各自在不同领域的作用。凡是国际知名品牌，其产品或服务肯定是卓越而有特色的。这些特色由最初形成到成熟，逐渐沉淀出该品牌与众不同的风格，即所谓的"本土特色"。跨国品牌在国际化过程中应该始终保持这种特色，同时也必须根据公司分支机构所在国的地理、人文状况作适当的调整以适应当地的发展。地域不同，风俗习惯、地方文化、政治经济体制等就会有一定的差异，消费者需求也就不尽相同。尽管市场一体化趋势日益加强，但这种差异在相当长的时期内不可能实现趋同。面对这种实际境况，采取本土化营销战略是明智之举。本土化真正含义是指在保持、巩固本土产品、服务基本物质内涵的前提下，对产品、经营方式等作适当的处理，以营造一种与所在国的自然、人文环境相近的经营氛围。本土化并不是完全意义上的本土化，它介于变与不变之间，变化的是外在形式，不变的是内在精髓，只有这样才是成功的国际经营。

品牌实现国际化与本土化双赢需做到四个方面：①在制定企业的宗旨、目标和政策方面要具有国际化思维。②在企业组织的结构、分工和协调上将国际化与本土化相结合思考。③在企业文化上具有本土化特色。④因地制宜地变化，满足当地的需要。

总之，不管是国际化还是本土化，均是企业为适应不同国家、不同社会、不同市场环境对自身作出的一种调节。没有国际化，就没有本土化；本土化策略是其国际化策略的一个部分，同时本土化是国际化重要的组成部分。

因此，实施品牌国际化战略，应坚持国际化与本土化的统一。一味地追求一体化，会忽视各地市场的特殊性；一味地追求本土化，会分散使用资源，降低资源配置的水平和资源使用效率，也不利于品牌整体形象的形成，有违实施品牌国际化战略的初衷。只有把国际化与本土化有机地结合起来才能实现两者的双赢。

活动1：麦当劳如何实现本土化与国际化的双赢？

活动2：讨论宝洁公司本土化经营的措施？

考试链接

1. 国际品牌本土化。

2. 国内品牌国际化。

3. 实现国际化和本土化的双赢。

第二节 品牌本土化的认知与认同

可口可乐的中国行

Coca Cola 是最早来到中国的跨国公司之一。Coca Cola 在中国的成功发展得益于其品牌的本土化，Coca Cola 在中国获得了一个颇为美妙的汉化名称——可口可乐。可口可乐这个汉语名称既朗朗上口，悦耳动听，又揭示了品牌的产品特征，回味无穷。在美国，Coca Cola 是这种饮料中两种主要原料的名称古柯叶（Coca）和古拉果（Cola）连缀在一起的结果。可是谁也不会想到它在中国会获得了一个既"可口"又"可乐"这样一个极具亲和力的汉化名称。这无疑预示着可口可乐公司在中国市场发展的无限前景，正是"可口可乐"这个美妙的名称拉开了 Coca Cola 公司在中国本土化的序幕。从可口可乐在中国粮油进出口总公司所在北京的仓库里建立起第一条生产线，到现在 20 多家合资企业，可口可乐从产品到品牌文化的影响力在中国已经妇孺皆知。

可口可乐品牌文化的本土化在中国带来的效应是极其广泛的。如今"可乐"已经成为这种碳酸型饮料的汉语代名词，当顾客说"要杯可乐"，其实就是指的要杯可口可乐。在中国，从"天府可乐"、"幸福可乐"到"非常可乐"等各种可乐型饮料的出现，实际上都是受可口可乐品牌文化的影响和启发而获得市场认同的。

可口可乐公司的老对手 PEPSI 公司进入中国，为了实现品牌文化的本土化，同样借助了"可乐"的特定文化内涵，将 PEPSI 翻译成"百事可乐"而不是"百事"。可以想象，如果你喝这种饮料可以达到"百事"都能"可乐"的效果，你还能够拒绝吗？从可口可乐和百事可乐在中国的成功案例，我们应该深切地体会到品牌文化本土化的重要性。

资料来源：张世贤：《可口可乐的中国行》，《中国外资》2008 年 2 月，摘选。

思考题：

1. 品牌文化的本土化体现在哪几个方面？

2. 从可口可乐到百事可乐，请你谈谈品牌文化本土化怎样从认知到认同。

一、品牌本土化的认知

问题 4：如何认知品牌本土化？

"品牌价值"的概念推出了多个品牌建设的方法和理念。其品牌知名、品牌认知、品牌联想、品牌忠诚被认为是品牌建设的四段里程。一个成功的品牌，首先应该具备比较高的知名度；然后是受众对该品牌的内涵、个性等有较充分的了解，并且这种了解带来的情感共鸣是积极的、正面的；最后，在使用了产品、认可了产品价值后，还会再次重复购买，成为忠诚的消费者。

品牌认知的基础元素分为四个方面：①差异性，它代表品牌的不同，表现在产品特色和品牌的形象上。②相关性，指品牌对消费者的适合程度，关系到市场渗透率。③尊重度，即消费者如何看待品牌，关系到对品牌的感受。④认知度，消费者对品牌的了解程度及对产品和服务的认识。总之，品牌认知与这四方面关系十分密切。

随着品牌企业国际化进程的加快，品牌本土化与品牌国际化的认知已备受关注。品牌本土化是指企业开拓新的区域市场或国际市场时，迫于当地环境压力，不得已修改品牌以适应本地文化的行为。品牌本土化的认知代表着消费者对品牌本土化的了解程度，关系到消费者体验的深度，是消费者在长期接受品牌传播并使用该品牌的产品和服务后，逐渐形成的对品牌及其本土化的认识。

品牌本土化的认知，看似简单，却恰恰是个覆盖面很广的问题，它几乎涉及企业的方方面面，其评测标准复杂，维度和角度多。不同企业，不同人对其的理解也大相径庭。一般可从六个方面来理解：

（1）每个品牌本土化都包括核心认知和延伸认知两大元素，二者相辅相成。核心认知，指的是品牌内涵中最独特、最个性的元素；延伸认知，指的是一些虽并非特别关键，但也不可忽视的品牌元素。

（2）从受众角度来看，每一个商业品牌本土化，都会在受众心智中引起两种类型的共鸣：感性的和理性的。二者互相支撑。受众总是先从感性上认识你的品牌，然后才会深入到理性层面。

（3）品牌本土化认知可以分为两个维度：一个维度是核心认知和延伸认知；另一个维度是理性认知和感性认知。由此，通过这两个维度的交叉划分，可以将品牌本土化认知划分为四个象限。

（4）将品牌的各方面元素进行整理归纳，就可以对应放入四个象限中。

（5）对于某一个特定品牌本土化，在四个象限都有充分的且积极的内容时，才能称得上成功。反之，如果发现某个象限中无内容可填，或者内容是负面的，那么，下一步的品牌本土化建设经费就应该向此象限倾斜。

（6）品牌是否附着上了本土化的文化气息，关系到品牌是否被真正接受。

品牌本土化认知度是品牌资产的重要组成部分，它是衡量消费者对品牌本土化内涵及价值的认识和理解度的标准。品牌本土化认知是公司竞争力的一种体现，有时会成为一种核心竞争力，也是企业实施品牌国际化战略的必经之路。

二、品牌本土化的认同

问题 5：如何取得品牌本土化认同？

当前市场上的很多品牌都已经处于成熟阶段，完成了品牌本土化的认知。这时企业应该着手的是让消费者对品牌本土化产品产生好感。尽管品牌本土化认知有着不可替代的作用与价值，但如果一味地盯住品牌本土化的认知不放，消费者就会厌烦。这个时候消费者不会根据知名与否去做选择，而是根据对谁的产品概念更认同、对谁的品牌更有好感去进行选择。这就涉及跨国品牌本土化的认同问题。

1. 品牌本土化认知不等于认同

品牌本土化认知和认同是两回事。品牌本土化认知可以通过广告公司策划的广告等方式在较短时间内得到满意的效果，但品牌本土化认同则不然。因为你的产品还在成长，要先被人认识，而后才能被人了解、喜欢、认同。在没有被人认识之前，你就想让人认同，这是不可能的，没有一个人会对不认识的产品产生好感。总之，达成认知的时间比较短，被了解认同的时间要比较长。

2. 品牌本土化认知比认同容易

做一个品牌，尤其是跨国品牌在海外开拓市场，先得让消费者认识你的产品，然后才能认同。消费者在认知的时候是理性的，而产生认同的时候就变得带有感性了。品牌本土化认同感是存在于当地消费者内心的，是需要慢慢培养的。感性成分越来越高的时候，也就是越来越认同的时候。做品牌是需要感情的，如果没有感情，消费者是不可能接受品牌的。品牌本土化认同是品牌企业在东道国取得经营成功的关键。

3. 品牌本土化认知是认同的基础

由认知到产生好感再到认同需要时间和过程。企业做认知性广告，目的就是要在最短的时间内被消费者认识。而得到消费者认同则需要在认知的基础上日积月累。品牌不是一天打造出来的。很多时候，品牌的认同感比品牌的认知度要重要得多。对品牌的认同，不只是对品牌下产品、服务的认同，还包括对品牌的形象、责任感等的认同。

4. 品牌本土化认同需要情感

消费者在取得对某一品牌理性认知后，若企业没有采取进一步措施，让消费者了解品牌内涵，消费者就无法在品牌中寻找到情感认同点，也就不会产生对品牌的依赖。这时候企业需要在保持自己特色的同时投入情感交流，加强品牌本土化的认同感。

因此，品牌本土化有认知和认同之分，跨国品牌在海外市场塑造品牌时，应立足于东道国文化和需求的基础上，先着手品牌本土化认知方面的工作，然后上升到消费者对品牌的好感，最终达到消费者对品牌本土化的认同，成功实现跨国经营。

三、从品牌本土化的认知到认同

问题 6：怎样让消费者认同品牌本土化？

品牌国际化需要全球消费者从心理上接受该品牌所包含的有形和无形的要素。因而建立品牌本土化的认知和认同就显得非常重要，具体要从三个方面着手：

1. 产品本土化

产品本土化指企业从产品的设计、生产到原材料采购等环节都采用本土化。它是品牌本土化的一个重要方面。例如万宝路广告主题根据各地市场环境随机应变，迎合了各地消费者。再如近期，肯德基推出了颇具中国民族特色的汤类和盖饭。

2. 命名本土化

跨国品牌在进入海外市场时，应拥有一个本土化的名字可以与东道国消费者取得心理的认同，消除心理防线，便于识记。命名的本土化是跨国公司进行品牌传播时的一种工具。一些国际品牌在东道国市场能够迅速走红，与它们对品牌命名本土化关系十分密切。比如在中国市场走红的可口可乐、百事可乐、宝洁、奔驰、宝马、七喜、汰渍、家乐福，等等，它们的命名都是十分中国化的。如果单从字面上看，很难分出它是国际品牌还是国内品牌。

3. 品牌传播本土化

传播本土化主要包括促销方式本土化、广告本土化、公共关系本土化等方面。比如可口可乐公司针对中国市场推出春节贺岁形式的广告片，利用中国入世、北京奥运等重大机会做广告宣传，使中国消费者认同可口可乐这一品牌。比如摩托罗拉、爱立信等公司，在中国校园设立大量的奖学金，或向希望工程捐款，或进行政治营销，以赢得公众的好感和政府的支持，树立自己的品牌形象。

 活动3：调查一下宝洁公司在品牌本土化认知和认同上做了哪些工作。

 活动4：讨论建立品牌本土化认知和认同对企业实施国际化战略的意义。

 阅读材料

品牌创造 可学习国际品牌本土化经验

均瑶集团总裁王均豪在"搜狐企业家论坛"上表示，跟国际品牌对接，把国际品牌在国内本土化以及它的先进理念学习了之后，再把这些产品返回过去，是品牌创造的一条出路。

"我想在座的地球人都知道企业要有品牌才能实现企业自己的价值，以及企业的实力。就拿我们自己的案例来说，4年前，国家允许办理航空公司，我们在上海创办吉祥航空。我们一开始就把品牌规划、战略规划得很详细，定位中高端。中高端客人如何把这个品牌支撑起来？我们通过了引进全新的技术，虽然现在的机龄才两岁多，但用心服务支撑这个品牌，取得的效果是连续四年盈利，而且今年盈利特别好，马上准备上市，这就是品牌规划带来的价值。"

资料来源：天海川：《王均豪：品牌创造 可学习国际品牌本土化经验》，中国经济网，2010年11月25日，节选。

 考试链接

1. 品牌本土化的认知。

2. 品牌本土化的认同。

3. 从品牌本土化的认知到认同。

第三节　品牌本土化策略技巧

生活如此多娇

1987 年肯德基来到中国，随后在人们的后知后觉中急速扩张，到今天已经突破了 3000 家，并且依旧以每天新开一家店的速度在扩张。作为全球知名的快餐连锁店，本土化策略是其必然要实施的一项策略，肯德基已经实施了很多年。

消费者最容易看到的是产品的本土化，除此之外，它还实现了采购、经营和形象上的本土化。采购上直接用中国的原材料，使消费者更加习惯产品；经营上，连锁店扩张速度远远超过了其劲敌麦当劳，让这个晚 3 年进入中国市场的同行望尘莫及；形象上，肯德基会在适合的节日改变形象与中国人民同乐，如 2003 年新年所有店面的上校都穿上了唐装迎接客人。2005 年的"立足中国，融入生活"的口号坚定了肯德基在中国的本土化战略。其特色产品包括老北京鸡肉卷、嫩春双笋沙拉、芙蓉鲜蔬汤、番茄蛋花汤、辣鸡翅、烧饼、油条、嫩牛肉五方、营养早餐（香菇鸡肉粥、海鲜蛋花粥、枸杞南瓜粥、鸡蛋肉松卷、猪柳蛋堡）等，还有针对儿童特点开发的田园脆鸡堡等，基本上每一年肯德基都会推出几款本土化的产品。

伴随着中国大陆第 3000 家餐厅在上海开业，肯德基宣布同步启用全新品牌口号"生活如此多娇"来继续其本土化总策略。至此，"有了肯德基，生活好滋味"的广告语光荣退休与升华。

同时，肯德基还正式启动了为期半年的"一起多娇"主题活动。该活动将通过餐厅互动、网络征集、地面活动等多渠道、多阶段与广大消费者"一起多娇"：寻找多娇的事物；感受多娇的时刻；记录多娇的瞬间；和大家一起发自内心地感慨"生活如此多娇"。

资料来源：《生活如此多娇》，网易新闻网，2010 年 6 月 17 日。

思考题：

1. 肯德基在实施本土化进程中采用了哪些技巧？

2. 从宣传口号的变化谈谈肯德基经营中的变与不变。

一、跨国品牌本土化

 **问题 7**：什么是跨国品牌本土化？

跨国品牌实施本土化一方面可以使品牌融入本土文化，容易为当地客户接受；另一方面需付出努力重新塑造一个新品牌，原品牌的号召力就会有所放弃。如果不是文化差异太大，是不易常用的。之所以跨国公司热衷于实施本土化经营，存在如下五个原因：

（1）为满足多种消费者的需求，需要一个当地化的战略。

（2）良好企业形象和知名度，赢得东道国支持。

（3）融入东道国的文化，促进管理变革的实施。

（4）充分利用东道国成本，降低综合性生产成本。

（5）适应市场环境，使企业获得更好生存和赢利需要。

跨国公司实现品牌本土化从五个方面进行：

1. 品牌名字的本土化

品牌的名字是开发国际市场的关键，只有适应当地语言的内涵和寓意的品牌名称，才能被当地消费者认同，才能逐渐拓展市场。品牌翻译时必须兼顾消费者的文化和生活习惯以及审美心理和民族禁忌。比如"可口可乐"名字就能赢得中国消费者的青睐。

2. 产品本土化

产品能满足世界各地消费者的不同需要，拉近品牌与消费者的距离。品牌进入当地市场后，要想方设法让自己的产品融入当地人的生活中，实施产品本土化。如肯德基推出适合中国人口味的蛋花汤，就是满足中国消费者的需要之举。

3. 本土化经营方式

国别不同，政治环境、经营方式、消费者的消费习惯等也就不一样。品牌进入外国市场后，为了彻底融进消费者的心里，同时保证在当地市场是一个遵纪守法的公民，就要改变原有的经营方式，实现经营模式的转变。只有这样，才能真正地实现品牌国际化。

4. 促销活动本土化

除了用当地的节日、重大的新闻事件等有利时机进行促销宣传外，促销活动本土化还要根据当地的风俗人情，巧妙地设计促销方案、广告节目，主动融合本土观念，便于当地消费者对产品的认同。

5. 品牌要融入当地的文化传统

只有融入当地文化传统的品牌才能获得消费者的青睐，成为当地人生活的一部分。国外强势品牌早就注意到文化传统对品牌的重要性，所以他们每到一个国家或地区，均将当地的文化传统科学地融入自己的品牌传播和自身的品牌思想中，以拉近与消费者之间的距离。

二、品牌本土化对我国的启示

问题 8：品牌本土化对我国有什么启示？

随着改革开放的不断深入和经济社会全球化的到来，跨国品牌已全面进入我国市场，国内市场供求格局正在发生着改变。我国企业已开始从质量竞争步入到品牌竞争阶段，品牌战略已提上日程。尽管我国涌现出了一批民族品牌，但与跨国品牌相比还存在着很大的差距。从跨国品牌本土化战略中我国企业可得到四方面启示：

1. 成本优势，建立国际化的人力资源管理机制和体系

参与国际竞争的财富是拥有丰富的人力资源储备。目前我国劳动力资源丰富，但管理相对落后。针对这一现状，我国企业必须加快建立国际化的人力资源管理机制和体系，建立一套反映现代员工物质和心理要求的管理体系，注重培养人才，留住人才，用好人才，从而扭转我国企业在人才资源争夺战中的劣势局面，争夺到大批高质量人才。

2. 研发、发展适用技术，构建企业专业优势

技术创新是知识经济时代产品增值的源泉。我国作为一个发展中国家，高新技术产业增加值较低，出品产品技术含金量少，与跨国品牌比较上原创性的科学技术总体上处于劣势。因此要学习跨国品牌技术开发的经验并加以创新，发展高技术，力求核心技术自主化，提升产品档次，降低成本，形成专业化优势。

3. 品牌建设与管理

注重品牌质量，增加消费者对品牌的忠诚度；培养品牌亲和力，注重消费心理和文化传统，积极宣传品牌，增加品牌的认同感；适度扩张品牌，注重品牌的优先效应；注重企业形象，创造品牌的联想效应，从而培育出高价值的中国品牌，以增强跨国品牌竞争力。

4. 营销网络，充分利用本土优势

跨国品牌不但拥有雄厚的资本、先进的技术，而且良好的营销网络更显示出了品牌实力和竞争优势。我国企业的营销网络仍较为薄弱。因而国内企业要更好地发挥本土优势，建立起最能体现本土化特色的营销网络，使之成为国内企业市场力量的传导工具，充分凸显自身价值，有效地发掘市场需求并对跨国品牌形成市场壁垒，从而构成竞争优势。

总之，越来越多的跨国公司进入了中国并成功实施了品牌本土化战略。学习和借鉴国外品牌成功经验，打造自身强势品牌，通过品牌战略增强企业的竞争能力，关系到国内企业和中国经济保持快速持续发展。

 活动5： 调查，海尔在品牌建设上还有哪些方面有待提高？

 活动6： 家乐福本土化推广对我国企业的影响。

 考试链接

1. 跨国品牌本土化。
2. 品牌本土化对我国的启示。

案例分析

肯德基拷贝北京烤鸭　"老北京鸡肉卷"中西合璧

高喊着"颠覆汉堡"口号的西式快餐代表肯德基，在2003年推出了采撷中华美食精华北京烤鸭风味的"老北京鸡肉卷"，中西合璧的风格在这家世界著名的快餐店里突现。

一张面饼，放上经烹炸的鸡腿肉条，加上爽脆的黄瓜条、京葱段，浇上浓郁的甜面酱和汉堡酱包裹起来。这样的配料，这样的吃法，北京人拿起这个"老北京鸡肉卷"就会感到似曾相识，品尝的人们发出的感慨是：肯德基更加中国化了。

身为新加坡人的北京肯德基有限公司总经理陈光全坦言，从吃法上讲，肉卷毫无疑问"拷贝"了北京烤鸭的独特风味。北京的烤鸭非常好吃，因此肯德基想博采众长，尝试为中国消费者度身定制美食。

人们已经注意到了肯德基里的中国文化味。1999年，一向以美国文化、美国风格著称的肯德基，竟首次打破全球惯例，"入乡随俗"换上了整套中式装修。位于北京前门箭楼古城墙附近的肯德基中国第一店，装修后以长城、四合院等中国传统建筑风格为主要基调，辅以天津和无锡彩塑泥人、山东潍坊风筝、山西皮影、民俗剪纸和民间布制手工艺装点各层餐厅。在前门餐厅三楼宝贵的空间内，还特意布置一个文化长廊，免费不定期展出民间艺术家们的

209

作品。

从穿上"中式外衣"到换上一颗"中国心",肯德基从店铺形式到产品内容,越来越趋向于营销本土化。陈光全认为,肯德基在全球有 32500 家连锁餐厅,每个国家、地区、民族都有自己的文化背景和消费习惯,因此必须认真学习异国文化,因为营销越是国际化,越该本土化。

资料来源:程琳琳:《肯德基拷贝北京烤鸭 "老北京鸡肉卷"中西合璧》,一大把网,2006 年 9 月 13 日。

问题讨论:

从肯德基全面本土化所取得的业绩中得到哪些启示?

本章小结

在世界经济一体化日益密切的今天,国际品牌本土化、国内品牌国际化是品牌争夺国际市场的战略之举。在这里,本土化与国际化实际上是一个问题的两个方面。实施品牌本土化发展战略是当前跨国企业必须采用的战略措施之一。从品牌本土化认知认同到实现策略本章都有阐述。探讨跨国品牌本土化有关问题,对我国企业发展有着重要的借鉴意义。

深入学习与考试预备知识

国际五金品牌中国本土化策略需要进一步加强

曾有资深国际品牌发出感喟:"永远不要觉得自己已读懂中国"。确实,随着中国经济的快速发展,国内市场需求瞬息万变。所以,国际品牌的本土化过程不可能一蹴而就,必须要有打"持久战"的思想准备。从目前来看,国际卫浴品牌的本土化在生产本土化、设计本土化方面已经小有成绩,但是同时也存在一些问题。

近年来,国际卫浴巨头纷纷将研发和生产中心向中国转移,一方面是为了更靠近中国市场;另一方面也看重中国研发基础环境日渐成熟,在中国的研发成果也可以迅速应用到全球其他市场。据了解,科勒、TOTO、摩恩、汉斯格雅以及杜拉维特等国际品牌已经在中国境内建立起生产基地:1995 年科勒在中国的第一家独资厂陶瓷件年产量达到 100 万件;1997 年,TOTO 已在上海建立标准厂房进行试探性投资;1996 年,摩恩在广州建立了具有世界先进生产管理和工艺技术的合资工厂；2006 年，汉斯格雅中国松江厂房正式启动，并计划于 2010 年建成第二家……生产基地在中国的"安家落户"，极大地节省了国际卫浴品牌的生产和运输成本，为其实现生产本土化奠定了坚实的基础。

资料来源：《国际五金品牌中国本土化策略需要进一步加强》，中国二手设备网，2010 年 11 月 22 日。

知识拓展

雀巢中国 23 年："新本土化"大旗劲舞

　　雀巢集团 98% 的雀巢产品都是在中国本地生产的，只要在经济上可行，雀巢都尽可能在中国采购原材料和包装材料。此外，雀巢集团有透明的业务原则和采购原则，所有的供应商都了解这个原则，雀巢希望他们的供应商也能够繁荣兴旺。雀巢在黑龙江、山东和内蒙古进行鲜奶的采购，然后在中国本地进行加工。雀巢使云南成为咖啡种植区的开拓者：当初，为了解决东莞雀巢咖啡有限公司原材料供应的难题，在经过几番理论论证和实地调研之后，雀巢选定了云南作为其种植小粒种咖啡的基地。雀巢协助云南建立了咖啡种植农场，提供了资金、种苗甚至无息农具贷款与技术方面的援助，并且签订了一个长达 10 年面对 13 个咖啡公司和 4 个小咖啡农场主的购销合同，合同制定了对农民的保护价格。收获质量达标的咖啡豆，解决了农民的后顾之忧。雀巢至今已为云南种植咖啡豆投入 5000 万元的资金及大量技术支持。到 1997 年，云南已能供应雀巢所需要的所有小粒种咖啡原料，而不用再从国外进口。2008 年，雀巢成功地在云南采购了超过 5000 吨咖啡豆，为边远地区的成千上万小农户的生活水平显著提高作出了巨大的贡献。最近几年，云南已成为享誉世界的优质咖啡豆生产基地，并吸引许多咖啡买家来采购咖啡豆。云南小粒咖啡种植面积达 35 万亩，产量 3 万多吨，已成为中国最大的咖啡产区。

　　目前，有着 142 年历史的雀巢已经成为世界上最大的食品企业，持续的改良创新已经成为雀巢永葆青春的秘诀，成为全球食品研发领域内的领头羊。据最新披露的数据显示，2008 年，雀巢在研发上的投入达到 19.8 亿瑞士法郎（约合 120 亿元人民币），相当于在华的年销售额。百年来，雀巢公司开发出了很多种独特的食品，为自己始终居于行业领先的地位奠定了牢固的基础。从 1849 年雀巢先生在瑞士建立私人实验室，到 1987 年雀巢研究中心成立；从 1981 年雀巢公司在瑞士总部建立"雀巢营养世界"机构，到分别于 2001 年和 2008 年在上海和北京建立研发中心。现在，雀巢已在瑞士、法国、德国、美国和中国等建有 28 个研究和开发中心。这些研发中心除支持产品技术中心创新和改良主要产品，兼顾各种产品和应用科学领域外，同时，在把本地科技和产品介绍到全球市场的过程中起到了重要的桥梁作用。雀巢在上海和北京的研发中心主要是为雀巢大中华区研究产品和工艺，包括食品安全和质量以及使用中国的传统食材来研究对消费者健康有益的三个关键方面——生长发育、健康老龄和体重管理。它的另一个重要作用是与中国的科研机构保持良好关系，做学术交流，把中国在健康和食品方面的理论介绍给西方国家，如传统配料方面的阴阳理论。雀巢现在正在从中国传统食材当中寻找新的灵感。雀巢把研究中国传统食材作为促进中国乃至全世界消费者健康水平的重要方式，这是重视研究与开发的悠久传统的延续。2001 年，雀巢在中国的第一个研发中心在上海成立，公司正式开始了对中国传统食材的研发和利用。

雀巢从一个乡村作坊发展成今天领先世界的食品和饮料公司，"人的因素第一"这一理念不可或缺。只有将本土与国际人才相结合，才能最好地发挥他们的潜质和能力。雀巢在大中华区同样致力于发展本地管理人员。

资料来源：刘若愚、闫蕾、井玲：《雀巢中国 23 年："新本土化"大旗劲舞》，价值中国网，2011 年 3 月 25 日。

答案

第一节：

1. 本土化已由品牌企业的一种发展趋势上升为一种重要的竞争战略。所谓本土化，又称当地化，是指跨国品牌在进入某国市场后，充分利用东道国的资源，努力融入该国的经济体系，成为具有当地特色的经济实体的发展战略。本土化的过程表现为跨国品牌将营销、生产、人事、管理等经营诸要素融入和根植于当地文化的过程。国际品牌本土化的实施，沿袭了当地文化传统，建立了适应东道国经营环境的生产体系和经营模式。

2. 走品牌国际化道路是企业的战略选择，在跨国企业不约而同地打造产品品牌之时，出现了品牌形象国际化与本土化两股潮流和趋势。

首先，本土品牌的国际化。需求是产品发展的基础，本土品牌首先必须满足消费者对产品品质、功能、技术的信任感等方面的需求。在满足以上要求后企业就会诉求其国际化形象，他们甚至把自己的科研基地、研发中心移至海外，从而提高企业自身品牌的形象力度。另外，消费者文化需求的国际化趋势对本土品牌国际化有着不可忽视的作用。

其次，国际品牌本土化。国际品牌在东道国本土化运动的核心问题是本土文化。比如国际品牌要在中国市场上取得成功，就必须博得中国的消费者的了解与认同。为达到这一目的，国际品牌一方面采用本土化的形象包装，另一方面使国际品牌融入本土主流的流行文化，以此整合自身形象，实现跨国经营。总之，两股趋势发展与演变的实质是一个问题的两个方面。消费者对产品的需求以及文化需求是其发展与演变的基本导向。

实现国际化和本土化的双赢，实际上是将国际化战略与本土化手段结合起来，融合两者优势，充分发挥各自在不同领域的作用。凡是国际知名品牌，其产品或服务肯定是卓越而有特色的。这些特色由最初形成到成熟，逐渐沉淀出该品牌与众不同的风格，即所谓的"本土特色"。跨国品牌在国际化过程中应该始终保持这种特色，同时也必须根据公司分支机构所在国的地理、人文状况作适当的调整以适应当地的发展。地域不同，风俗习惯、地方文化、政治经济体制等就会有一定的差异，消费者需求也就不尽相同。尽管市场一体化趋势日益加强，但这种差异在相当长的时期内不可能实现趋同。面对这种实际境况，采取本土化营销战略是明智之举。本土化真正含义是指在保持、巩固本土产品、服务基本物质内涵的前提下，对产品、经营方式等做适当的处理，以营造一种与所在国的自然、人文环境相近的经营氛围。本土化并不是完全意义上的本土化，它介于变与不变之间，变化的是外在形式，不变的是内在精髓，只有这样才是成功的国际经营。

品牌实现国际化与本土化双赢需做到四个方面：其一，在制定企业的宗旨、目标和政策方面要具有国际化思维；其二，在企业组织的结构、分工和协调上将国际化与本土化相结合思考；其三，在企业文化上具有本土化特色；其四，因地制宜地变化，满足当地的需要。

总之，不管是国际化还是本土化，均是企业为适应不同国家、不同社会、不同市场环境对自身做出的一种调节。没有国际化，就没有本土化；本土化策略是其国际化策略的一个部分，同时本土化是国际化重要的组成部分。

因此，实施品牌国际化战略，应坚持国际化与本土化的统一。一味地追求一体化，会忽视各地市场的特殊性；一味地追求本土化，会分散使用资源，降低资源配置的水平和资源使用效率，也不利于品牌整体形象的形成，有违实施品牌国际化战略的初衷。只有把国际化与本土化有机地结合起来才能实现两者的双赢。

第二节：

1. 一般可从以下六个方面来理解：

第一，每个品牌本土化都包括核心认知和延伸认知两大元素，二者相辅相成。核心认知，指的是品牌内涵中最独特、最个性的元素；延伸认知，指的是一些虽并非特别关键，但也不可忽视的品牌元素。

第二，从受众角度来看，每一个商业品牌本土化，都会在受众心智中引起两种类型的共鸣：感性的和理性的。二者互相支撑。受众总是先从感性上认识你的品牌，然后才会深入到理性层面。

第三，品牌本土化认知可以分为两个维度：一个维度是核心认知和延伸认知；另一个维度是理性认知和感性认知。由此，通过这两个维度的交叉划分，可以将品牌本土化认知划分为四个象限。

第四，将品牌的各方面元素进行整理归纳，就可以对应放入四个象限中。

第五，对于某一个特定品牌本土化，在四个象限都有充分的且积极的内容时，才能称得上成功。反之，如果发现某个象限中无内容可填，或者内容是负面的，那么，下一步的品牌本土化建设经费就应该向此象限倾斜。

第六，品牌是否附着上了本土化的文化气息，关系到品牌是否被真正接受。

2. 产品本土化；命名本土化；品牌传播本土化。

第三节：

1. 品牌名字的本土化；产品本土化；本土化经营方式；促销活动本土化；当地的文化传统融入品牌。

2. 略（本道题目是开放性答案，学生可以自行调研得出结论，证据充足，言之有理即可）。

案例分析：

略（本题为开放性题目，本道题目是开放性答案，学生可以自行调研得出结论，证据充足，言之有理即可）。

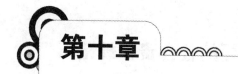

第十章

品牌在东道国的社会责任

学习目标

知识要求 通过本章的学习，掌握：

● 品牌在东道国的社会责任规范
● 如何履行在东道国的社会责任
● 企业社会责任报告的编写与发布

技能要求 通过本章的学习，能够：

● 正确处理跨国企业履行社会责任与自身的矛盾性问题
● 试编写和发布一份企业社会责任报告

215

学习指导

1. 本章内容包括：跨国品牌社会责任的内涵、分类以及品牌在东道国履行社会责任的主要内容、企业社会责任报告的编写、发布等。

2. 学习方法：结合案例和所学内容，全面掌握品牌在东道国的社会责任的相关概念，并进行知识延伸、活动讨论等。

3. 建议学时：8学时。

第一节　品牌在东道国的社会责任规范

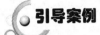引导案例

雅诗兰黛：社会责任与品牌同行

2010年3月1日，Lady Gaga宣布代言雅诗兰黛公司旗下唇膏品牌M.A.C的VIVA GLAM第七代唇膏，这些印有Lady Gaga签名的VIVA GLAM唇膏所获得的收入将全部捐给世界各地的艾滋病预防机构。同年12月1日，世界艾滋病日前夕，Lady Gaga和其他明星宣布将在这一天关闭其在社交网站（Facebook和Twitter等）的账号，直到用户对艾滋病捐款达到100万美元。Lady Gaga在Facebook上的700多万粉丝一时间为之疯狂，纷纷捐款以挽留自己的偶像。而对于M.A.C品牌来说，通过与Lady Gaga这样热衷公益的明星合作，自1994年创立品牌以来，VIVA GLAM系列唇膏已经累计捐资1.5亿美元！

与此同时，在中国，M.A.C艾滋病基金会向联合国儿童基金累计捐赠185万元人民币，用于支持儿童青少年与艾滋病全球运动在中国的开展。

若从商业利益的角度衡量，将一款超人气唇膏的收入全部捐出是难以想象的，而M.A.C品牌当年的创始人在品牌成立之初就承诺将VIVA GLAM系列唇膏的收入全部捐给受艾滋病影响的人群。

事实上，作为一家面向女性消费者的化妆品公司，雅诗兰黛公司一直保持着女性特有的细腻和爱心，其在企业社会责任的投入，不仅是公司战略的一部分，更是成为品牌内涵的延伸。

1992年，雅诗兰黛公司高级副总裁伊芙琳·兰黛夫人在美国发起了粉红丝带运动。作为粉红丝带运动的发起者，伊芙琳·兰黛夫人还创立了乳腺癌研究基金会，累计筹集的善款已经超过2.85亿美元，用于支持全球乳腺癌研究项目。

雅诗兰黛公司在销售化妆品的过程中一直不遗余力地对顾客宣传防治乳腺癌的重要性，其在全球的柜台累计发放的粉红丝带和乳腺癌防治信息卡已超过1.1亿份。

2000年，雅诗兰黛公司又启动了全球地标建筑亮灯活动，通过这一特别的方式引起更多人对乳腺健康的关注。2003年10月，粉红丝带乳腺癌防治运动正式进入中国，并自2006年开始先后点亮了南浦大桥、中华世纪坛、北京前

门23号（前美国公使馆）、国家游泳馆（水立方）和中央美术馆，包括 CCTV-1、CCTV-新闻、CCTV-4 在内的多家电视媒体和上百家报纸杂志多年来持续对其进行关注和报道，影响了上亿人群。

然而，对于乳腺健康的关爱，雅诗兰黛公司并没有仅仅停留在倡导上，他们与当地医院合作发起乳腺癌筛查援助活动，为女性免费提供体检服务，向公众宣传定期体检的重要性，呼吁全社会对于女性健康的关注。

如今，关爱乳腺健康对于雅诗兰黛公司来说，已经不仅仅是当初兰黛夫人的爱心与善良愿望，粉红丝带这一标志已转变为雅诗兰黛公司对公众富有爱心与社会责任的企业形象。而对于女性化妆品消费者来说，一个企业及其旗下的品牌是否有爱心和公众亲和力，在很大程度上会影响他们的消费选择。

在与品牌形象深度契合的社会责任项目开展的过程中，雅诗兰黛公司在实现自身公益愿望的同时赢得了消费者的情感认同，并将这种情感认同也转变为对雅诗兰黛公司各品牌的黏性，最终实现了企业和品牌的可持续发展。

资料来源：王伟：《雅诗兰黛：社会责任与品牌同行》，《商业价值》2011 年 3 月，有删节。

➡ **思考题：**

1. 雅诗兰黛是如何履行社会责任的？

2. "粉红丝带运动"对雅诗兰黛的品牌有何影响？

一、跨国品牌社会责任的内涵和分类

问题 1： 跨国品牌社会责任的内涵和分类是什么？

从 20 世纪 80 年代开始，因"赚取工人血汗钱"，跨国品牌的社会责任问题开始在各国被提起。到 90 年代中期，劳工组织、消费者团体、人权组织和环保组织等非政府组织发动了企业社会责任运动，并与劳工运动、人权运动、消费者运动、环保运动相互交织在一起。

很多跨国品牌如阿迪达斯、耐克、麦当劳、沃尔玛、家乐福等纷纷加入这一运动，践行品牌的社会责任。

关键术语

社会责任

社会责任是指一个组织对社会应负的责任。一个组织应以一种有利于社会的方式进行经营和管理。社会责任通常是指组织承担的高于组织自己目标的社会义务。如果一个企业不仅承担了法律上和经济上的义务，还承担了"追求对社会有利的长期目标"的义务，我们就说该企业是有社会责任的。社会责任包括企业环境保护、社会道德以及公共利益等方面，由经济责任、持续发展责任、法律责任和道德责任等构成。

而在当前，伴随着社会对企业社会责任的呼声越来越高，消费者对品牌的社会责任也越来越重视。消费者在评价品牌并选购其产品时，其社会责任则显得比以往任何时候都不可或缺，社会责任也将成为品牌的下一个争夺空间。

"品牌社会责任"的概念最早产生于英国，认为品牌应主动承担社会责任，从而完成品牌营销的使命，它是品牌打造的更高阶段和最前沿手段。对于跨国品牌而言，其在东道国也要承担社会责任。

跨国品牌的社会责任要处理的关系包括对股东、员工、顾客、政府、社会等多种层面。以全球零售业巨头沃尔玛公司为例，该公司一直被指责不关心员工健康及缺乏环保意识。为了改善这种局面，沃尔玛耗资3000万美元，开展了一项员工"个人可持续发展"计划，致力于结合员工个人实际以改善健康和保护环境，如3名同事一起搭车上班每年节约400美元汽油钱；1名员工每天定期绕商店内外走路已减掉了十几公斤体重；休息室里设1个箱子收集铝包装盒和塑料瓶，并将它们再利用；花更多时间与家人在一起；停止吃快餐等。

品牌在东道国履行社会责任的主体是跨国公司。跨国公司社会责任可以按照不同的方法进行分类。按照社会责任属于跨国企业内部还是属于跨国企业外部来划分，分为跨国企业内部社会责任和跨国企业外部社会责任；按照跨国企业社会责任履行的强制程度来划分，分为强制性跨国企业社会责任和自觉性跨国企业社会责任；按照跨国企业在履行社会责任过程中发生的利益关系来划分，分为有偿的社会责任和无偿的社会责任；按照跨国企业社会责任涉及的内容来划分，分为经济关系责任、法律关系责任、环境关系责任和社会公益责任；按照跨国企业社会责任对象划分，分为跨国企业对股东的社会责任、跨国企业对员工的社会责任、跨国企业对消费者的社会责任、跨国企业对债权人的社会责任、跨国企业对政府的社会责任、跨国企业对社会的责任等。

目前国际上关于跨国公司社会责任比较权威的标准有三个：

1. 联合国全球契约

全球契约是一项自愿的企业公民意识倡议，全球契约涉及所有相关的社会行动者：政府、企业、劳工、民间社会组织、联合国。全球契约的八项原则是：

涉及人权原则：

原则1：企业应在其影响力范围内对保护国际人权给予支持和尊重

原则2：企业应保证不与践踏人权者同流合污

涉及劳工原则：

原则3：企业界应支持结社自由及切实承认集体谈判权

原则4：消除一切形式的强迫和强制劳动

原则5：切实消除童工现象

涉及环境原则：

原则6：企业应支持采用预防性方法来应付环境挑战

原则7：采取主动行动，促进在环境方面采取更负责任的做法

原则8：鼓励开发和推广不损害环境的技术

2. OECD（经合组织）跨国公司行为准则

1976年，OECD制订的《跨国公司行为准则》是朝向全球性跨国公司行为规范的一次重要努力。2001年重新修订，准则要求跨国公司应该充分考虑到他们经营所在国的既定政策，并且考虑到其他利益相关者的观点。准则具体包括：一般政策、信息披露、就业和劳资关系、环境、禁止贿赂、消费者利益、科学和技术、竞争、税收等内容，较为详尽。其主要目标是希望多国企业的营运目标能与政府一致，加强企业与其营运所处地社会间的互信基础，以及协助改善外国投资气候及强化多国企业对永续发展的贡献。

3. 国际劳工组织通过的关于跨国公司与社会政策的三方宣言

国际劳工组织有关跨国公司及社会政策的三方宣言，被认为是最完备并最具国际影响力的国际标准。三方宣言包括一般政策、就业、培训、劳资关系四部分共59项条款，为劳工与人权这一极为敏感的问题提供了社会政策指导路线。

跨国品牌对东道国经济发展的积极效应在世界范围内几乎不存在争论。但是品牌在东道国的社会责任问题远远不是局限于社会公益活动方面，更要求品牌在安全生产、环境保护、资源节约、诚信交易、社区责任、信息披露等方面做出更大努力。

近几年来，一些国际品牌已经着手于越过直接的客户，投向社会社区的怀抱，用真情与责任感动世界，从而赢得世界比以往更广泛的支持和信任。

二、品牌在东道国履行的社会责任

问题2：品牌在东道国应履行什么社会责任？

跨国品牌在东道国履行的社会责任：

（1）经济责任：增加地方、国家税收；增加就业；回报股东；行业贡献；提高产品、服务的质量、竞争力；自主创新（技术、管理、知识产权）；完善

公司治理。

（2）法律责任：依法纳税；遵守行业规范；遵循其他法规。

（3）环境责任：施行达标排放；积极进行技术改造；生产过程环保健康安全；采纳可认证的管理体系；节能降耗；注重产品健康安全；对废弃物进行回收处理。

（4）文化责任：传统文化保护；企业文化建设；尊重文化多样性。

（5）社会公益责任：支持教育；缓解贫困；保护生态环境；帮助弱势群体；灾难援助。

跨国品牌应该重视在东道国履行相应的社会责任，这是其品牌形象提升及长久保持的核心行为。

 活动1：和同学探讨，品牌为什么要在东道国履行社会责任？

 活动2：试寻找一个品牌在东道国履行社会责任的案例。

 考试链接

1. 跨国品牌社会责任的内涵和分类。

2. 品牌在东道国履行的社会责任。

第二节　品牌如何履行在东道国的社会责任

引导案例

"苹果有毒"事件：谁给了跨国公司冷漠的资本

苹果公司"中国供应链员工因污染致残"事件，再一次将跨国公司的社会责任推向道德法庭。

日前，苹果公司公布了2010年供应商责任进展报告，首次公开承认了供应商——胜华科技苏州工厂，有137名工人因暴露于正己烷环境，健康遭受不利影响。在做出回应之前，苹果公司一直采取回避态度。事实上，苹果公司的供应商违规行为一直在增加，违规商家从2009年的17家，发展到2010年的37家，来自国内的数十家环保组织更是从2010年4月起，多次公开发布报告指出苹果公司供应链存在问题。除此之外，来自环保组织的报告还显示，苹果公司的供应链企业对工人的权益侵害，并不只是反映在100多名工人的健康损害上，还存在过度收取工人用工费、使用童工等多个方面。

对于媒体的关注，苹果公司不可能不知情。在苹果公司制定的供应商行为准则中，明确承诺确保供应链要有安全的工作条件，对生产过程的环境负责。但现在，随着其供应商违规行为的出现，却不站出来制止供应商的违规行为，这是一种纵容。《人民日报》就此发文称："一向标榜绿色环保、讲究人本理念的苹果公司，如今却陷入'说一套做一套'的问责尴尬。"事实上，在苹果公司"涉毒"事件爆发前，在中国也有很多外资企业爆发过"血汗工厂"事件。从部分违规外企屡屡"缺德"可以看出，跨国经营不过是他们追逐利润的一种形式。由于掌握了供应链的高端地位，更容易逃避自己应尽的社会责任，以降低经营成本。他们为追求利润最大化，纷纷将制造环节转移至发展中国家，以降低成本，拿走了高额利润，却留下了污染。而供应商为了生存，不惜损害员工的健康。

"毫无疑问，中国经济正上演着一出产业链悲剧。在这出悲剧里，凭借产业链优势盘剥中国企业的外商们笑逐颜开，得意洋洋；中国的经济、中国的企业、中国的百姓却在哭泣！这样的悲剧必须终结！"经济学家郎咸平在《产业链阴谋》一书中指出，外企应该对供应商的社会责任行为负责。

目前国内对于企业社会责任的管理，却并不完善。首先在立法上，企业社会责任的规定只是零散见于《公司法》、《劳动法》等法律法规中，并没有具体的规定，多以原则性、指导性法规为主，缺乏实践性和可操作性。另外，由于相应法律执行和监管部门监督不力，部分违规企业违法而没有得到严惩，违法得到的收益远大于违法成本。比起国外动辄数千万、上亿美元的罚款、赔款，国内相关法规的约束力显得无关痛痒。

除此之外，跨国公司在国内也缺乏利益相关者的制衡。中国的民间团体、行业协会与消费者等对跨国公司虽然有监督的积极性，但却没有制衡与责任追究的有力手段。

"毒苹果"事件提醒我们，只有加强法制建设，提高违法成本，才能重塑法令的威信和尊严。

资料来源：小刀：《"苹果有毒"事件：谁给了跨国公司冷漠的资本》，《IT时代周刊》2011年3月。

➡ **思考题：**

1. "毒苹果"事件折射出跨国公司在社会责任方面存在怎样的问题？

2. 跨国品牌应该如何履行在东道国的社会责任？

一、履行东道国社会责任的原因

问题 3：为什么需要履行东道国的社会责任？

品牌在东道国履行社会责任是跨国企业发展的必然选择，有四方面的原因：

1. 社会经济及其矛盾发展的必然要求

企业社会责任产生的根源在于现代生产力和生产关系的私人本性和社会本性的矛盾运动，是市场经济发展到经济全球化、市场一体化历史阶段这一矛盾运动的必然产物。以商品经济为主要内容的现代生产力和生产关系具有双重属性——私人本性和社会本性，它们之间的对立、统一的矛盾辩证运动推动，催生了企业社会责任运动。

当社会经济矛盾发展到一定历史阶段，就产生了企业的社会责任，这是社会经济发展的必然结果。

2. 跨国公司自身以及企业道德的必然要求

借助社会责任的品牌营销是企业最高级的营销。任何一个不断成长的企业，都会强烈地感受到品牌社会责任不动声色的推动力。节能环保、人文关爱等责任价值观能够给消费者带来精神上的巨大满足感，直接进入消费者的心灵深处，建立起客户对品牌的忠诚度。唯有重视品牌的社会责任感，才会逐渐锻造出企业的品牌，并使品牌走向世界而立于不败。

另外，企业道德也是品牌必须承担社会责任的必然要求之一。企业道德从伦理角度，以善与恶、公与私、荣与辱、诚实与虚伪等道德范畴为标准来评价和规范企业。如雀巢曾经陷入"道德困境"，因为雀巢在中国销售没有标志的转基因食品；美国孟山都公司也陷入"道德困境"，因为农作物"基因污染"问题在印度、墨西哥、欧美等国成为众矢之的；排名《财富》全球 500 强之首的沃尔玛，也因为非法劳工、种族歧视、低价导致供货商成为"血汗工厂"等而饱受非议。"道德困境"直接影响品牌和企业的形象。因而跨国企业在追逐私利的商业游戏中，在仰望星空之余，也不应遗忘心中的"道德律"。

3. 从东道国角度强化社会责任的必然要求

跨国企业在全球进行品牌推广的过程中，也带来了对东道国劳工剥削以及环境污染等问题。因而在跨国公司中推行企业责任不仅关乎跨国公司自身的发展，也关乎东道国经济发展以及人权环境保护等一系列问题。

4. 企业作为社会公民的必然要求

企业作为社会的一员，也就是社会的公民——"企业公民"。世界经济论坛认为，企业公民包括四个方面：①好的公司治理和道德价值。②对人的责任。

③对环境的责任。④对社会发展的广义贡献。因而企业在享受社会赋予的条件和机遇时，也应该用符合伦理、道德的行动回报社会、奉献社会。

从西方发达国家看，优秀企业还把企业社会责任实践视为一个持续的学习过程，非常注重对社会责任项目进行系统规划、评估、实施和沟通。如杜邦公司秉承"可持续发展"的核心价值观，提出了"目标为零"的口号，从安全生产、环保和污染排放等各个角度实现零排放；可口可乐公司作出长期承诺，要让每个可口可乐的业务单位都成为当地的模范企业等。

二、跨国品牌履行社会责任的方法和措施

问题 4： 履行跨国品牌社会责任有什么方法和措施？

对很多企业来说，品牌就是企业的全部。如可口可乐，最大的价值就是品牌价值，比公司价值还要大 100 倍。品牌履行社会责任的作用也可见一斑。

在 2007 年跨国公司社会责任高层论坛暨最具"中国心"的跨国公司颁奖典礼上，BP、宝洁、巴斯夫、宝马、百事、百胜、宝健、东芝、杜邦、强生、三星等 23 家跨国公司被评为"最具中国心的跨国公司"。

跨国公司积极履行社会责任是市场经济条件下企业生存与发展的一个必要条件，更是应对激烈市场竞争的必然选择，企业只有高度重视并切实付诸实践才能立于不败之地。阿里巴巴 CEO 马云认为，企业社会责任不应该是一个空的概念，也不单纯局限于慈善、捐款，而是与企业的价值观、用人机制、商业模式等息息相关。事实上，企业公民和社会责任就像一个金字塔。金字塔的基础就是企业最基本的责任，这些责任包括遵纪守法、要有很好的产品，要为股东创造利润，给员工创造机会，要赋税，等等。在完成这一基本责任之上，还应该进一步承担对社会的其他责任，分担社会的忧虑，帮助社会解决这些问题。最高一层是慈善公益事业。其顺序是不能颠倒的，公益和慈善不能代替公司做好基本工作责任。

企业或品牌履行社会责任的方法和措施具体包括五个方面：

1. 遵守法律法规

任何一个国家和经济体都有规范企业各种行为的法律法规，包括工商注册、市场准入、劳动用工、纳税等，企业进入这些市场必须遵守这些法律法规，这是企业的基本操守和责任。

2. 为员工提供发展空间

企业生存发展一刻也离不开员工，企业要健康持续发展，就必须尊重和维护员工的合法权益，确保员工共享企业发展成果。

在员工被录用之后，企业要按照《劳动合同法》的规定签订劳动合同，依法缴纳社会保险和住房公积金；同时企业应不断完善福利制度，按时对员工体检等。企业还要为员工创造具有竞争力的发展空间和良好的福利环境，激发员工的创造力。

3. 注重环境保护

随着科学发展观的不断落实和人们对环境、环保意识的不断增强，重视和加强环境保护和资源节约成为企业发展中一个重要的内容。企业必须让用户满意，对产品负责。例如伊顿中国的 MESH 计划，它将现有的项目整合到一体化的管理体系之中。伊顿公司所有的业务集团都在开发能够控制能源使用的环保产品，提供可持续的产品与服务。

4. 诚信经营、客户至上

一个企业要赢得市场，赢得消费者，不仅靠过硬的产品和优质的服务，更重要的是要靠诚信和对客户的尊重。沃尔玛发展的始终，山姆就一直强调商品零售成功的秘诀是满足顾客的要求，即顾客至上。一方面是必须有足够多的品种，一流的商品质量，低廉的价格；另一方面是必须有完善的服务，方便的购物时间，免费停车场以及舒适的购物环境等。在"顾客第一"的指引下，沃尔玛逐步扩大，发展为世界超一流的零售王国。

5. 积极参与公益事业

企业是社会的细胞，企业的发展和壮大都离不开社会的支持和帮助，因此企业发展了不能忘记回报社会，这是企业义不容辞的社会责任，亦是企业家的品格要求。在百事公司参与的众多公益事业中，影响深远也比较典型的是"母亲水窖"项目。

跨国公司履行社会责任的过程也是一个与时俱进，不断创新内容和形式的过程。巴斯夫公司自 2006 年起在中国企业和在华跨国公司中倡导"1+3"活动就是一个很好的例子。这家被称为"洋蜜蜂"的企业，立志要向蜜蜂一样将自身的可持续发展与环境、社会的可持续发展融为一体，不仅自身做好，努力履行社会责任，还要积极传播企业社会责任理念，共享优秀的、负责任的实践经验，使每一个企业都成为传播企业社会责任的受益者和传播者。

三、正确处理跨国企业履行社会责任与自身的矛盾性问题

问题 5: 如何正确处理跨国企业履行社会责任与自身的矛盾性问题？

企业有经济属性，企业从事生产或出售商品的目的是为了赚取利润，而且要求获取最大利润。但同时企业也离不开社会，有社会属性，作为社会的公

民，企业就离不开在社会中承担的责任。在这些社会责任中，企业除了履行经济责任外，还要履行环境责任、社会道德以及公共利益、法律责任、道德责任等。而这些责任的履行又会对企业的短期利益产生影响。因而，企业必须正确处理履行社会责任与企业自身的矛盾性问题，跨国企业也是如此。

社会责任目标优先的观点与企业利润目标优先的观点表面上是对立的，实际上也有共通之处，甚至经济利益也可以统归为社会责任的一部分。首先，作为依法经营的企业，就必须要把企业经营好，但也强调企业经营的守法、不欺诈、不欺骗的法律、道德底线，而利润的最大化则可以维持企业有运营的资本。其次，当企业的经济利益得到保证的时候，企业就有能力贡献和回报社会。

有些企业家认为履行社会责任会降低企业的利润。而事实上，对企业自身来说，履行社会责任不仅不会影响利润的获取，反而会产生促进作用。履行社会责任可以帮助企业在消费者心中树立企业形象，同时利于企业更加系统地思考影响自身发展的各种因素。

多年前，通用汽车公司曾说过，"有利于通用汽车的也有利于美国"。将企业利益与公众利益结合起来，从而实现经济利益和社会利益的最大化。

为此，企业必须在社会责任和利润之间进行平衡，根据自身情况制定最佳的社会责任策略。当然企业的社会责任也不能超过企业的资源与承受能力。过多的企业责任可能会招致更多更高的利益相关者期望，最终导致社会责任行为难以为继，反而带来利益相关者更多的不满而损害企业的绩效。

225

企业履行社会责任必须是真诚的。如果企业一旦识别了企业的关键利益相关者，确定了企业的社会责任策略，企业就要采取有效措施，从领导价值观、企业文化、员工培训、制度设计等各个方面来保证企业社会责任的全面推行。反之，人们就会怀疑其背后的真实动机，最终遭到利益相关者的批评，甚至抵制，结果适得其反。

活动3：结合相关案例，谈谈品牌该如何在东道国履行社会责任。

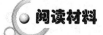

阅读材料

践行企业公民社会责任　福田汽车"绿"创未来

当前，我国新能源汽车在技术、成本、设施配套等压力下难以实现大规模推广之际，福田汽车超前响应国家新能源政策，在新能源汽车的研发、生产和市场化推广上走在行业前列。据福田汽车相关负责人介绍，福田汽车深耕新能源领域已有八年。

截至目前，福田汽车已经形成了涵盖欧Ⅴ纯电动客车、欧马可纯电动环卫车、迷迪电动出租车、欧Ⅴ混合动力客车在内的齐全的新能源汽车阵营。其中，欧Ⅴ混合动力客车已在广州、北京、台湾得到广泛应用。机动车的尾气排放对于大气是非常有危害的，而欧Ⅴ电动客车的排放为零，能够非常有效地缓解大气的污染状况，对城市环境的优化起着重要的作用。

资料来源：《践行企业公民社会责任　福田汽车"绿"创未来》，网易新闻网，2011年5月12日。

 考试链接

1. 履行东道国社会责任的原因。
2. 跨国品牌履行社会责任的方法和措施。
3. 正确处理跨国企业履行社会责任与自身的矛盾性问题。

第三节　企业社会责任报告的编写与发布

 引导案例

以技术创新推动社会创新

英特尔（中国）有限公司（简称"英特尔中国"）是外商独资经营企业，于1994年1月在中国上海成立。2007年1月，经商务部商资批［2006］2380号文件批准，公司变更为外商独资的投资性公司。截至本报告出具之日，英特尔中国拥有五家外商独资经营的子公司，英特尔半导体（大连）有限公司，英特尔亚太研发有限公司，英特尔（中国）研发中心有限公司，英特尔产品（成都）有限公司，英特尔产品（上海）有限公司。除此之外，英特尔中国的唯一投资者，英特尔亚洲控股有限公司在中国上海另设有英特尔贸易（上海）有限公司及英特尔技术开发有限公司。

《2009~2010英特尔中国企业社会责任报告》包含了英特尔中国及旗下子公司有关企业社会责任战略的阐述，以及2009年7月~2010年6月企业社会责任绩效和运营情况。英特尔中国每年一次公布其企业社会责任报告，上期报告已于2009年10月出版。

今年，报告分为六大部分：企业责任的整体策略和管理战略；经济和社会影响、公司治理与商业道德；环境；教育；社区；工作场所和供应链管理。其中，鉴于公司政策，针对 GRI 报告框架中披露原则的经济信息部分，英特尔中国无法将一个国家的财务信息对外公布。但本报告中有英特尔在中国的业务布局的详细描述。我们在本报告的每个章节都列出了绩效和目标。此外，报告还包括了来自各个相关利益方与英特尔中国合作过程中对英特尔的相关评价。

报告中所披露的数据皆为在报告规定的时间期限内，根据公司实际运行所收集到的数据，且皆有原始记录。其生产设施每年都要接受第三方的独立审计。

资料来源：英特尔公司：《2009~2010 英特尔中国企业社会责任报告》，新浪资讯，2010 年 12 月 2 日，节选。

➡ **思考题：**

《英特尔中国企业社会责任报告》包含哪些方面的内容？

一、社会责任报告的由来和主要内容

问题 6：社会责任报告是如何由来的？

随着社会的进步、经济的发展，企业在社会中扮演的角色越来越重要，消费者、雇员、投资者、商业伙伴、政府、非政府组织、媒体以及所在社区等利益相关方对企业增强履行社会责任的透明度和问责制有着普遍要求。

同时，由于企业深处复杂的经营环境，传统的以股东利润最大化为目标的运营方式所带来的雇员福利问题、环境污染问题、产品质量问题等越来越引起社会各方面的关注，由此带来的压力要求企业对除股东之外的更广大利益相关方负责。因此，越来越多的企业与利益相关者及社会沟通的愿望日趋提升，很多企业选择了发布企业社会责任报告的方式。

企业社会责任报告指的是企业将其履行社会责任的理念、战略、方式方法，其经营活动对经济、环境、社会等领域造成的直接和间接影响、取得的成绩及不足等信息，进行系统的梳理和总结，并向利益相关方进行披露的方式。

以反映程度是否全面为标准，企业责任报告可以分为广义的企业社会责任报告和狭义的企业社会责任报告两类。

广义的企业社会责任报告，包括以正式形式反映企业对社会承担的某一方面或几方面责任的所有报告类型，即包括了雇员报告、环境报告、环境健康安全报告、慈善报告等单项报告，或囊括经济、环境、社会责任的综合性报告。狭义的企业社会责任报告，一般特指以正式形式全面反映企业对社会承担的所有责任的报告，即综合社会责任报告。

由于企业对社会责任的理解和报告中所关注重点的差异，企业社会责任报告目前呈现出不同的名称、类型和特点，如企业社会责任报告、可持续发展报告、企业公民报告、企业社会与环境报告等。

企业社会责任报告经历了一个较长的萌芽、兴起、发展和趋于成熟的发展过程，其所关注的议题也在不断发生变化，从20世纪70年代通过雇员报告提高雇员的忠诚度从而吸引人才，到20世纪90年代通过环境报告来回应公众的期望和压力降低企业风险，再到21世纪向利益相关方展示企业对全面社会责任的承担等。企业社会责任报告在议题、名称、水平等方面的发展，也是报告作用的不断认识与创新。

有趋势表明，一些具有前瞻意识的公司开始将社会责任报告的发布作为企业核心商业价值与战略的一个重要组成部分，以创造企业责任竞争力，提升企业的商业价值。

二、企业社会责任报告的编写

问题7：怎样编写企业社会责任报告？

明确了企业社会责任报告的内涵以及对企业的价值创造的意义之后，企业该怎样来编制一份高质量的企业社会责任报告呢？企业在编制社会责任报告的时候，要注意控制好报告编制流程。

首先，从编制内容方面，企业社会责任报告反映了企业对社会所承担的责任，因此，在责任报告里需要回答五个基本问题：

（1）企业社会责任的内容，即企业对社会承担哪些责任（WHAT）。

（2）企业履行社会责任的动力，即企业为什么应该而且愿意对社会承担责任（WHY）。

（3）企业履行社会责任的方式，即企业以何种方式和过程落实责任（HOW）。

（4）企业履行社会责任的业绩，即企业运营对经济、社会和环境所造成影响的行为、过程和结果符合企业履行社会责任的职责、标准和目标的程度（PERFORMANCE）。

（5）企业社会责任的未来计划，即企业在原有业绩的基础上，为更好地实现履行社会责任的愿景而制定的未来目标和行动方案（PLAN）。

其次，在编制过程中，一般经过四个阶段：准备阶段；资料采集阶段；撰写阶段；发布阶段。

1. 准备阶段

企业社会责任报告是对公司经营情况的全面披露，对信息的广度和代表性提出了更高的要求，因而在准备阶段，一个很重要的事情就是要建立起一个明确的组织管理体系。企业可以通过成立专门的企业社会责任部门，或者建立企业社会责任报告项目小组的方式来从事此项工作，但必须确保各部门全力参与和配合。

在确定了组织管理体系后，企业可选择聘请专业人员对企业进行内部培训，明确企业社会责任战略和目标，以及项目团队了解工作流程，从而保证资料的收集和加工。

2. 资料采集阶段

企业社会责任报告必须是系统的。它要系统梳理企业在经济社会发展中的角色及承担的责任；要运用生命周期理论系统梳理企业运营对社会和环境所造成的积极和消极的影响；要系统梳理企业与每一方利益相关方的互动关系；要从企业价值观、公司治理、企业战略、企业运营、企业文化等各个方面系统阐述企业对社会责任理念和要求的充分落实。因而资料一定要采集充分、准确。

利益相关方访谈是资料采集阶段的重点。访谈对象一般包括企业中高层管理者、企业基层员工、供应商、债权人、消费者、媒体和非政府组织等。访谈的过程中不仅可以采集资料，还可以全面了解企业社会责任现状和问题，了解利益相关方的期待并做出回应，这是确保企业社会责任报告发挥沟通作用的重要环节。

3. 撰写阶段

撰写社会责任报告阶段的重点在于筛选所采集的资料。资料的选择既要注意信息披露的完整性和全面性，又要充分结合行业特点和企业自身的特点，抓住重点，突出亮点。在撰写的时候，还要把握好报告的写作风格。

4. 发布阶段

撰写完之后就是报告的发布。关于社会责任报告的发布问题后文会详细介绍。

另外，企业社会责任报告必须是持续创新的，它提供了由外而内地全面理解企业角色和使命的崭新视角：从利益相关方的期望和参与的角度，体现企业的价值，寻找企业存在的问题、改进的方向与动力。它并不以报告的发布为终点，而是将报告的编制视为一个持续改进的过程，在编制的过程中不断完善与改进。

三、企业社会责任报告的发布

问题 8：怎样发布企业社会责任报告？

发布社会责任报告是全球企业社会责任的重要实践。企业在发布社会责任报告的时候要注意发布媒体的选择、发布周期以及发布方式。

1. 发布媒介

目前企业社会责任报告的发布媒介主要有三种：光盘、印刷报告和网络发布。三种媒体各有特点：光盘发布可以传递更多的信息，也利于公司形象的传播，但是受众少、成本高；网络发布披露的信息全面，传播迅速，而且成本最低；印刷报告介于两者之间。

一般企业采取的是将印刷报告和网络发布结合起来，首先发放一份印刷报告概述，然后在其网站明显的位置提供更加详细的社会责任报告链接。

2. 发布周期

社会责任报告的发布周期一般为一年，也有一些公司选择两年发布一次报告。

企业在发布社会责任报告的时候，要注意发布的周期，必须保证发布周期的完整性，这样报告中披露的信息才具有权威性。同时还要注意社会责任报告尽量与公司的财务报告发布周期一致，便于加强二者的联系，为利益相关方提供更加翔实的信息。

3. 发布方式

社会责任报告的发布方式在一定程度上关乎公司发布社会责任报告的效果。

目前企业发布社会责任报告的方式主要有两种：

（1）召开新闻发布会，独立发布公司的社会责任报告；

（2）委托独立的第三方媒体发布。第三方发布企业报告有利于增加报告的真实性、公正性、客观性和权威性，目前正逐渐成为国际潮流和惯例。

无论企业所处的地区、行业，无论企业规模的大小，企业的社会责任报告已经成为任何一个企业必然要依赖的载体，是企业推动社会、经济、环境可持续发展的见证和记录，也是促进企业可持续发展的工具与手段。

活动 4：和同学合作，尝试着拟定一份企业的社会责任报告。

活动 5：探讨企业为什么要发布社会责任报告。

考试链接

1. 社会责任报告的由来和主要内容。
2. 企业社会责任报告的编写。
3. 企业社会责任报告的发布。

百事公司：履行企业社会责任　做企业好公民

在诚信守法、创造共赢的基础上，作为一家负责任的知名企业，百事公司积极认真地履行对社会的责任，多次为贫困缺水地区及抗洪救灾提供资助，同时还积极参与环保、公益等事业，扮演着一个合格的中国企业公民角色。2001年以来，百事公司长期支持中国妇女发展基金会组织实施的"母亲水窖"项目，帮助中西部地区贫困缺水家庭；2002年和2003年连续两年赞助北京国际音乐节儿童音乐会专场，为少年儿童提供高尚健康的音乐鉴赏机会，引导积极向上的生活方式；百事公司斥巨资支持中国体育事业，如冠名中国足球联赛，举办五人制足球赛等，活跃民众生活，提高中国人的健康水平；2003年"SARS"期间，百事公司向北京市政府率先捐款100万元人民币，成为第一个捐款的跨国公司；在2008年春节前夕的全民抗雪灾的关键时刻，百事中国在中国外商投资企业中较早地向中国红十字会及地方赈灾指挥中心捐赠了总计约33万元人民币的救灾现金及物资。

2008年4月，百事中国捐赠100万元人民币，与中国红十字会合作，开始在全国8个城市捐助农民工子弟学校，希望由此让更多的人关注中国农民工子女的教育问题，改善他们所受教育的质量。2008年5月，四川汶川发生里氏8级地震，面对残酷的天灾，百事公司与中国人民共同分担，共捐赠超过1千万元人民币的赈灾资金及物资。

在百事公司参与的众多公益事业中，影响深远也比较典型的是"母亲水窖"项目。在相对贫困落后的中西部地区，干旱缺水使得当地人民的生活雪上加霜。解决用水问题，不仅成为开发西部，推动西部经济腾飞的先决条件，更与百姓生活息息相关。

不仅直接投入身体力行，百事公司还利用自身的资源系统，呼唤整个社会关注西部。2005年8月，百事公司代言人古天乐来到中西部贫困地区，协助中国妇女发展基金会拍摄有关"母亲水窖"的纪录片，为解决西部地区用水困难，关爱西部地区妇女儿童大声疾呼。百事公司衷心希望，能以自己的点滴努力，唤起全社会对西部干旱母亲的关注，使得更多企业、更多人加入到关爱西部母亲的行列中来。

资料来源：李彤：《百事公司：履行企业社会责任 做企业好公民》，人民网·跨国公司频道，2008年11月7日，有删节。

➡ **问题讨论：**

百事公司是如何在中国履行社会责任的？

本章小结

伴随着社会对企业社会责任的呼声越来越高，消费者对品牌的社会责任也越来越重视，社会责任也将成为品牌的下一个争夺空间。

品牌在东道国履行社会责任是跨国企业发展的必然选择，按照不同的方法分类，跨国公司所承担的社会责任不同。跨国公司在东道国履行社会责任的时候，要处理好经济利益和社会责任的关系。

企业社会责任报告指的是企业将其履行社会责任的理念、战略、方式方法，其经营活动对经济、环境、社会等领域造成的直接和间接影响、取得的成绩及不足等信息，进行系统的梳理和总结，并向利益相关方进行披露的方式。在编制过程中，一般经过四个阶段：准备阶段、资料采集阶段、撰写阶段以及发布阶段。企业在发布社会责任报告的时候要注意发布媒体的选择、发布周期以及发布方式。

深入学习与考试预备知识

中国企业社会责任 100 排行榜

如果是在 2006 年，也就是说在大约四年前，"中国企业社会责任排行榜"这样一份榜单根本不可能出现，因为那一年发布企业社会责任报告的本土企业只有区区 18 家。但现在，随着中国境内各项企业社会责任法规和报告标准的涌现，情况已经明显改变。2010 年发布社会责任报告的本土企业超过 600 家。面对这么多选择，我们很遗憾这个排行榜不能囊括更多的企业。同时，也正是因为有如此多的公司发布社会责任报告，在连续四次进行企业社会责任调查之后，我们决定今年推出"中国企业社会责任 100 排行榜"。

在 2009 年度"《财富》（中文版）/Account Ability 企业社会责任管理调查"

中，"认识缺乏"被选为阻碍中国企业社会责任表现进一步提高的最大障碍。媒体在推动企业社会责任参与方面发挥着重要作用。有鉴于此，《财富》（中文版）联合银行企业管理咨询（上海）有限公司（InnoCSR）推出"中国企业社会责任100排行榜"，希望能推波助澜，提升中国企业的社会责任意识，在企业间和社会上分享优秀的企业社会责任案例。通过把每个企业的社会责任表现放在聚光灯下，社会责任表现突出的中国企业能得到应有的认可。通过这份排行榜，可以为本土企业和外资企业的在华运营提供社会责任衡量标杆，并为彼此之间的比较提供依据。

资料来源：《中国企业社会责任100排行榜》，财富中文网，2011年3月11日。

知识拓展

社会责任增色企业品牌

企业的社会责任不是口号和宣言，也不是作秀，更不是事后的公关补救，而是企业成长壮大过程中相伴始终的一种理念与实践。

企业的社会责任，本质上是关涉个体与整体的关系，关涉个别经济体与社会大集体的关系。每一个经济体的生存发展的终极意义是为了促进社会的不断进步。社会责任不是为了慈善而慈善，为了公益而公益，也不是临时挤出资金来搞公益行为，而是制度化、系统化、科学化管理的自觉行为。诺贝尔经济学奖获得者弗里德曼说："最成功的企业不是把股东放在第一位，而是把顾客放在首位。"

企业必须为股东创造价值，因为如果没有股东的投资，也就没有任何经济发展可言。但是，通过自身的投资，企业必须还要为其他利益相关者创造价值和财富。长远来看，企业所在的环境健康发展对于企业自身的成功至关重要。这就是企业必须承担社会功能的基本理由。

如今，在政府、媒体和社会活动人士的压力下，企业社会责任已成了各企业领导者义不容辞的重要任务。但是，许多企业的所谓社会责任活动，仅仅是在做一些表面文章。事实上，我们很少看到企业的社会责任活动存在系统性，更不用说有一个战略性框架了。有调查表明，全部国内A股上市公司，建立企业社会责任管理体系的只占2%左右。仅个别公司才有正式的社会责任履行计划、系统的项目设计、科学的决策机制和完善的执行秩序与控制系统。

没有一个企业会有足够的能力和资源来解决所有的社会问题，它们必须选取和自己的业务有交叉的社会问题来解决。其余的社会问题，则留给其他更有优势的组织来处理，比如其他行业的企业、非政府组织或政府机构。而选取标准的关键也不是看某项事业是否崇高，而是看能否有机会创造出共享价值——既有益于社会，也有利于企业。

只有通过战略性地承担社会责任，企业才能对社会施以最大的积极影响，同时收获最丰厚的商业利益。企业社会责任中最重要的任务，就是要在运营活动和竞争环境的社会因素这两者间找到共享价值，从而不仅促进经济和社会发展，也改变企业和社会对彼此的偏见。

我们相信，未来企业社会责任对于企业的成功将起到越来越重要的作用。和谐社会的创建，需要每一个经济体切实担负起应有的社会责任。越来越多的企业主动将社会责任融入经营战略，严格遵守法律和国际通行的商业习惯，不断完善经营模式，自觉追求经济效益与社会效益的统一。企业的社会责任在不断强化，履行责任的实践也在不断创新。

资料来源：张更义：《社会责任增色企业品牌》，《羊城晚报》2010 年 10 月 31 日，有删节。

答案

第一节：

1. 跨国品牌在东道国履行的社会责任的主要内容包括：经济责任；法律责任；环境责任；文化责任；社会公益责任。

2. 略（本道题目是开放性答案，学生可以自行调研得出结论，证据充足，言之有理即可）。

第二节：

1. 略（本道题目是开放性答案，学生可以自行调研得出结论，证据充足，言之有理即可）。

2. 企业或品牌履行社会责任的方法和措施具体包括以下几个方面：遵守法律法规；为员工提供发展空间；注重环境保护；诚信经营、客户至上；积极参与公益事业。

第三节：

企业责任的整体策略和管理战略；经济和社会影响；公司治理与商业道德；环境；教育；社区；工作场所和供应链管理。其中，鉴于公司政策，针对GRI 报告框架中披露原则的经济信息部分，英特尔中国无法将一个国家的财务信息对外公布。但本报告中有英特尔在中国的业务布局的详细描述。我们在本报告的每个章节都列出了绩效和目的。此外，报告还包括了来自各个相关利益

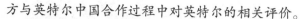

方与英特尔中国合作过程中对英特尔的相关评价。

案例分析:

百事公司多次为贫困缺水地区及抗洪救灾提供资助,同时还积极参与环保、公益等事业。百事公司长期支持中国妇女发展基金会组织实施的"母亲水窖"项目;2002年和2003年连续两年赞助北京国际音乐节儿童音乐会专场,为少年儿童提供高尚健康的音乐鉴赏机会,引导积极向上的生活方式;2003年"SARS"期间,百事公司向北京市政府率先捐款100万元人民币;在2008年雪灾中,百事中国向中国红十字会及地方赈灾指挥中心捐赠了总计约33万元人民币的救灾现金及物资。2008年4月,百事中国捐赠100万元人民币,与中国红十字会合作,开始在全国8个城市捐助农民工子弟学校。2008年5月,四川汶川地震,百事公司共捐赠超过1000万元人民币的赈灾资金及物资。

第十一章

品牌国际化人才队伍建设

学习目标

知识要求 通过本章的学习，掌握：

- 品牌国际化人才的素质要求
- 品牌国际化人才队伍建设
- 品牌国际化人才管理

技能要求 通过本章的学习，能够：

- 识记品牌国际化人才的素质要求
- 领会品牌国际化人才队伍建设与管理

学习指导

　　1. 本章内容包括：国际化人才和人才国际化的有关概念，以及国际化人才的素质要求，人才队伍建设，人才管理等方面内容。

　　2. 学习方法：结合案例，全面掌握国际化人才队伍建设的相关概念，并进行知识延伸、讨论活动等。

　　3. 建议学时：8 学时。

第一节 品牌国际化对人才的素质要求

比尔·盖茨启用门外汉

1987 年底，微软公司已经控制了 PC 的操作系统，成为当之无愧的英雄。

在这个时候，比尔·盖茨决定进军应用软件领域。这个软件巨人雄心勃勃，他认定微软公司不仅能开发软件，还能成为一个具有零售营销能力的公司。

然而，微软公司在软件开发方面不乏人才，在市场营销方面却人才匮乏。比尔·盖茨看到了美好的前途，看到了巨大的收益，可没有人才，怎么实现呢？

挖人是很多缺乏人才的企业的一贯做法。盖茨经过一番搜索，看上了肥皂大王尼多格拉公司的营销副总裁罗兰德·汉森。"汉森虽然是个营销专家，可是他在软件方面完全是个门外汉啊。"公司的高层管理人员对汉森很不放心。

比尔·盖茨当然不是傻瓜，他看中的是汉森的综合素质，在营销方面的丰富知识和高超技能。让这样一个人从肥皂转型到软件上来，总比让一千个对营销一窍不通的人现学营销来得更快。

费尽心思把汉森挖过来后，比尔·盖茨让他坐上微软营销副总裁的位置，负责微软公司的营销工作。

汉森来到公司的第一天，就给软件专家们上了一堂营销课：统一商标。这在营销学上叫统一品牌形象，是品牌管理的重要内容。

在汉森的推动下，公司认识到了统一商标的重要性，公司立即决定，从那以后，所有微软的产品都要以"微软"为商标。于是，微软公司生产出的所有产品，都打出了微软品牌。

汉森上任不久，微软品牌在美国、欧洲甚至全世界，都成了家喻户晓的名牌。门外汉罗兰德·汉森，利用自己的营销知识和营销技能成功地为微软打开了市场，用铁的事实证明了比尔·盖茨用人的魄力。

资料来源：邱庆剑：《世界 500 强企业管理理念精选》，机械工业出版社，2006 年 12 月，有删节。

思考题：

1. 比尔·盖茨为什么会"相中"门外汉？

2. 罗兰德·汉森成功转身的秘诀在哪里？

一、人才国际化有关概念

问题 1：什么是人才国际化？

经济全球化的到来，使人才资源在全球范围内频繁流动。人才资源是知识经济时代的第一战略资源，"国际化人才"、"人才国际化"的概念也越来越深入人心。面对竞争日益激烈的人才大战，如何更好地贯彻人才强企战略，加强队伍建设，实施人才国际化战略，是跨国品牌热切关注并深入研究、探讨的问题。

国际化人才核心在于具备广阔的国际视野、掌握与专业相关的国际化知识、强烈的创新意识、较深厚的文化素养、跨文化的交流沟通能力和信息选择、接受及加工处理能力。

关键术语

人才国际化

一般认为，人才国际化是指人才已不再局限于一个地区或国家的范围内，而是以本民族的文化为背景，超越国家的范畴，在全球范围内开发、配置，即人力资源的开发、利用呈现国际化的格局。

239

人才国际化作为经济全球化的伴生物，它是一种新的人才关系，我们可以从十个方面来理解。

1. 人才定义的国际化

一般从四方面着手：①人才内在素质良好。②劳动背景条件日益全球化。③要具有创造性劳动成果。④其成果作用对社会进步和发展产生较大影响。

2. 人才观念国际化

国际化的人才观念主要表现在两个方面：①尊重劳动、尊重人才、尊重知识、尊重创造的观念在世界范围普遍达成共识。②人才的价值观念趋向一致，在全球范围内，市场经济的价值观念已被人们所接受，逐渐成为人才价值观念的基础。

3. 人才评价国际化

在国际化人才观念的视阈下，对人才水平和业绩的评价，就不会局限于一国一地，并将国际标准和水平作为衡量人才成果的尺度。人才在经济社会领域内取得的成果，最终的评价也应该是国际化的。

4. 人才使用国际化

随着国际经济贸易合作日益广泛，各跨国公司对人才的甄选使用已经拓展到全球范围。人员和智力流动是人才的跨国流动的两个方面。

5. 人才流动国际化

人才自由流动是经济发达的重要标志。人才竞争的国际化促进了人才流动。人才跨国流动已成为不可阻挡的趋势。

6. 人才的构成国际化

人才构成国际化是人才流动国际化的必然结果。在国际化公司里，不同人才因文化传统、思维方式和创新能力的不同，发挥出的协同效应对跨国公司的壮大关系重大。

7. 人才培养国际化

涉及四个方面：①培养目标的全球化，即根据国际经济社会发展的需要，培养人才。②教育体制的多样化，提倡并鼓励国内外联合办学形式。③以复合型人才的培养为出发点和落脚点，课程设置的综合化。④教育手段的现代化。

8. 人才素质国际化

复合型、高层次、具备跨文化操作能力以及通晓国际市场"游戏规则"等素质，将成为国际上普遍认同的人才衡量标准。

9. 人才待遇国际化

人才待遇国际化是人才国际化的重要内容，它是在人才流动和竞争中自然形成的趋势。人才待遇与国际接轨工作做得好，人才的聚集力就强。人才待遇国际化影响着人才流动国际化的实现。

10. 人才竞争国际化

全球化经济时代的人才竞争已经突破国界，国与国之间出现了"零距离"竞争的态势。外资企业、跨国公司大量使用本土人才，本国企业甄选外国人才，这就使得"国内竞争国际化，国际竞争国内化"这种现象变得普遍起来。人才竞争国际化使全球企业面临着挑战与机遇。

人才国际化，是一种过程，是各种文化交流碰撞的过程。它有三个方面不容忽视：其一，具有在全球范围内与国际级企业、高层对话的能力的人才；其二，人才国际化重在能力和素质的国际化；其三，企业要以本土人才国际化为基础，即以本土人才为人才结构组成的主体，以引进国际化人才为补充。人才国际化是挑战也是机遇。

二、国际化人才的素质

问题 2：怎样才是一个国际化人才应有的素质？

国际化是一种素质，而不是一种背景。国际化人才最重要的是国际化的思维方式和工作方式。国际化人才应具备的素质体现在八个方面：

（1）宽广的国际化视野。

（2）强烈的创新意识。

（3）熟悉掌握本专业的国际化知识并能够多语种表达。

（4）熟悉掌握国际惯例，对国际法、国际贸易、国际金融、知识产权等都有较深的领会。

（5）较强的运用和处理信息的能力。

（6）在国际舞台上能够独立活动。

（7）较强的跨文化沟通和整合能力。

（8）具备较高的政治思想素质和健康的心理素质，能经受多元文化的冲击，在做国际人的同时不丧失人格和国格。

国际化人才在实际工作中所表现出的能力，归纳起来共有六项，其中包括"两主干四基本"。

"两主干"：

主干能力之一，终身学习能力。作为国际化人才，应该具有兼容并包的精神，具有追踪本专业的世界前沿和不断学习、吸收、消化国际先进文化和知识的能力。

主干能力之二，深层的超越国界的能力。具备这种能力，必须对异域文化、民族习俗、价值标准、思维方式以及世界发展的规律和潮流能够予以充分熟知和准确把握。

"四基本"：

其一，敏锐的洞察能力。具备敏锐的世界眼光和深邃的洞察能力，要有居安思危的危机意识，并且具有独立思考、分析问题和解决问题的能力。

其二，主动的应变和挑战能力。应在复杂多变的新形势、新环境面前具有举一反三、触类旁通的能力，良好的应对和应变能力，以及冒险和挑战精神。

其三，高度的创新、务实能力。当前这个时代最需要的不是仿效，而是自己独特的构思、创造。

其四，前瞻的引领能力。这是国际化人才基本素质的充分反映。它表现在两个方面：①具有包容性和较强的全局性管理能力、协调能力、组织能力、勇于负责任的能力；②有前瞻性地引领社会发展的能力。

三、国际化人才甄选策略

问题 3：怎样甄选国际化人才？

国际化人才不一定要有国际化的背景，有国际化背景的人不一定是国际化人才，企业在国际化人才甄选方面经常会遇到这方面的误区。国际化人才甄选也有其方法与规则。

在国际化人才的甄选过程中，有一套科学的选才理念与制度是非常重要的。科学选才包括四个方面：①正确的选才原则，操作遵循公开、公正、公平。②明确的选才标准，对人才的考评应从文化涵养、职业道德、组织才能、工作业绩、领导水平和发展潜力等方面听其言、观其行、察其绩全方位考察。③合理的选才方法，合理，即指方法的科学、实用、具有可操作性。④科学的选才程序，卓有成效的甄选得以实现，必须有一套健全、规范和有效操作程序作为指导。

在众多跨国品牌选才经验基础上，得出以下甄选策略：

1. **高质量选才，严格选拔标准**

真正把业务精、能力强、素质高的人才选择到国际化人才队伍中是高质量选才的目标。在程序上，坚持选拔岗位、标准、过程、结果"四公开"，要立足"三个着眼，三个梯次"，即着眼于国际化经营结构调整对高层次人才的需求，从国际化人才中选拔境外公司经理、项目经理以及熟悉资本运作和国际投资的高级管理人才；着眼于国际化经营对复合型人才的需求，从专业技术人才中选拔急需的复合型人才；着眼于国际化经营扩张对技能人才需求，坚持本土化原则，从东道国选拔一批操作服务人才，充实人才队伍。

2. **民主推荐**

民主推荐是选才的基本手段之一，包括领导推荐、组织推荐、自我推荐等。民主推荐一方面表明人们对该人可接受可拥护的程度；另一方面对管理人才起到了基本素质和现实业绩的初始评价作用。为了体现选才的客观性、公正性和全面性，全方位的推荐方式是值得提倡的。

3. **素质评价**

一般而言，管理人员的素质测评是指潜在的能力素质评价，主要是探知其发展潜力及培育方向。测试环节主要有三个方面：①显在能力评价。用客观化的纸笔，测试其处理问题的能力及行为观念，测定统揽全局能力、经营管理能力、组织创新能力及领导艺术水平、领导风格气质、领导胆识魄力、领导权威责任和沟通协调诸方面。②潜在能力测试。包括语言理解能力、逻辑思维能力、信息分析研究能力和判断推理能力等方面。③发展方向评估。包括思路策略、价值取向、职业兴趣、性格趋向及超前意识等。素质是能力形成和发展的前提，对促进能力的提高起着积极的作用。因此，甄选人员对其素质的要求特别高，尤其是管理人员。

4. 业绩考核

业绩量化评比与横向比较的考核方式构成了现代人事科学考核的新格局、新体系。业绩考核通常考察员工工作思路正确与否，工作态度好坏，工作方法是否科学，工作效率的高低，工作效果比较（企业内外比较、行业内外比较、国内外比较）。业绩体现了工作能力，是测定工作能力最实用的方法。

5. 岗位竞聘

在发掘更多优秀人才，营造一个人才辈出的和谐环境方面，岗位竞聘制显示出其不可替代的价值。它的优点主要表现在两个方面：其一促使在岗人员在本职岗位上干出良好的业绩，消除惰性；其二让优秀人才看到希望的曙光，并拥有"破土而出"的机会，既不埋没人才，又能留住人才。

6. 岗位模拟测试

岗位模拟本质上就是以岗位分析为先导、岗位职能为前提、岗位规范为基础、岗位胜任模型为核心，把岗位所需的相关能力转换为若干要素进行测试的方法。因而实施岗位模拟的核心是模拟测试要素的选定与规范操作。这种测试方式集选才的特点，与实践锻炼的特征为一体，在一定程度上是"相马"与"赛马"的综合。该方法是近年来才兴起的一种用情景或环境模拟进行考核、挑选和录用的方法，由主考官设计出一套与空缺职位的工作环境、工作性质十分相似的情景为测试手段，通过应试者的实际表现，观察判断智能水平，处事应变能力和可能的工作能力。

总而言之，要真正全面、准确和有效地甄选出优秀管理人才并非易事，需要下工夫、花力气、多思考。上述六项之间是相互联系、相互补充，不可偏废的。在实际的甄选中，应结合起来使用，使选才工作实现综合考察、全面衡量和择优选拔这一目标。

活动1： 谈谈你对国际化人才和人才国际化的理解。

活动2： 调查一下，你周围知名企业最看中国际人才哪些方面的素质，以及他们甄选人才策略是什么？

考试链接

1. 人才国际化有关概念。

2. 国际化人才的素质。

3. 国际化人才甄选策略。

第二节　品牌国际化人才队伍建设

引导案例

西门子的育人战略

西门子公司认为：职工技术熟练与否、技术专家的多少是增加生产、保证产品质量、保持竞争能力、赚取最大利润的关键，所以，西门子公司历任总裁都非常注重对职工的培训、培养，以提高他们的文化和业务水平。

维尔纳·冯·西门子虽然受过一定的正规教育，但他从未放弃过学习，并以此作为广大员工的学习榜样。他认为，每个人身上都有一个巨大的资源库，只是还没有充分地发挥出来。为此，他自己编了一门自我激励的课程，称作"做个伟大的人"。

"做个伟大的人"这门课程包括20卷卡式录音带和一本课本，课本的内容跟录音带一样。课程的前言对决心变成伟大的人的职工提出忠告："你好！你已决定改变你的一生了。你已经处在变成一个新人的过程中了。"

"一次又一次地播放这些录音带吧。重复的力量是无限的。举例说，一再地对一个人说：'好像有点道理。'到第四次，你会说：'我也要试试看。'第五次说：'好棒！我今天试过了。'"

翻翻课文，听了录音，你会觉得不但内容新颖，而且亲切，有时还有点天真。书里引用了不少名人的话，甚至还有拿破仑的那句名言——"统治世界的想象力"。全书大部分好像是在鼓励推销员培养出一种积极向上的人生观。"记住每一个人的名字！马上就动手去做！不要拖延到明天！如果你有自己系鞋带的能力，你就有上天摘星星的机会！"

等你全部修完这门课，你还得继续听40卷录音带，4个探险故事，参加10多次研讨会。

维尔纳·冯·西门子还下大力气挖掘他人的推销能力。他常说："假如你把一条鱼捐给一个人，只能养活他一天。但是，假如你教他怎样去捕鱼的话，你就能够养活他一辈子。"的确，维尔纳·冯·西门子是非常注重发挥人的自觉性和创造力的。

为了使公司的广大职工真正受到培养，并且确实提高业务水平，1922 年西门子公司拨款建立了"学徒基金"，专门用于培训工人，以便尽快使他们掌握新技术和新工艺。几十年来，公司先后培训出数十万的熟练的工人。

资料来源：邱庆剑：《世界 500 强企业管理理念精选》，机械工业出版社，2006 年 12 月，摘选。

思考题：

1. 西门子进入世界市场的锐利武器是什么？

2. 谈谈西门子育人策略的优点。

一、跨国品牌的人才配备

问题 4： 跨国品牌如何配备人才？

经济全球化的今天，最能够配置资源的就是品牌，而人才是品牌的创造根本。在跨国品牌企业实施全球战略过程中，人员配置是一项不可轻视的环节。其内容是企业基于自身的发展需要，从而对企业的管理和技术人员在全球范围内进行配置。它涉及跨国品牌企业国外分支机构的外派人员与东道国人员管理的问题。我们可以从人才来源、配备模式、企业生产阶段三个方面来考察跨国品牌人才配备。

（一）跨国品牌企业人才的来源

跨国品牌企业的人才挑选配备一般从三个方面来进行：①挑选本国母公司教育和培训的本国人员。②从东道国招聘人员。③从第三国中选拔跨国人才。跨国品牌企业的上层主管一般由母公司派出，中下层管理者从东道国或第三国中选拔，其他所有人员则从东道国配备。

（二）跨国品牌企业人才配备模式

在这个复杂的国际环境下，跨国品牌企业对精明优秀的员工需求非常迫切，人才甄选和配备模式也趋于多元化。主要表现在四个方面。

1. 民族中心模式

民族中心模式是指跨国品牌企业在世界各地子公司的重要职务均由母国人员担任。这是跨国品牌企业在国外开设公司初期最理想的形式。因为从母公司派驻外国人员对母公司的意图和兴趣都很了解，企业对这些人员比较信任。减少了一些不必要的麻烦。但这种方法也有其不足之处：

其一，母国人员需求量大，开销大。如果母公司子的子公司多，要实现所有驻外人员都从母公司派出也是有困难的。

其二，一方面由于派遣人员对当地文化、法律制度等了解少，工作中会遇到多方面的障碍；另一方面他们往往会盲目地将本国的管理方法搬到子公司去实践。

其三，东道国员工和管理人员可能不愿意与外国人共事，母公司人员的存在会有碍当地管理人员的提拔。

2. 多中心模式

多中心模式是指品牌企业充分利用东道国资源，任用当地人员管理国外子公司，而母公司则由母国人员管理。这样一来不仅克服了因文化差异带来的诸多问题，降低了公司费用，而且还利用高于当地工资吸纳大量高质量人才。同时为公司在当地树立良好形象打下基础。

这种模式的缺点是母公司与各子公司之间的信息沟通不顺畅，公司很难招聘到并留住一些优秀的外国人才。

3. 全球中心模式

全球中心模式是指跨国品牌企业从全球利益着眼，任用最适当的人选担任重要的职务，而不考虑其国籍。这一策略一方面限制了各地区负责人的自主权，另一方面就是费用高。另外，在全球范围内分散招聘，对企业人力资源管理要求也比较高。它的优点在于能使公司挖掘其跨国潜能，从而使跨国品牌企业在实现对自然资源、财务资源和技术全球调配后，对人力资源的全球配置。人才资源开发管理全球化是发展的必然趋势。

4. 地区中心模式

地区中心模式特点是跨国品牌企业按地理位置把他们的经营划分区域，相同区域内各子公司的政策相同，员工可在区域间流动。它是跨国品牌企业由民族中心模式或多中心模式逐渐转向全球中心模式的一条途径。

(三) 不同阶段人才配备手段各异

根据贸易、投资状况以及国际市场和国际企业经营的发展趋势，跨国品牌企业经营可分为四个阶段：国内生产阶段；国际化阶段；多国经营阶段；全球经营阶段。

企业在不同的国际化经营阶段，文化因素对企业管理特别是人力资源管理有着不同程度的影响，人员配备也就不同。

（1）跨国品牌企业在国内生产阶段，以生产为导向，产品销售主要在国内市场进行，国际市场很小，企业一般采用民族中心模式，基本不使用外派人员。

（2）国际化阶段企业把改进生产手段和开拓国际市场作为突出的管理任务。此时一般大量使用外派人员，人员本土化初显端倪。

（3）多国经营阶段企业产品市场的发展已进入成熟期，企业成本控制的目的是减少外派人员，使用东道国人员，出现管理本土化的高潮，外派人员的比例和重要性相对下降。

（4）在全球经营阶段，跨国品牌企业以战略为导向，在生产、市场和价格等多个角度进行全球化竞争，文化差异因素在此引起管理者的注意。跨国企业海外分支机构的高层经理人员配置将以全球为导向，注重选择最合适的人才担任最合适的职位，管理人员的国籍则逐步淡化。

总之，在跨国品牌的人才配备过程，无论人才来源于何处，都有其优缺点。在不同的阶段跨国品牌企业人才配备模式的不同，在当前的国际经营背景下，其缺点与优势共存。跨国企业发展程度参差不齐，其人员配置的本土化程度也有很大的区别。

二、跨国品牌人才的选聘标准

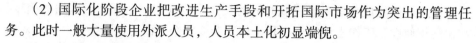

问题 5：如何选聘跨国品牌人才？

根据跨国品牌人才的来源、职位不同，跨国品牌企业对人才选聘标准也不一样。当前跨国品牌企业人才选聘标准包括两个部分涵盖三个方面。

（一）两个部分

1. 东道国人才的选聘标准

跨国品牌企业在东道国选拔人才时，一方面看重应聘者自身的能力、工作经验；另一方面企业对各个国家不同的文化因素给予了很高的关注。像拉丁美洲、韩国、印度等国家看重裙带关系，而美国更看重工员工的技术能力等，这些现象都是选聘时应考虑事项。

2. 对母国外派人员或第三国人员的选聘标准

（1）专业技术能力。它包括领导技能、行政技能、技术技能三个方面。

（2）交际能力。它包括沟通能力、新文化容忍力和接受历程、对模棱两可的容忍度、对紧张的适应能力、适应新行为和态度的灵活性等。

（3）语言交流能力。它包括口头和非口头的语言交流能力。

（4）国际动力。它包括对派遣区位的兴趣、对国际任务的责任感、与职业发展阶段的吻合程度、外派职位与原职位的对比程度等。

（5）家庭状况。它包括配偶愿意到国外生活的程度、配偶的交际能力与职业目标、子女的教育要求等。

人才外派的成功取决于任职时间的长短、需要与东道国雇员沟通的程度、文化的相似性、工作责任的大小和工作复杂度四个方面的任职条件。因此对所有的外派任职而言，令外派成功的因素并非同等重要，应具体情况具体分析。同时，跨国品牌对任职的员工也提出了要求，这里的员工不但需要适应不同文化环境下的合作伙伴，更需要具备较强的心理素质和自我调节能力。

（二）三个方面

跨国品牌企业在选聘国际化人才的过程中，有三个方面需要注意：首先，从自身发展战略出发，明确所需的国际化人才的必备素质，选取合适人选。其次，实际的工作绩效是国际化人才的价值体现。在招聘面试时，应重点考察人才的国际化素质。最后，企业应根据自身的发展阶段与所能容纳国际化人才的环境与条件招聘相应人才，不要盲目跟风。

三、跨国品牌人才队伍建设

问题6：怎样建设跨国品牌人才队伍？

跨国品牌要实现企业人才国际化，首先需要人才制度的国际化。有了好的制度，才能引进和留住好的人才。要在制度上具有国际竞争力，就必须实现人力资源开发与管理的制度创新。当前，跨国品牌要建设强大的人才队伍，人才本位的管理模式是关键，保障实施的管理技术是基础。

1. 新理念建和谐文化，多激励造爱才氛围

加强国际化人才队伍建设，要从两方面开始：一是要树立新的人才管理理念，二是多元化激励机制的创建。管理理念要与世界接轨，激励机制可从四方面着手，即文化激励、薪酬激励、薪酬标准与国际接轨激励和人才资本增值激励。文化激励，可把尊重知识、尊重人才、尊重创造的理念渗透到企业核心价值观，从而使企业创建以人为本的和谐文化；薪酬激励可以让国际化人才富起来；薪酬标准与国际接轨能够激发人才活力；人才资本增值激励，对有突出贡献的人才实行重奖，提供学习深造、破格晋升的机会，为企业人才成长创造空间。

2. 绿色通道顺畅引才，多元需求广泛联盟

经济活动在当今已经是整个地球的全体行动。经济全球化的发展趋势把人类的经济生产活动变成了一个整体。吸引海内外人才智力，是高层次人才队伍建设的重要组成部分，更是实现跨越发展的一项重大战略。人才引进是企业经济发展、整合全球资源的必然趋势。

企业要坚持"以人为本"努力构建人才引进的绿色通道。从人才的物质、

精神和文化需求着手，建立起富有竞争力的引才机制。大体可分两类：一类是根据企业自身的发展，实施"柔性引进"，即坚持"不求所有，但求所用"的原则，多方谋求与企业结成"人才资源联盟"。一类是实施"文化关联度引进"。如果人才与企业文化关联度强，那么他们的融合过程就会大大缩短。在当前国际背景下，"国际人"越来越普遍，国际化是经济全球化时代的主旋律。"国际人才"中的"本土化"人才在工作中也需要相互尊重各自文化，促进与当地文化融合，确保国际市场的巩固和拓展。

3. 打造平台，人尽其才；实现双赢，才尽其用

把国际化人才安排到最能发挥特长、最能施展才华、最能体现人生价值的岗位上，真正做到事业留人是品牌企业在用人上追求的最终目标。为了实现这一目标，品牌企业首先应成立"国际化人才智囊团"，及时征求并采纳国际化人才的合理化建议，使其能够参与企业重大决策，为国际人才施展才华打造宽广的平台；其次搞好职业生涯设计，根据企业发展需要和个人职业发展职向，为国际化人才"量身定制"成长计划，鼓励并帮助实现个人目标，使才尽其用；最后通过职业生涯设计，搭建人才成长舞台，为企业注入永不枯竭的动力，实现个人"升值"与企业发展双赢。

4. 搭阶梯培养四类人才，向未来促素质"高移"

根据企业经营和发展需要，建设国际化人才队伍需重点培养四类人才，即专业型人才、复合型人才、公关型人才和战略型人才。

专业型人才的培养要依托有影响力的国际项目，建立国际化专业人才定点培训基地，分期、分批选派专业技术骨干到基地和院校培训，不断提高技术骨干的技术水平，为企业解决重大技术难题。

复合型人才的培养，通过岗位轮换等多种形式，培养更多专业精通、对外交流能力强、熟悉国际规则的一专多能的复合型人才。

公关型人才的培养是指选派一些高情商、善交际、会沟通的人才接受国际公共关系等专业知识培训，从而便于他们增强跨文化沟通和解决争端的能力。

战略型人才的培养重点在选派部分境外公司经理、项目经理到国内外高校接受 MBA、EMBA 培训，参加经济高端论坛，不断开阔视野，增强把握全局、驾驭国际市场的能力。为企业培养具有国际战略思维，有效整合国际资源的战略型人才。

跨国品牌正是从制度管理、人才引进到人员培训等几个方面全方位加强人才队伍建设，从而达到实施国际化人才战略这一目标，以适应时代经济发展的需求。

第十一章 品牌国际化人才队伍建设

活动3：调查一下，你身边跨国品牌企业的选聘标准是什么？

活动4：谈谈你对跨国品牌企业人才队伍建设的理解。

阅读材料

影儿服饰：品牌国际化 人才与管理要先行

"要跻身国际名牌之列，首先要重新审视我们自己的内涵和文化，只有将东方文化这个'软实力'发挥到极致，国际化'杠杆'才会有省力的支点。"

在提出了国际化发展的战略目标后，影儿时尚集团首先明确了战略布局，即通过在国外设立研究开发中心，跟进最新服饰潮流，并以此为桥头堡引进国际，通过借力方式实现国际化的第一步。之后，影儿时尚集团还将通过自主开发，与国际潮流相结合，用充满中国特色的东方文化产品打开国际市场，实现市场双向化发展——既要让中国人享受到国际时尚潮流所代表的高生活形态，又要让国外消费者认可有东方浓郁文化气息的创意服饰。影儿时尚集团，正在逐步成长为中国的高端文化和企业。

资料来源：CTEI：《影儿服饰：品牌国际化 人才与管理要先行》，第一营销网，2010年11月4日。

考试链接

1. 跨国品牌的人才配备。
2. 跨国品牌人才的选聘标准。
3. 跨国品牌人才队伍建设。

第三节 品牌国际化人才管理

引导案例

雀巢的人才战略

雀巢食品公司是瑞士食品工业中最大的垄断组织，成立于1866年。该公司现已扩展到300多家工厂和700多家销售机构，分布在瑞士国内及世界几十个国家和地区。年销售额已超过百亿美元，资产总值也近百亿美元。

雀巢公司开拓海外市场，在当地设厂生产或者在当地设立销售机构。不管采取何种形式，一律重视在当地培养管理者，实施人才本土化。

在异域选拔聘用人才有许多困难，因为这些跨国公司并不了解当地情况，对选拔的人才往往缺乏实际的考核和具体的了解，很难选拔准确。而雀巢公司在世界各地推行人才本土化的过程中，已总结了一套完整而有效的筛选和训练本土人才的方法和措施，在实施过程中证明是非常有效的。

雀巢公司在考评应聘者时，文凭分数占30%，由经理所做的面试分数占20%，心理测试题占50%。公司对所有入选者进行系统的培训。

对于入选者讲授经营管理课程，并且实习3~6个月。在实习期间，每星期都向部门主管汇报一次工作及成就，实习结束后，对于其中的优秀人才挑选出来，送往瑞士的总公司参加管理讲习班，再接受6周的训练，甚至可能被送往其他国家的雀巢分公司去实习和培训。经过这一系列的严格训练后，先担任一个部门领导的助手，经过一段时间的锻炼之后，证实能够胜任，再正式任命。

雀巢公司在海外推行本土化的人才资源的有效利用策略是行之有效且高明的，这种人才策略使得雀巢公司的经营，特别是海外的营销成绩卓著，日益显示出它的优越性。在世界性的跨国公司中，显示出它的成功，值得世界各国的跨国公司学习和借鉴。

资料来源：邱庆剑：《世界500强企业管理理念精选》，机械工业出版社，2006年12月，节选。

思考题：

1. 雀巢公司在开拓海外市场时经营策略是什么？
2. 在海外推行本土化的人才资源优点有哪些？

一、跨国品牌人才本土化战略

问题7： 跨国品牌的人才本土化战略如何实施？

目前绝大多数的跨国企业都处于多国经营阶段。在此阶段中，不论是从长期的组织建设、研究开发，还是从节约成本的角度看，人员本土化是势在必行的。目前跨国品牌实施人才本土化战略特征有四个方面：

（1）美国跨国品牌国外分支机构人员本土化程度最高，日本偏向于使用母国外派人员，欧洲不同国家的跨国公司国外分支机构本土化程度差别明显，但基本上居于美日两个极端之间。

（2）发达国家的跨国品牌人员本土化程度普遍高于发展中国家和地区。

（3）处于多国阶段的跨国品牌倾向于使用本土人才，而处于全球阶段的公司更倾向于忽略国籍差别。

（4）一般说来，跨国品牌在高级管理职位上大量地使用母国外派人员，在中级管理职位上更多地使用东道国人员，而在低级管理职位上则主要是启用东道国人员，基本上不使用或仅使用少量外派人员。

虽然各个国家在跨国经营的人力资源配备方式上各有特点，但仍有一个共同而又明显的特征——人力资源本土化。

以上是跨国品牌企业人才本土化具体体现，他们是从八个方面来实现人才本土化战略的：

（1）内部环境宽松和谐，留住和激励人力资源。

（2）东道国设立研发中心吸纳本土人才。

（3）并购求人才，提前培养潜在人力资源。

（4）加强外派人员的本土化管理能力。

（5）以合理的职业规划，公平的晋升留住和激励本土化人力资源。

（6）加强培训，留住和激励本土化人力资源。

（7）丰厚的薪酬福利待遇吸引和留住本土化人力资源。

（8）有效的绩效评价体系，客观考量本土化人力资源。

二、跨国品牌人才的培训与开发

问题 8：怎样培训跨国品牌人才？

跨国品牌很早就认识到对人员培训和开发的重要性。他们在安排员工入职前是一定要对其进行岗前培训的。尤其对到海外工作的员工，企业会通过培训让他们对其所去国家的文化体系等进行了解。

（一）跨国品牌人才的培训

跨国品牌在开发其全球范围内各国员工的能力时，针对不同种族、不同国家的员工制订了一套切实可行的培训方案。企业通过培训，不但更好地实现了工作目标，而且还获得了国际化经营人才，实现了双赢。具体方案：

1. 培训的对象和内容

企业根据需要选定培训时间、确定培训内容、跟踪培训效果。一般而言，跨国品牌培训对象包括以下三个方面的人员：①有能力掌握另外一门技术的员工，在培训后将被安排到更重要、更复杂的岗位上。②可以改进目前工作的员工，培训促使其更加熟练地掌握本职工作。③具有一定潜力的员工，企业力图通过全面、系统的培训，使他们掌握各种不同的知识和更复杂的技能，培训后进入更高一层的岗位。培训内容一般分为六个方面：一般技能培训；专业技能培训；人际关系培训；文化培训；商务语言培训；实际训练。培训时间不等，但都不超过12个月。总之，人员培训工作要超前考虑和部署，这样才能确保及时支持到位。

2. 对外派人员的岗前培训

跨国品牌外派人员上岗前的培训分三个阶段：预备培训；起程前培训；抵达后培训。

（1）预备培训。时间为7天左右，属于驻外人员应该接受预备培训。主要内容包括所在国的情况、工作待遇和家庭安排三个方面。

（2）起程前培训。培训时间一般为4~5天，内容有所在国的语言训练，主要是加强口语和听力的训练；从不同角度进行跨文化的教育，旅途和抵达的注意事项以及碰到紧急情况时的处理办法等。

（3）抵达后培训。培训的内容包括两个方面：其一，东道国企业实际工作情况，强调文化差异，特别要强调不同文化背景下的不同管理方式和工作方法；其二，周围环境的介绍，包括语言特点、风俗习惯、交通状况、文化差异等情况。跨文化教育是跨国品牌在不同国家、不同文化背景下取得的成功的先决条件，因此对驻外人员进行这方面的教育是非常必要的。

跨国品牌使得越来越多的员工走出了国门，工作在海外。当前，企业拥有一个同其全球战略和企业经营计划相适应的人力资源管理计划就显得非常重要，它可以使本企业的国际人力资源得到充分的发展和利用。其中培训的功劳是巨大的，但培训工作也要面向未来，应根据公司国际业务发展战略的需求，确定培训工作的目标和规划、措施。培训也要与时俱进，以适应企业发展和时代需要。

（二）跨国品牌人才的开发

跨国品牌要想建立真正的全球化企业，需要拥有一支遍布世界各地的国际员工队伍。这支队伍既包括母国员工又有他国员工。为了开发这样一支队伍，很多跨国品牌认识到他们需要向各种不同层次，来自不同国籍的经理们提供国际经验，而不是只提供给一小部分母国的骨干。为了培养真正的全球化管理者，在职业生涯的早期就提供全球培训和派遣已成为跨国品牌人才开发的方向。国际工作轮换这种短期的工作调动被认为是开发跨国团队和跨国管理人员的好办法。由外部提供的全球领导课程被公认为是培训跨国公司全球领导人员的最好方法之一，该课程使学员具有全球化思维能力的同时又特别重视参与和行为学习。

总之，跨国品牌人才的培训与开发需要适应当前整个社会经济大背景，并反映出这一变化的现状，同时将它们整合到个人和组织的行为中。跨国品牌人才的培训和开发需要强化跨文化培训的内容，但不仅仅局限于课堂，而是贯穿于跨国经营与管理的全过程。要认识到，不仅驻外人员需要跨文化培训，而且组织内的其他成员也需要培养文化敏感性。企业需要认识到全过程、全员培训的重要性，尽快建立一个使用人才和培养人才相统一的人力资源管理体系，以提高员工的素质，适应品牌国际化对人才的要求。

三、跨国品牌的绩效考核与薪酬

问题 9： 跨国品牌的绩效考核与薪酬如何核定？

跨国公司在人员管理上有着特别的注意事项，其绩效考核与薪酬管理应该遵守两个事项：

（一）跨国品牌的绩效考核

绩效考核是指企业对员工在一个既定时期内对组织的贡献作出评价的过程。绩效考核包括考核的标准、考核的目的、考核的方法、评价者的选择和考核周期五个方面。考核目的主要是为薪酬与激励管理、人事决策提供依据，改进组织与员工的个人绩效，促进企业发展。员工绩效考核体系的设计和实施必须和考核的目的一致。不同的考核目的需要不同的考核标准、评价者和评价方法。

1. 跨国品牌常用的绩效考核方法

目标管理法：针对专门的职业人员和经理人员进行绩效评估的首选方法。

关键事件法：利用一些从一线管理者或员工那里收集到的有关工作表现的特别事例进行考核。

关键绩效指标法：基于关键绩效指标的一种绩效考核方法。

平衡计分卡法：针对性地设计一套"绩效发展循环"，由此制作多维评价指标系统，这种方法的优点是可以促进战略目标的实现。

评分表法：列出一系列绩效因素，评估者逐一对表中的每一项给出评分。

工作述职法：利用书面的形式对自己的工作进行总结。

2. 外派人员的绩效评估

跨国公司要把考核标准及方法照搬到东道国是非常困难的。对外派管理者进行可靠而又有效的绩效评估是跨国品牌在国际人力资源管理方面所面临的最大挑战之一。针对这一情况可从以下三个方面着手来改进考核过程：其一，根据实际情况，调整母公司的考核标准，使其更适合东道国绩效；其二，考核标准制定或调整时要与企业发展战略相适应；其三，实行多种渠道考核与不同时期考核相结合。

复杂多变的国际环境要求对外派人员考核需要比母国考核掌握更多信息。因此，高层管理者应利用多种信息来源。

3. 跨国品牌绩效考核的特点

跨国品牌在绩效管理上存在很多不同，但也有着一致的特点：

（1）人才的选拔和培养需要一种全球眼光，跨国品牌对人才的考核也应顺应经济全球化的发展趋势。

（2）绩效考核是跨国品牌各方目的结合的一个契合点。它除了作为员工薪酬调整和晋升的依据外，更重视个人、团队业务和公司目标的密切结合等许多新的因素。

（3）跨国品牌在关注业绩的同时更重视企业发展战略的意义。

（二）跨国品牌的员工薪酬

薪酬一般指企业给予员工的多种形式的回报。它包括外在薪酬和内在薪酬两部分。跨国品牌若能按标准及时给员工相应的工资待遇，对企业充分发挥国际人力资源的作用、调动驻外人员的积极性起着重要的作用，是企业提高国际竞争力的关键点。

1. 跨国品牌制定薪酬制度的方法

许多跨国品牌制定其世界范围内的工资制度一般采取本国标准法和系数法两种方法。本国标准法指所有外派人员，无论在哪一国分公司工作，他们的工资都以本人国家工资标准为参照。这种方法适用于高工资国家的跨国企业人员。系数法是根据本企业各所在国的有关法律条文对工资因素进行调整，然后用"工资系数"的数值对整个工资进行综合平衡调整。系数法的目的是让外派人员在国内购买、消费能力不变。

2. 跨国品牌薪酬政策的特点

使员工工作调动便利；与各子公司的工资制度之间关系稳定；使海外公司的工作吸引人才，使企业留住优秀人才；与主要竞争者相比，显出自身较强的竞争力。

3. 外派人员的薪酬特点

标准较复杂，一般有四种确定方式，即以所在国为基础、以本国为基础、以总部为基础和以全球为基础；对外派人员的绩效薪酬基本停留在"维持员工基本生活需要"上；薪酬水平较高，多来自福利和总部提供的各类服务上；其他方法，遵循原则是入乡随俗，时刻关注员工的困难，并给予帮助。

4. 外派人员的薪酬构成

外派人员的薪酬由需要缴纳所得税的直接工资和间接工资（福利待遇）两大部分构成。直接工资，一般采用当地工资标准，然后在此基础上追加各种补贴，以使外派人员的薪酬更加趋向合理。关于福利待遇由于各国的政策规定不同，福利待遇标准自然也不一样。一般采用"两国均乐"的福利待遇模式。多用生活费用补贴来弥补本国所在国生活费用水平方面的差别，从而实现外派人员薪酬平衡。

**活动5：**讨论跨国品牌人才本土化的意义。

活动6：调查跨国品牌企业具体培训方案。

考试链接

1. 跨国品牌人才本土化战略。
2. 跨国品牌人才的培训与开发。
3. 跨国品牌的绩效考核与薪酬。

**案例分析**

麦肯锡公司的用人之道

麦肯锡是世界著名咨询公司。麦肯锡公司的年营业额达30亿美元，麦肯锡的财富之源就是高素质的人才。

一、要领导者，而不是追随者

招聘咨询人员时，麦肯锡更加注重个人的素质，而不是专业或者其他某些方面的东西。这些素质包括：

（1）杰出的思考和解决问题的能力。

（2）要有良好的同各层次人士沟通、交往的能力。

（3）要有创新精神。

（4）要有远大的志向和坚韧的毅力。

二、顾问做得好，董事也得听

麦肯锡公司是国际性的公司，但同时也是一家私营性质的"合伙公司"，内部管理沿用合伙人制，"合伙人"即公司董事。

目前麦肯锡公司在全球有800多名董事，公司的所有权和管理权完全掌握在他们手里。董事由全球选举产生，所有的董事在加入公司时都曾担任过普通咨询人员。

尽管采用合伙人制，但麦肯锡内部没有什么等级观念。如果一个咨询顾问在某一行业做得很好，董事就得听他的。公司员工的工资也是全球统一的，并可以享受期权股份。这种独特的所有权制度确保了公司运作过程中的独立性和客观性，这就是说，公司只对客户和公司自己负责。

三、董事干不好，一样被请走

麦肯锡的成功，更重要的是严格奉行"不晋则退"的人事原则，凡未能达到公司晋升标准的人员，公司会妥善劝其退出公司。即使升到董事也不意味着不再变化，董事也会被考核。公司几乎所有的高级董事和董事都是通过了6~7年的严格培训和锻炼后，从咨询人员中精心挑选出来的，成为董事的概率大约是5~6人中的1个可能会晋升为董事。这种激励机制在麦肯锡内部被称为"uporout"，它始终贯穿在每个级别的咨询顾问上。

资料来源：Angelmouse：《麦肯锡公司的用人之道》，BBS 水木清华网站，2006 年 12 月 15 日。

➡ **问题讨论：**

麦肯锡的成功秘诀是什么？

本章小结

在经济全球化的国际背景下，跨国品牌之间的竞争实质上是人才资源的竞争。人才国际化将是品牌企业人力资源发展的必然趋势。如何加强国际化人才队伍建设在当前既重要又迫切。本章从国际化人才定义出发，由人才甄选、配备到人才的管理、开发，系统阐述了人才队伍建设中一些常见且重要的问题。它既是跨国品牌日常经营中必不可少的工作环节，又是企业在实施人才国际化战略过程中着重研究和探讨的内容。

深入学习与考试预备知识

人才问题是中国企业国际化最大障碍

2010 年，我国经济运行已经成功地摆脱了国际金融危机的负面危机，开始进入常规增长的轨道。在世界经济复苏、外部需求恢复的开展增长的拉动下，我国出口已经超过预期，在全球化竞争中品牌竞争越来越成为民族竞争模式。我国企业要想走出去，打好品牌国际化这一仗很重要。和国际名牌相比，中国企业品牌无论在经营价值和市场占有率方面还是从技术领域上的拓展都有一定差距。

如何建立中国品牌高品质形象，快速扭转全世界的消费者对中国制造的

"价格便宜，质量也不是很好"的影响，已经成为中国企业家考虑的最棘手的难题之一。实际上品牌是"品质+文化"，我国大多数企业在创业初期往往都是企业的战略规划不太重视品牌战略，企业发展到一定规模的时候才认识到品牌战略的重要性。但这时企业因为品牌战略还没有跟上去，所以使得他的战略规划和品牌规划就不相同，造成企业资源的浪费。因此，企业在创业时期要根据自身特点，确定好自己的品牌战略，这是非常重要的。

资料来源：厉无畏：《人才问题是中国企业国际化最大障碍》，环球活动网，2011年1月14日。

建立企业完善的招聘体系

安德鲁·卡内基曾说过："带走我的员工，把工厂留下，不久后工厂就会长满杂草；拿走我的工厂，把我的员工留下，不久后我们还会有个更好的工厂。"

也有人曾这样问过比尔·盖茨："比尔·盖茨先生，你如果离开微软，能再搞一个同样的微软吗？"盖茨回答说："可以，如果让我现在带走100个人。"

由此我们可以看出，企业真正的发展之源，其实是人才；企业之间的竞争，说到底也就是人力资源的竞争。"人才就是一切，有人才就是赢家。"（杰克·韦尔奇语）所以无论是优秀的管理人才还是专业技术人才，纷纷成为各个企业竞相争取的目标。

作为企业人力资源部门的招聘主管，最为头痛的事也许就是如何才能及时地招聘到各用人单位所需要的人才；而当人才进入公司以后，为什么却又总是做不了多久就纷纷走人，问题到底出在哪里？

当企业用人部门提出用人需求时，人力资源部门所应想到的，并不仅是单纯地考虑如何从外部招聘人员去满足用人部门的需求，而更应该结合企业目前的发展情况及整体的人力资源状况，对用人单位所提出的用人需求进行分析核定，以确定其人员需求的合理性。

从用人需求分析的角度来看，人力资源部门主要应该从三个方面对用人单位的人才需求进行分析核定。其一，用人单位所提出的人才需求的数量是否符合公司整体的岗位定员定编范畴；其二，人员的到岗时间究竟应该在什么时机最为恰当；其三，用人单位所提出的人员任职条件是否与该岗位的工作职能相匹配。

作为用人单位来说，当其提出用人需求时，由于受其专业知识的限制，他们无法从人力资源专业的角度准确地把握人员需求数量与工作量之间的合理比例，而在用人条件方面，又因为各种各样的思考而提出过高的用人标准。这些地方，都需要人力资源部门从专业的角度与用人单位一起去分析，从而双方达成一致的用人标准，以便于人力资源部门所供给的人才是真正符合用人单位实际需求状况的。当这种用人标准得到校准后，人力资源部门就可以开始思考通过何种途径去满足用人单位的需求。

其实我们也应该清楚地认识到，影响招聘成效的因素有很多。从企业内部的角度来看，诸如企业知名度、组织文化、领导风格、工作环境、薪酬福利等方面，都会对招聘工作带来很大的影响。作为企业的人力资源管理者来说，一定不可以把招聘环节孤立地来看待。我们要做得更多的是如何去建立完善企业自身的人力资源管理体系，减少各种企业内部因素对招聘工作所产生的不良影响，这才是人力资源招聘管理工作的根本所在。

资料来源：佚名：《建立企业完善的招聘体系》，中国食品科技网，2010 年 9 月 15 日。

答案

第一节：

1. 略（本道题目是开放性答案，学生可以自行调研得出结论，证据充足，言之有理即可）。

2. 略（本道题目是开放性答案，学生可以自行调研得出结论，证据充足，言之有理即可）。

第二节：

1. 略（本道题目是开放性答案，学生可以自行调研得出结论，证据充足，言之有理即可）。

2. 略（本道题目是开放性答案，学生可以自行调研得出结论，证据充足，言之有理即可）。

第三节：

1. 在当地设厂加工生产几种名牌食品，或者在当地设立销售机构。不管采取任何形式，一律重视在当地培养管理者，实施人才本土化。

2. 略（本道题目是开放性答案，学生可以自行调研得出结论，证据充足，言之有理即可）。

案例分析：

略（本题为开放性题目，本道题目是开放性答案，学生可以自行调研得出结论，证据充足，言之有理即可）。

第十二章

国际化大品牌的比较

学习目标

知识要求 通过本章的学习，掌握：

● 美国国际品牌的特征
● 欧洲国际品牌的特征
● 日韩国际品牌的特征

技能要求 通过本章的学习，能够：

● 根据品牌最显著的特征识别出其所属的国家区域
● 结合实例分析美国国际品牌、欧洲国际品牌以及日韩品牌的特征

261

学习指导

1. 本章内容包括：美国、欧洲、日韩国际品牌的特征。

2. 学习方法：结合案例，全面掌握国际化大品牌的特征，并进行知识延伸、讨论活动等。

3. 建议学时：8学时。

第一节　美国国际品牌的特征

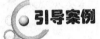引导案例

百年传奇——福特汽车品牌故事

当被问到"是谁发明了汽车"这个问题时，许多人都会回答：亨利·福特。这个普遍的误解正是对亨利·福特的赞美。亨利·福特可以拥有所有的荣誉，因为是他使汽车不再遥不可及。他的指导原则是："我要制造一辆适合大众的汽车，价格低廉，谁都买得起。"

此前，汽车属于有钱人的玩具。但是，制造一种既简单又坚固耐用，而且人人都承受得起的汽车是亨利·福特的梦想。这辆梦想之车就是 T 型车，在当时是最为著名的汽车。尽管不加选装件的最终售价仅为 260 美元，但几乎每个人都喜欢选装件，因此其平均价格达到 400 美元。

T 型车于 1908 年 10 月 1 日步入历史舞台。亨利·福特称之为"万能车"。它成为低价、可靠运输工具的象征，当别的汽车陷于泥泞的道路上时它却能继续前行。T 型车赢得了千千万万美国人的心，人们亲切地称之为"莉齐"。T 型车第一年的产量达到 10660 辆，打破了汽车业有史以来的所有记录。

到了 1927 年，T 型车气数已尽。5 月，福特全国各地的工厂都关闭半年，为生产新款 A 型车更换机械设备。A 型车在各个方面都有了巨大的改进。在 1927~1931 年间，共计 450 多万辆不同车身造型和不同颜色的 A 型车行驶在美国的大街小巷之中。

但是 A 型车最终又被放到了一边。消费者需要更为豪华、动力更为强劲的汽车。而福特汽车公司的下一个产品——于 1932 年 3 月 31 日推出的第一台 V-8 发动机正好满足了这两种需要。同时福特汽车及其强大的发动机成为注重汽车性能的美国人的最爱。

第二次世界大战后，亨利·福特二世的战后重组计划使公司进一步推出了扩展计划，最终在美国成立了 44 个制造厂、18 个装配厂、32 个零件仓库、2 个大型试车场和 13 个工艺开发和研究机构。除大规模增加福特车辆制造设施之外，这项计划还引入了公司多样化经营，涉及金融、保险、配件与服务、电子、玻璃、航空和汽车租赁等领域。

福特的历史在某种意义上是一部美国的传奇故事。公司拥有强大的财力和人力、出色的产品与服务、卓识的远见以及悠久的企业价值观。福特以顾客为一切行动的基础，以丰厚的股东回报为衡量成功的最终标准。

资料来源：李颜伟：《百年传奇——福特汽车品牌故事》，新浪汽车，2003 年 6 月 12 日。

思考题：

1. 福特公司的企业价值观是什么？
2. 福特汽车有什么最明显的特征？

一、美国国际品牌的个人主义倾向

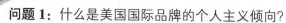

问题 1：什么是美国国际品牌的个人主义倾向？

美国是世界上名牌产品最多的国家，也是现今世界上经济最为发达的国家。美国经济的发达与成功是建立在企业成功的基础之上的，企业的成功又与创造名牌企业、生产名牌产品、实施名牌战略密不可分。

美国企业品牌成功的奥秘在哪里呢？他们是否有独特的品牌模式呢？

所谓美国品牌模式，就是在美国历史、美国文化传统和价值准则，以及美国管理理论、实践及其独特的美国企业文化的交互作用下生成的。

美国品牌十分注重个人主义。美国是一个移民国家，美国文化的主要内容是强调个人价值，追求民主自由，崇尚开拓和竞争，讲求理性和实用。强烈的个人奋斗意识，调动了个人的积极性，使许多人的智慧和潜力得以充分发挥，使得"追求卓越"、"永不自满"成为美国品牌模式的基本原则。

美国品牌的个人主义和功利主义决定了它比较注重成本核算，注重经济效益。美国公司注重对员工的考评，他们认为，不管你出于何种动机，只要工作努力，对企业赚钱有利，就是好的。他们奉行能力主义，拒绝以身世、资历、年龄和工龄作晋升的参照，也反对把学历、文凭作为晋升的凭证，因而能够使每一个人都有机会晋升，并且比较公正客观，让人信服。这种现代化的管理模式增强了品牌产品的竞争力，使品牌在市场竞争中占据了有利地位。这是美国品牌模式盛行全球的一个重要原因。

个人主义倾向同时也造就了独特的美式创新精神。创新是美国企业精神的核心，在美国商界流行这样一句话："要么创新，要么灭亡。"创新精神模式在美国品牌经营者中间根深蒂固，美国涌现了一批批勇于创新的品牌经营者。

二、美国国际品牌的管理特征

问题 2： 美式管理有哪些特征？

关键术语
智能资本

智能资本是每个人能为公司带来竞争优势的一切知识、能力的总和，因此智能资本是指个人与团队能为公司带来竞争优势的一切知识与能力的总和。凡是能够用来创造财富的知识、信息、技术、智能财产、经验、组织学习能力、团队沟通机制、顾客关系、品牌地位等，都是智能资本的材料组合。

1. 重视智能资本管理

美国一直重视科学技术的发展，美国企业品牌纷纷将"智能资本"列入实施计划，他们每年投入大量的人力和物力来开发新的技术并应用于企业的生产中，从而转化为生产力，并依靠其技术优势制定行业技术标准，从而获取高额利润。

美国品牌认识到人才开发管理的重要，会花大量的时间、人力和物力对员工进行知识和岗位能力的培训，提高员工的业务能力，并给员工搭建展示自己能力的平台。美国品牌的人才激励管理模式为美国企业注入了无穷的生机和活力，大大促进了美国品牌的发展，进一步完善了美国独特的企业品牌模式。

2. 制度管理规范化

在美国人看来，世界上的许多事物都是可以改变的，但法律却要受到尊重，不能随心所欲地轻易改变。因此，美国的品牌模式的一个显著特点就是强调制度管理思想。美国企业制定了科学的管理制度和严格的工作标准，对员工的工作内容进行规定，分工精细，职责明确。公司管理人员在实施制度时，依章办事，不太讲究情感和面子。

3. 模块管理和生态营销管理

美国的模块管理模式和生态营销管理模式推动了其品牌的发展。模块管理可以促使品牌具有"航空母舰"和独立经营的双重优势。而将客户、供应商、生产厂家组成群体，相互依存、相互作用、相互连接的生态营销管理模式又能促进企业产销的良性循环。两种模式相结合使得美国知名品牌之间建立了广泛的联系，纷纷联手。

4. 顾客至上

美国一家研究机构的调查显示："服务好的企业的商品价格要高出 9%，其市场占有率每年增加 6%，服务差的企业市场占有率每年降低 2%。在接受调查中有 91% 的人表示不想再光顾服务不好的公司，并且他们会向 90% 的同事宣传他们的印象和感受。"美国公司采用顾客至上的经营理念，他们努力提高自己产品的质量、功能和服务，使消费者满意他们的产品并购买他们的产品。

作为世界第一经济大国，美国的品牌模式有着其他国家所不可比拟的优势，这些优势很值得我们去学习。

活动 1： 四个同学一组，到某一大型超市，调研该超市的产品有哪些是美国国际品牌的，并分析其特征。

考试链接

1. 美国国际品牌的个人主义倾向（了解内容）。

2. 美国国际品牌的管理特征（必考内容）。

第二节　欧洲国际品牌的特征

265

引导案例

劳力士，一个让人尊重的腕表品牌

1908 年 7 月 2 日，德国人汉斯·威尔斯多夫正式注册了劳力士（ROLEX）商标。第一批劳力士表因为它的高超技术、质量立即受到重视，一只小型劳力士表于 1914 年得到了天文台的 A 级证书，这是英国这一知名天文台从未颁发过的最高奖项，说明它的精确度得到了承认。这是世界性大事，劳力士腕表在欧洲和美国顿时身价倍增。从此，劳力士腕表的质量即代表了精确。

第一次世界大战后，劳力士迁回瑞士日内瓦，在创始人的推动下，劳力士公司不断创新、创造、完善自己。1926 年，第一只防水、防尘表问世，这就是著名的"蚝"式表；1929 年，劳力士再发明了一种自动上链的技术，造出了后来风靡全球的"恒动"型表，给钟表业带来了一场革命，是目前所有自动表的先驱；1945 年，劳力士出产了带有日期的表，能用 26 种语言表明日期和星期。

劳力士今天能在世界腕表业享有盛名，与 1921 年出生的安德烈·海尼格的灵感和热情分不开。威尔斯多夫 1948 年邀请他加入劳力士工作，并于 1964 年取代威尔斯多夫成为劳力士公司总经理。

海尼格忠实地继承创始人的事业，不断提高质量和技术革新，并积极推行企业国际化，在各大洲建立分行。劳力士还设立了雄才伟略大奖，每隔两年向十位具有远见卓识，以突破性项目为其所从事的领域、其所在社会及整个世界造福的杰出精英颁发奖项，至今已有 110 人获得此奖。

第二次世界大战中，劳力士腕表在英国皇家空军中享有很高的声望，许多空军士兵拒绝接受政府提供的腕表，几乎用尽薪水和补给品购买劳力士腕表。他们马上得到了回报，在战争中被俘的英国士兵的劳力士腕表如果被没收，获释后只要写信去日内瓦劳力士表厂，就可以领回一只。

每块劳力士腕表在离开日内瓦之前，必须经过种种品质检验，表盘、金属切角、螺丝、划痕、外观的不完整性都是检测对象，用显微镜调整时针和分针，使它们对准刻度并平行，然后防水测试、原子钟做准确度校准。完成所有测试的腕表，才可以出厂。

为了求得更稳定精确的计时表现，劳力士把某款振频 36000 次/小时的机芯降频为 28800 次/小时；为了更可靠地保护腕表机芯，劳力士几乎不用可以更加反映机芯美感的透明背透，而是采用精钢或贵金属……

注视着每一只劳力士表，缅怀它过去的传奇故事，即使没有在历史里躬逢其盛，却有机会在当下的每一刻亲身体验。不花哨，不浮躁，不追求所谓的最新技术，劳力士腕表就是这么默默地专注于每一个细节，踏踏实实地在百年历史中，为其赢得了世界上众多腕表爱好者的信赖。

我们深深知道，它是一群执著的工匠用他们一生练就的精湛手艺，以坚持专注的近似偏执的态度锻造出来的，他们珍视你手上的腕表如同珍视他们自己。

资料来源：张锐：《劳力士，一个让人尊重的腕表品牌》，大河网，2011 年 2 月 25 日，有删节。

➡ **思考题：**

1. 劳力士表最鲜明的品牌特征是什么？
2. 劳力士表体现出德国品牌的特征是什么？

欧洲是世界经济的主要发达地区，欧洲品牌在世界的影响力也很大，尤其是英、法、德等。欧洲的品牌模式受到欧洲文化的影响。

崇尚个人的价值观在欧洲文化中有悠久的历史。欧洲人还强调理性与科学，强调逻辑推理与分析的理性主义。

欧洲文化反映在不同国家的品牌上也有不同的体现：

一、英、法国际化品牌的特征

问题 3： 英、法国际化品牌有什么特征？

1. 英国品牌模式

英国历史悠久，皇族文化气氛很浓，因而英国人的绅士风度很浓，进而在品牌的塑造方面也表现出这种特色。也正是因为这种特色，成为英国品牌竞争中的一种优势。英国品牌渗透着英国人贵族的血统，体现出一种淡雅谦和的韵味，也正是如此，吸引了广大消费者。

2. 法国品牌模式

法兰西民族是一个充满浪漫气息的民族，他们豪情四放，不受拘束，热情爽朗，开放大方，正是因为这个原因，法兰西的品牌也充满着神秘的浪漫气息。

法国是一个浪漫的国度，所以它的许多知名品牌集中在服装、首饰、化妆品、酒等行业。爱马仕、香奈儿、迪奥、希思黎、欧莱雅、兰蔻等品牌就是代表。

法国的品牌以一种浪漫气息来打动消费者的心，以这种风度来吸引消费者，提高了知名度与美誉度，树立了品牌的独特的市场形象。就像是一位诗情画意的文人，以自己的特色来谱写品牌的文化。

二、德国国际化品牌的特征

问题 4： 德国国际化品牌有哪些特征？

德国的品牌产品素以品质高、质量好、消费者可完全信任的印象著称于世，原因是德国企业注重品牌模式的塑造和改善，并以此来保持高质量的品牌产品，塑造良好的品牌形象。那么德国的品牌模式有哪些独到之处呢？

1. 劳动者生产积极性高

德国品牌最鲜明的特色就在于德国企业倡导减少工时，提升工资的做法。减少工时，提升工资的方式契合了工人的心理需求，调动了工人的积极性，进而促进了品牌的发展。据不完全统计，30 年来德国工人年工时减少 500 个小时，生产力却保持强劲的上升势头。

2. 研发费用投入量大

德国研究经费占国民生产总值的比例居世界前列。德国人相信研究与开发决定企业未来，因而不论经济如何不景气，也不削减开发费用，并在研究中重视独创性和高度专业性，最大限度地发挥个人创造潜力，这是德国研究与开发体制的长处。因为重视独创性的研究，能够使员工发挥极大的创造力，所以德国品牌模式倡导企业中的每一个人都能自觉地参与研究开发，为企业品牌发展作出自己的贡献。

3. 牢固的质量意识

德意志民族是一个崇尚理性的民族，也是一个严谨谦逊的民族，因此德国的大部分品牌都充满了严谨和一丝不苟。例如德国的奔驰汽车，因为它的质量过硬，赢得了销售商与用户的好感。德国的宝马轿车，也正因为此种优势取得了市场的信誉。在电子、光学、精密仪器等领域中的西门子、爱克发等品牌也同样以严格的质量保证，享誉世界。德国企业对产品质量一向最为重视。他们认为没有物美价廉的产品，只有精品和次品。他们的许多产品都是以精取胜并成为世界知名的品牌。德国企业精益求精的价值观已深入人心，成为员工的一种自觉行为。在德国企业内，能够充分感受到员工追求技术完美和注重质量的强烈意识。由此可见，技术不断进步，保持良好的工艺水平，制造一流产品，是德国企业具有较强竞争力的重要原因。

4. 绿色品牌营销模式

德国企业品牌十分重视环保投入，他们追求品牌的绿色营销模式，不断强化环保立场态度，给世人耳目一新和质量能够信任的感觉，真正树立了为品牌消费者服务的良好印象。

德国企业在环境保护方面采取了多项措施，对于那些造成污染较大的企业更是不惜耗费巨资，用于环保事业。如德国的巴斯夫公司仅其下属的路德·维希工厂所花的环保费用就高达11亿马克。

向来以古板、办事循规蹈矩著称的德国人使得德国品牌模式与众不同。德国的品牌模式有很多特点，品牌规划者可以有所借鉴。

活动2：四个同学一组，到某一大型超市调研该超市的产品有哪些是欧洲国际品牌的，并分析其特征。

 **阅读材料**

加快培育品牌竞争力

西班牙服装品牌Zara独特的商业模式值得我市企业学习和借鉴。依靠几百名设计人员，Zara每年推出1万多种设计款式，而一款产品从设计到摆上货架只需 10~15 天，与国内服装企业 6 个月的周期形成鲜明对比。而且，Zara 每种款式在同一家店面的数量、型号都很有限，新款上架周期不超过两周。

同时，Zara 还通过信息技术的有效运用，实现对每个商业环节的控制。无法想象 Zara 这样的国际服装品牌，仅上海南京路的一家旗舰店每天销售额就有 100 多万元，一年就赢得了近 4 亿元的女装市场。

资料来源：《外贸企业欲借"品牌之翼"飞得更高》，网易新闻网，2011 年 5 月 11 日，节选。

考试链接

1. 英法国际化品牌的特征。
2. 德国国际化品牌的特征。

第三节　日韩国际品牌的特征

引导案例

日本第一音响（TEAC 音响）品牌故事

1953 年 8 月，古藤马先生在日本东京创建了"第一音响"（Teac）的前身——"东京电视音响有限公司"（TTO）。当时除了生产一般的电器之外，还生产半专业性的录音器材。当时最著名的产品是唱盘 R-12，该唱盘和古藤马先生以前为 JOAK（东京中央广播电台）和 JOBK（大阪中央广播电台）制作的 100 万日元级的广播用唱盘大体相同。

现在担任日本音响协会常任理事的古藤马在建厂前曾在不同厂家做过录音机、唱盘和航空工程等工作。他一向喜欢音乐和音响，几乎逢音乐会必到，因此，该公司产品的音响素以细腻圆滑，具有独特的柔和性质见称。中学毕业后，古藤马先生选中了东京高等工艺学校，即今叶大学工学部的精密机械科，毕业后在东京大学航空研究所搞飞机引擎研究工作。

古藤马平时习惯一边工作一边听音乐。他后来取得在留声机上固定唱针的方法专利拿到日本菲尔蒙公司推介，就在那里认识了平田耕一先生。1939 年，平田成立了"日本电气音响研究所"（天龙公司的前身）；平田曾在奥林匹克运动会上见到德津风根的录音机很活跃，于是立志为日本东京奥林匹克运动会而研制不会比德国货差的日本唱盘刻纹式录音机，由于该研究所缺少机械专家，平田邀请古藤马到研究所来帮忙。可惜这项研制计划后来因战事终止了。

在该研究所工作期间，古藤马学到很多有关广播设备方面的专业知识，这些知识对于他后来经营第一音响有很大帮助。在上述研究所，古藤马制作了很精密的唱盘，但由于卖不出去，使公司立即陷入困境。后来这个唱盘被他带到了"山叶"（日本乐器，后改名为"雅玛哈"），于是便成了山叶的唱盘。古藤马在日本乐器除了做唱盘之外也做电子乐器和引擎。

1956年，古藤马等三人又创立了"东京电器音响有限公司"，生产磁带录音机及其他音响器材、测量仪器和光学设备。当年试制成功了著名的三马达三磁头开盘式立体声磁带慢速录影机TD-101。1957年曾推出该开盘式立体声磁带录音机TD-120，是该公司最早出口的产品。1959年6月"东京电器音响"为了更大的发展而解散，并入"东京电视音响"，生产家用的磁带录音机。当时的主要产品是初次在日本国内销售的三马达四磁头式立体声录音座505R。1962年11月，"东京电视音响"改名为"TEAV有限公司"；同年12月才简称为现在的"TEAC公司"，即"东京电气音响公司"。不久，该公司的专业用录音座和家用的录音座便成了世界名牌产品。

资料来源：《日本第一音响（TEAC音响）品牌故事》，品牌家电网，2010年10月21日。

➡ **思考题：**

TEAC音响的发明过程是什么，有什么鲜明的品牌特征？

一、日本国际品牌的亚洲特色

问题5：日本国际化品牌有什么特征？

在现代市场经济体系下几乎所有重要的行业中，都能看到著名日本企业的影子。而日本独特的品牌模式也有着鲜明的特色：

1. 独特的管理哲学

日本民族自称大和民族，"和魂"就是指日本的民族精神。"洋才"则是指西洋的技术。在日本品牌模式当中，他们将"和魂"和"洋才"结合起来，形成独特的管理哲学，并且从价值观、基本信念等方面进行把握。

2. 注重产品质量

日本品牌特别重视本身的产品质量，通过增强企业的技术研究及开发能力，创立名牌产品。

3. 集团目标与个人利益结合

日本社会是集团的社会，一个企业可以被看做是集团，企业内部的科室、班组、事业部等也都是大小不一的集团；在企业外部，相互间有密切联系的企业结合成集团，无数个集团最终又构成日本国家和民族这个总的集团。

日本品牌模式很大的一个优势就是日本企业集团的集团目标与个人利益能够很好地有机地结合起来。这种集团目标并不否认个人的利益和愿望，它使每个品牌的员工明白，自己与企业与品牌共存亡。利益一体感促使品牌成员自觉地把集团目标和个人利益结合起来，有着自动、自发的主人翁意识，自觉地把企业品牌的发展和企业的利益放在首位。

4. 强烈的创新意识

日本企业品牌的集团主义精神的存在，以其特有的组织结构和文化特质，保证了组织层次形成"内协外争"效应，促进企业品牌组织内部的和谐，从而为品牌创新提供支柱。

5. 重视人性发展

被世人誉为"世界级经营人才"的松下幸之助的基本信条，就是"从凡人身上挖掘不平凡的品质"，仅从这一点就可以看出日本品牌模式的特点之一，就是重视人性的发展。无论是终身雇佣制、年功序列制，还是企业工会，日本企业经营模式的这三大支柱都是紧紧围绕着人这个中心的。三者相互联系、密切配合，从不同侧面来调整企业的生产关系，缓和劳资矛盾。正是这些，形成了命运共同体的格局，实现了劳资和谐，推动着企业经营管理的改善和提高。

二、韩国国际品牌的东方特性

271

问题 6： 韩国国际化品牌有什么特征？

韩国品牌在世界的影响力越来越大，韩式品牌成功的主要原因有四种：

1. 浓烈的品牌意识

20 世纪 60 年代，韩国经济凭借着生产力成本的优势开始起飞。韩国企业多采取进口原材料—加工—出口的出口型导向战略，首先发展起劳动密集型的轻纺产业，到 20 世纪 80 年代，又过渡到劳动密集型与技术资本密集型相结合的电子、汽车等产业。在经济快速发展的同时，韩国企业家考虑更多的是品牌，浓烈的品牌意识也让韩国品牌迅速国际化。

2. 文化输出

韩国是世界十大文化产品输出国之一。韩流一般是从韩剧开始。韩剧的流行也带动韩国电影、音乐、食品和韩语的流行。经济与文化是紧密相连的，有了文化的承载，商品就有了底蕴，有了气质，品牌风行就会有事半功倍的效果。偶像化、时尚化与精致化一样，成为韩国品牌的特色。

3. 注重品牌战略

韩国注重品牌战略策划，品牌不算很多，但是集中。他们具有竞争力的品牌主要集中在电子、汽车等领域。韩国的品牌是在规模经济中成长起来的。韩国比较重视基础教育，从而为企业的发展提供了大量的人才，提高了企业的发展速度，增强了品牌的市场竞争力。

4. 善于插位

插位是一种针对强势竞争对手的品牌营销新战略，旨在通过颠覆性的品牌营销，打破市场上原有的竞争秩序，突破后来者面临的营销困境，使后进品牌拓展大市场、快速超越竞争对手，进而成为市场的领导者。相对于欧美和日本品牌，韩国品牌属于后来者。但是，韩国企业明智地运用了插位战略，在不少领域分足而立甚至后来居上。

在品牌全球化的时代，中国品牌正在经历日本、韩国曾经经历的阶段，也面临着更为复杂的环境。韩国品牌的诸多优势也为我国企业提供了启示和借鉴，品牌管理者应该取其精华，为我国的品牌国际化注入新能量。

活动3： 四个同学一组，到某一大型超市，调研该超市的产品有哪些是日韩国际品牌的，并分析其特征。

272

考试链接

1. 日本的国际品牌的亚洲特色。
2. 韩国品牌的东方个性。

案例分析

三星：汉城奥运提升品牌形象

1997年三星取代摩托罗拉成为奥运TOP合作伙伴，但当时受累于亚洲金融危机的韩国，几乎所有的大公司都在削减预算，三星状况也十分糟糕，负债非常严重。

但正是在这样的情况下，三星只用了3天时间就决定支出过亿美元的赞助费。据现任三星电子全球副总裁权桂贤回忆，当时李健熙会长十分看重公司的新技术发展和品牌的国际化。而在尝过赞助汉城奥运会的甜头后，在李健熙看来成为奥运会顶级赞助商是品牌国际化一条捷径。

1. 二次创业锁定赞助奥运

李健熙成为三星新社长的时候，三星在韩国已是数一数二的大企业，也进行了大量业务多元化方面的尝试。尽管看上去每条业务线都不错，但在李健熙看来这样的业务构成缺乏一个着力点。而如果找不到这个着力点，那么三星的品牌和整体力量依旧无法实现突破性的飞跃。

一年后即将在韩国汉城举办的 1988 年奥运会于是成为李健熙眼中最具价值的机会。

"我们必须把花费巨大精力和资源换来的注意力集中地投放到一个核心的领域当中去，否则天文数字的资金所换来的东西将被分散到数十个领域当中，这将是一种可怕的浪费。"李健熙说，"奥运营销需要重点，而我们的重点将锁定到直接针对个人消费者的三星 anycall 手机业务上。"

时至今日，在三星集团内部得到广泛认知的一点是，anycall 在全球领域内的成功，80% 的帮助来源于集团的奥运赞助身份和奥运营销策略。能够对此形成支持的一组事实：1988 年汉城奥运会后，三星的英文标志 SAMSUNG 敲开了世界级品牌大门；10 年后三星取代摩托罗拉成为长野冬季奥运会的 TOP 赞助伙伴，当时 anycall 手机的全年销售量占全球市场份额的 2.7%，排名第九；5 年后 anycall 手机拿下市场份额的 12%，排名第三，在美国市场上的销售增长率高达 311%。

2. 确定三星电子核心地位

李健熙接手三星之后进行"二次创业"的第一项举措便是调整公司臃肿而复杂的业务体系，通过出售、内部调整和裁撤员工等多种方式将处于边缘地位的或亏损领域内的非核心业务全部放弃，让公司能够将资源更加有效地集中在最重要同时最有赢利前景的核心项目上。

消费类电子产品和金融、贸易等业务在这样的调整中被留了下来。而最终得到最大好处的 anycall 手机生产商三星电子也逐渐成为三星集团中最为重要的核心公司。

3. 借北京奥运"威胁诺基亚"

2006 年都灵冬季奥运会后，三星的全球"信赖指数"增长 10%，在意大利甚至超过 30%。同时，anycall 产品在意大利的市场占有率增长近 70%，而在最近公布的一份全球手机销售量排行榜上，三星第一次超过摩托罗拉，成为仅次于诺基亚的第二大手机供应商。

"半年或许不够，但请给我们一年时间。"三星电子总经理崔志成说，"一年之后我们所取得的业绩将让你们刮目相看。"

崔志成虽然没有直接表达出自己的意思，但"威胁诺基亚"的目标或许已经再清楚不过。而他自信的原因，很大程度上就来自于三星电子针对北京 2008 年奥运会所做出的准备。

资料来源：彭梧：《三星：汉城奥运提升品牌形象》，《新京报》2007 年 9 月 9 日。

问题讨论：

1. 三星是如何利用奥运会提升形象的？
2. 三星国际化的过程中最值得我们学习的是什么？

本章小结

品牌文化不是一个孤立的存在，消费者在选择消费一个产品的时候，很多时候也在选择背后的国家文化或地域文化。而当前世界上所有的强势品牌，其背后都有强势国家和地域文化的支持，就好像消费者非常容易接受美国、法国、英国、德国、日本、意大利等国家的品牌。

在全世界的顶级品牌中，美国品牌占据了大多数。在美国历史、美国文化传统和价值准则以及美国管理理论、实践及其独特的美国企业文化的交互作用下生成的美国品牌有着自身独特品牌模式，并呈现出这样的特点：注重个人主义，强调现代意识的管理模式、创新精神与智能资本管理，重视制度管理、人才激励机制等。

欧洲是世界经济的主要发达地区。不同的地域特色也演绎出不同的品牌模式，浪漫的法国、绅士风度十足的英国、严谨谦逊的德国等，欧洲品牌在世界各地也大放异彩。

日本品牌模式以独特的个性在世界经济中发挥着巨大的威力，独特的管理哲学、注意产品质量、集团目标与个人利益相融合、强烈的团队精神、强烈的创新意识、重视人性发展等构成了日本品牌独有的特色。

伴随着韩国品牌越来越走进人们的生活，韩国品牌具有的强烈的品牌意识、善于插位、文化先行、注重品牌战略等特点也值得我们借鉴。

深入学习与考试预备知识

全球最优质国际化域名——".Asia"轻易打通亚洲

DotAsia 机构隆重宣布".ASIA"中文（繁、简体）、日文及韩文国际化域名今日正式推出。首先推出"日出期"（Sunrise）(http://www.idn.asia) 及"亚洲域名先锋计划"（Pioneer Domains Program）(http://www.think.asia) 让符合资格者优先申请。"亚洲域名先锋计划"开放给有兴趣的申请者去创造心仪的域名（如：http://xntlq248c.asia（"交易.asia"），http://xnyckc3dwa.asia（"video.

asia"日文），http://xno79al52c.asia（"game.asia"韩文）等。"日出期"则让各注册公司、商标拥有者及现时的".ASIA"域名持有者优先注册".Asia"的国际化域名以保障他们的品牌。申请日期为即日起至 2011 年 7 月 20 日。

　　DotAsia 机构行政总裁钟宏安先生指出："DotAsia 机构推动了国际化域名的出现。现时亚洲互联网用户主要以本土的语言去搜寻信息。国际化域名不但是此习惯的自然延伸，更有助企业改善在搜寻器的排名争取在亚洲的浏览量。"钟先生乃国际化域名科技的先驱者，更是国际化顶级域名及域名注册数据国际化会议的主席之一。

　　资料来源：《全球最优质国际化域名——".Asia"轻易打通亚洲》，域名城网站，2011 年 5 月。

知识拓展

国际名牌是如何炼成的

　　仔细研究一下这份全球最有价值的 100 个品牌的榜单，不难发现，越是成功的品牌，越不放过与品牌有关的每一个细节，每一个产品、全球每一个市场及与客户达成的每一份协议都必须秉承单一而有力的品牌诉求理念。

　　成功品牌的缔造者通常都极具创新能力。从可口可乐到万宝路，我们看到的大多知名品牌都是从黄金 30 秒钟的商业电视广告起家，逐渐让世界了解并熟知。然而今非昔比，以前单一的电视网络已分裂成上百个有线频道，曾经拥有众多读者的出版市场也让位于以小群体为定位的杂志。媒体如此分化，也难怪如亚马逊、eBay 和星巴克等新一代知名品牌很少依靠传统广告方式。它们发现了吸引消费者的新招数，越成功的品牌就越应该向这些后起之秀学习，适应它们全新的理念。

　　在消费者对媒介拥有越来越大选择权的今天，如何来打造一个国际品牌呢？看看登上榜单的品牌，它们无一例外地都建立了适应不同地域、文化与市场的营销队伍，可以通过多种媒体几乎在同一时间面向不同的消费群体发动广告攻势。它们将广告信息融入不同的媒体，并使得广告和娱乐的界限更加模糊。网络、公众事件现场、手机和笔记本电脑，几乎到处都可以看到广告的影子。更有一些大胆的广告商甚至打起了数码录像机的主意，用户本来是借此录制电视节目以避开广告的。

　　有的广告商把品牌信息融入娱乐节目，观众在不带任何排斥的心态下接受了这些信息。一些知名品牌在电视节目中安置了自己的角色，比如排名第九的索尼推出的"竞争者"。排名第四十一的苹果 2004 年与 U2 乐队联合推出一款特制的 iPod MP3 播放器，U2 iPod 除了正反两面都有 U2 的签名外，乐队还为之拍了一部广告片，购买这款产品的消费者可以半价下载 400 首 U2 乐队的歌。排名第八的麦当劳对迪斯尼孩子乐队的巡演提供赞助，也就意味着每一个迪斯尼迷要想看到演出及相关新闻，必须首先点击麦当劳的网站。咨询机构 The Knowledge 集团品牌战略主管赖安·巴克表示，"观众已经无法区分品牌宣传与娱乐内容的界限了。"

另外，今年榜单上品牌价值增长最快的公司几乎无一例外地都是在全球范围内拥有同一个品牌。以往，每到一处都要面向当地市场创立一个新品牌的做法已经过时了，现在，我们要做的是维护品牌的持久影响力。那么，不管到哪儿，使用同一个品牌名称就变得更有效。因为这样的话，在不同的地方我们可以运用相同的市场推广策略。排名第二十九位的英国汇丰银行和排名第四十四位的瑞士联合银行，就是这样做的，他们的品牌价值分别增长了 20% 和 16%。国际名牌公司全球品牌评估总监简·琳达曼认为："不管现在的消费者多么难以触及，单一而有力的品牌诉求正在成为解决问题的唯一出路。"

韩国消费电子制造商三星电子公司可以说是运用新品牌策略的大师，七八年前，三星还是一个低端消费电子制造商，拥有一大群品牌，比如 Wiseview、Tantus 和 Yepp，使消费者眼花缭乱。公司认为提高价值链的唯一办法是打造一个核心的强势品牌，随后便砍掉了其他品牌只保留了三星。好的设计不仅仅指外壳形象，声音也能体现出独具匠心的设计理念。三星坚持在所有产品中使用同一种关机音乐，甚至在广告中也使用同样的声音。三星全球市场总裁格列高利·李说，"我们希望以同一个声音、形象及产品的触觉来打造唯一的品牌。"三星的品牌战略已经证明是成功的，排名第二十位的三星过去五年品牌价值狂涨 186%，超过榜单上所有其他品牌价值的增速。

除了利用市场策略来营造品牌之外，更多厂商更加看重产品的设计，通过新颖时尚的设计来区分自己的品牌并显示领先技术。例如过去五年中，三星将全球设计人员增加到原来的三倍，达到 400 多人。摩托罗拉和飞利浦都不同程度地增加了设计部门的开支。

资料来源：《国际名牌是如何炼成的》，国研网，2005 年 7 月 6 日，有删节。

答案

第一节：

1. 制造一辆适合大众的汽车，价格低廉，谁都买得起。

2. 低价、可靠运输工具。

第二节：

1. 劳力士的质量即代表了精确。

2. 不花哨，不浮躁，不追求所谓的最新技术，劳力士腕表就是这么默默地专注于每一个细节，踏踏实实地在百年历史中，为其赢得了世界上众多腕表爱好者的信赖。

第三节：

略（本道题目是开放性答案，学生可以自行调研得出结论，证据充足，言之有理即可）。

案例分析：

1. anycall 在全球领域内的成功，80%的帮助来源于集团的奥运赞助身份和奥运营销策略。1988 年汉城奥运会，三星集团把花费巨大精力和资源换来的注意力集中地投放到一个核心的领域当中，奥运营销的重点锁定到直接针对个人消费者的三星 anycall 手机业务上。汉城奥运会后，三星的英文标志SAMSUNG敲开了世界级品牌大门；1998 年三星取代摩托罗拉成为长野冬季奥运会的 TOP 赞助伙伴，当时 anycall 手机的全年销售量占全球市场份额的 2.7%，排名第九；2004 年 anycall 手机拿下市场份额的 12%，排名第三，在美国市场上的销量增长高达 311%。

2. 略（本题为开放性题目，本道题目是开放性答案，学生可以自行调研得出结论，证据充足，言之有理即可）。

参考文献

1. 林康：《跨国公司经营与管理》，对外经济贸易大学出版社，2008 年。

2. 段淳林、戴世富：《品牌传播学》，华南理工大学出版社，2009 年。

3. 许铁吉、蔡学平、王云刚、高凯征：《品牌学概要》，中南大学出版社，2009 年。

4. 王虹、梁秀伶、刘恩传：《跨国公司管理》，清华大学出版社，2010 年。

5. 马述忠、廖江：《国际企业管理》，北京大学出版社，2010 年。

6. 邢群麟、王爱民：《跟科特勒学营销》，黑龙江科学技术出版社，2008 年。

7. 李光斗：《升位：中国品牌革命》，浙江人民出版社，2008 年。

8. 庞守林：《品牌管理》，清华大学出版社，2011 年。

9. 陈放：《品牌策划》，蓝天出版社，2005 年。

10. 梁秀伶、王虹：《跨国公司的人力资源管理》，清华大学出版社，2010 年。

11. 陈放、谢宏：《品牌策划》，时事出版社，2000 年。

12. 刘光明：《企业社会责任报告的编制、发布与实施》，经济管理出版社，2010 年。